KU-499-726

Les sociologies contemporaines

Du même auteur

Sociologie de Proudhon
Presses universitaires de France, 1967

Saint-Simon
Presses universitaires de France, 1969

Marx et l'Anarchisme
Presses universitaires de France, 1969

Naissance de l'Anarchisme,
esquisse d'une explication sociologique du proudhonisme
Presses universitaires de France, 1970

Sociologie de Saint-Simon
Presses universitaires de France, 1970

La Société, le sexe et la loi
(en collaboration avec Me Dourlen Rollier)
Casterman, 1971

Les Idéologies politiques
Presses universitaires de France, 1974

Idéologies, conflits et pouvoir
Presses universitaires de France, 1977

La Gestion des passions politiques
L'Âge d'homme, Lausanne, 1984

L'Évaluation dans l'enseignement des
sciences sociales à l'Université
(sous la direction de Pierre Ansart)
Centre de coopération interuniversitaire franco-québécoise
Paris, 1985

Proudhon, textes et débats
Librairie générale française, Le Livre de poche, 1985

Usages et Mésusages de l'informatique dans
l'enseignement et la recherche en sciences sociales
(sous la direction de Pierre Ansart)
Publications de la Sorbonne, 1988

1789 enseigné et imaginé : regards croisés
France-Québec
(sous la direction de Pierre Ansart)
Éditions Noir sur Blanc, Montréal, 1990

Pierre Ansart

Les sociologies contemporaines

Éditions du Seuil

ISBN 2-02-011587-5.

Introduction

Depuis la fin de la Seconde Guerre mondiale, les sciences sociales sont parcourues de courants théoriques vigoureusement opposés, de querelles d'écoles, laissant à l'observateur distrait l'impression d'une succession de modes intellectuelles. Précipitamment ont paru s'imposer la phénoménologie, le marxisme, le structuralisme, le dynamisme, l'ethnométhodologie... et les multiples versions de ces écoles opposées.

Ce n'est cependant qu'à un niveau superficiel d'observation que ces courants intellectuels peuvent être confondus avec des modes ou des « prêts-à-penser » qu'imposeraient des chefs d'école. A travers ces divergences apparaissent des oppositions profondes qui n'engagent pas seulement des personnes ou des institutions rivales, mais qui correspondent à des conceptions divergentes de la connaissance sociale, à des visions opposées de la société en cette fin du XXe siècle. On peut penser que se révèlent, dans ces débats, des dimensions contradictoires du monde contemporain.

Nous voudrions tenter, dans cet ouvrage, de reconstituer ces débats de fond, cette querelle des épistémologies, avec l'ambition d'en clarifier les lignes de force et les frontières majeures, d'en dégager, autant qu'il nous sera possible, les significations et les enjeux. Une telle étude doit se limiter à la période présente pour éviter une excessive dispersion : nous chercherons à reconstituer ce « champ intellectuel » des sciences sociales tel qu'il s'organise en ces années 1980-1990, période sur laquelle nous concentrerons notre attention.

Ces débats théoriques ne sont pas sans précédents. A titre d'hypothèse très générale, on peut supposer qu'ils

poursuivent des oppositions fondamentales dont les
grandes lignes ont été tracées dès le milieu du XIXᵉ siècle.
A travers, en effet, la multiplicité des discussions et des
prises de position, deux grandes conceptions de la société
commencèrent, dès les années 1840, à se formuler et à
s'opposer que l'on peut illustrer par les noms de Proudhon
et de Marx d'une part, et par celui de Tocqueville d'autre
part.

Dès 1846, Proudhon, dans le *Système des contradictions
économiques,* percevait la société industrielle comme une
totalité contradictoire, comme un système connaissable
dans sa logique propre. Cette totalité, loin d'être, comme
le voulaient alors les tenants de l'ordre aristocratique, une
totalité organique et consensuelle était bien un système de
contradictions socio-économiques dont les dialectiques
soutenaient la dynamique. Marx devait radicaliser cette
conception d'une société traversée de contradictions,
société inégalitaire de classes opposées, fondée sur un
rapport structurel d'appropriation du capital industriel.
Dans une telle conception du social, le but privilégié de la
connaissance sera bien l'analyse de la structure sociale [1], de
cette structure socio-économique conflictuelle où s'opposent les classes et qui détermine, à travers de multiples
médiations, l'ensemble du mode de production capitaliste.
Une telle connaissance totalisante est accessible à une
science rigoureuse : ce sera l'ambition du *Capital* de
parvenir à constituer un tel savoir.

Dès avant 1840, Alexis de Tocqueville avait construit
une vision s'opposant terme à terme à une telle conception
des sociétés modernes. Loin d'y voir une structure dont on
pourrait analyser la logique et annoncer la rupture, il
perçoit la société nouvelle, sortie des rigidités féodales,
comme un immense mouvement résultant des multiples
actions, décisions et concurrences individuelles. Il ne doute
pas de l'existence des conflits économiques et des oppositions d'intérêts entre riches et pauvres, mais il pense que
ces conflits participent eux-mêmes à la dynamique sociale

---

1. K. Marx, *Fondements de la critique de l'économie politique*
(1857-1858), Paris, Éd. Anthropos, 1967, introduction.

et à l'évolution inéluctable vers une plus grande « égalité des conditions »[1]. Aussi bien n'est-il pas nécessaire, à ses yeux, de concentrer son attention sur les rapports économiques puisqu'ils ne sont pas le seul lieu des déterminations, mais faut-il, au contraire, poursuivre l'analyse de l' « état social » de la démocratie. Il faudra, ainsi, multiplier les analyses portant sur la culture, sur les religions, les valeurs, les mœurs, puisque toutes ces dimensions culturelles participent à la vie collective et au dynamisme des sociétés démocratiques.

Il serait abusivement simplificateur de réduire le champ intellectuel des sciences sociales à cette opposition simple entre une théorie des contradictions socio-économiques et une théorie individualiste (ou individualisante). Néanmoins, et si l'on s'en tient provisoirement à un axe d'opposition très général, on pourra situer sur ce vaste espace intellectuel : sur le versant conflictualiste, des auteurs aussi divers que Saint-Simon, Proudhon, Georges Sorel, et les auteurs proches du marxisme, et, sur le versant individualiste, des auteurs aussi différents que M. Weber, V. Pareto, G. Simmel.

L'École de Durkheim a ouvert de nouvelles voies dans cet espace théorique en redéfinissant les objets de la sociologie. En concentrant rigoureusement l'attention sur les seuls « phénomènes sociaux », Durkheim rendait possible la construction de multiples objets d'études relevant de cette nouvelle science clairement distinguée des autres savoirs. En bâtissant deux frontières entre la sociologie et les sciences économiques, tout d'abord, puis, entre la sociologie et la psychologie, il ouvrait en fait la voie à de multiples recherches depuis les structures sociales aussi générales que les formes de la division sociale du travail jusqu'aux comportements apparemment les plus individuels comme les suicides. En érigeant la sociologie en science autonome, Durkheim écartait les interrogations posées par Proudhon et Marx sur les contradictions économiques, et fondait les

---

1. A. de Tocqueville, *La Démocratie en Amérique* (1835-1840), Paris, Gallimard, 1961, t. 1, introduction.

études proprement sociologiques sur toutes les institutions sociales (l'École, le droit, la famille, les professions)[1]. En écartant les interrogations de Max Weber sur les actions et les significations subjectives, il obligeait à une objectivation des phénomènes sociaux et légitimait la constitution d'un savoir critique résolument distinct des études historiques, économiques, politiques et psychologiques.

A s'en tenir aux lignes très générales du champ intellectuel des sciences sociales jusqu'au milieu du XXe siècle, et en choisissant comme symboles Marx, Durkheim et Weber, on peut y percevoir trois larges courants opposés orientant vers trois épistémologies sociologiques et trois visions divergentes des sociétés industrielles[2]. Marx appelle à dépasser les frontières nationales pour construire une science des modes de production et, pour le mode de production capitaliste, à une science des contradictions de classes. Durkheim appelle à multiplier les études concrètes des institutions telles qu'elles sont objectivement étudiables, à travers leurs dimensions objectives. Max Weber, sans écarter les objectifs durkheimiens, invite à douter d'une possible objectivation des institutions pour souligner l'insurmontable distance entre les sciences de la nature et les sciences de l'homme[3].

En France, après la Seconde Guerre mondiale, ces trois tendances restaient présentes non sans interrogations et remaniements. Georges Gurvitch se proposait d'intégrer et de dépasser les schémas issus du marxisme. Maurice Halbwachs poursuivait librement les traditions de l'École durkheimienne jusqu'à sa tragique disparition en 1944[4]. A

1. E. Durkheim, *Les Règles de la méthode sociologique* (1895), Paris, Flammarion, 1988, ch. II.
2. Cette division du champ intellectuel de la sociologie en trois courants dominants a été pertinemment analysée par Pierre Tripier dans sa thèse d'État : *Approches sociologiques du marché du travail* (université Paris VII, 1984) ; cf. P. Bergheaud et P. Tripier, « Les tensions paradigmatiques, noyau de l'espace matriciel en sciences humaines », in *Critique régionale*, Bruxelles, no 6, novembre 1981.
3. M. Weber, *Essais sur la théorie de la science*, Paris, Plon, 1965.
4. M. Halbwachs, *La Mémoire collective*, ouvrage posthume, Paris, PUF, 1950. Maurice Halbwachs fut arrêté par la police allemande au début de 1944 pour fait de résistance.

l'opposé du champ intellectuel, Raymond Aron appelait à retrouver la tradition libérale sur le plan intellectuel, et la tradition weberienne sur le plan scientifique.

Il faut insister sur ces années 1945-1960, années de la guerre froide, pour mieux comprendre le climat intellectuel mis en place à cette époque et qui eut des répercussions importantes jusque dans les années ultérieures. Ces années étaient marquées par l'affrontement entre l'Est et l'Ouest et par la menace du déclenchement d'une Troisième Guerre mondiale. Les intellectuels étaient alors sommés de prendre parti dans ce conflit et, particulièrement, de définir leur position face au communisme, à l'URSS et au Parti communiste. Les violences verbales de Jean-Paul Sartre contre les tenants du capitalisme étaient significatives du climat culturel de cette époque.

Les sociologues ne pouvaient échapper à ces débats. Un certain nombre d'entre eux (Henri Lefebvre, Edgar Morin) étaient membres du Parti communiste et en défendaient alors les positions.

Néanmoins, les structures universitaires assuraient à la sociologie — qui était loin de connaître le développement qu'elle prit ensuite — une indépendance relative. Deux figures illustraient alors deux conceptions radicalement opposées des sciences sociales : Georges Gurvitch et Raymond Aron.

Né en Russie en 1894, G. Gurvitch avait participé activement à la révolution d'Octobre 1917, il avait été témoin de la prise du pouvoir par Lénine et les bolcheviks, et ces expériences avaient été déterminantes dans sa formation intellectuelle. Dès ces premières années, il formulait les questions qu'il ne devait jamais abandonner ensuite concernant le devenir des sociétés capitalistes et des sociétés dites socialistes, la montée de la bureaucratie et ses conséquences, les possibilités d'instauration d'une société socialiste autogestionnaire.

De Marx et de Proudhon, G. Gurvitch retient l'analyse des contradictions sociales, mais, plus encore, le sens des dynamismes sociaux sous-jacents aux appareils, le souci d'analyser les résistances diffuses, susceptibles de mettre en cause les ordres établis. Sa recherche à travers les théoriciens de l'action, Saint-Simon, Proudhon, Fichte, Hauriou, est une quête pour trouver de nouveaux éclairages sur cette dialectique du mouvant et de l'inerte, de « l'effervescent » contre les appareils, de la société contre l'État. Ses deux thèses sur le droit social (1931) illustrent parfaitement cette intuition : contre les différentes théories du droit transcendant, il multiplie les voies de réflexion pour apercevoir comment les groupes sociaux, les associations génèrent de nouveaux droits contre la souveraineté des États.

Dans la tradition de Proudhon et de Marx, Gurvitch assigne pour tâche à la sociologie d'analyser les « sociétés globales », les totalités, et exprime sa méfiance à l'égard des travaux parcellaires non reliés à une réflexion totalisante. Il souligne aussi l'importance du concept de « fait social total » de Marcel Mauss, concept qui oriente vers l'étude des phénomènes partiels mais en les situant par rapport aux significations de la société globale.

Contre les simplifications dont il suspecte Marx et les marxistes, G. Gurvitch appelle à une complexification des instruments d'analyse. Loin que l'on puisse réduire les sociétés au carcan des substructures et superstructures, il importe de multiplier les « paliers » d'analyse, depuis le niveau morphologique cher à Durkheim, jusqu'aux formes des connaissances et des idéologies, non moins régulatrices et dynamiques. De même, par-delà la dialectique de la seule lutte des classes, il importe de redécouvrir les multiples formes des dialectiques sociales depuis la dialectique des conflits violents jusqu'à celle des complémentarités pacifiées (1962). L'exigence générale que prône G. Gurvitch dans le travail sociologique est celle de l'empirisme radical (l'« hyper-empirisme dialectique »), c'est-à-dire le complet respect de la multiplicité des expériences que la vie collective ne cesse d'engendrer et de modifier.

La signification politique de ces travaux était peu ambiguë et ancrait résolument cette sociologie dans la mouvance révolutionnaire. Critique à l'égard du socialisme bureaucratique, G. Gurvitch adhère au fédéralisme proudhonien et pense qu'une démocratie décentralisée et autogestionnaire devra remplacer le capitalisme. Dans les années 1960, il pensait que les expériences de l'autogestion, en Yougoslavie ou en France, étaient les formes politiques annonciatrices de l'avenir (1965).

Sur tous ces points, R. Aron s'opposait presque terme à terme. Né en 1905, son expérience intellectuelle décisive s'était déroulée dans les universités allemandes au cours des années 1930-1933. Il s'était alors consacré à l'étude des philosophes et sociologues de la première moitié du xxᵉ siècle, et, en particulier, Dilthey, Rickert, Simmel et, plus encore, Max Weber (Aron, 1935-1938). C'est à cette tradition postkantienne qu'il restera fidèle, plaçant au centre de sa réflexion la critique philosophique et épistémologique de l'histoire et des sciences sociales. Ses deux thèses de 1938 exposent les résultats de sa réflexion en ces domaines.

A partir des années 1940, R. Aron devait consacrer une part importante de ses travaux à l'analyse et au commentaire des situations politiques successives : la guerre froide (1948), la guerre d'Algérie (1957), l' « équilibre de la terreur » et son évolution (1962), l'organisation européenne (1977). Il consacrait aussi plusieurs ouvrages à l'histoire de la sociologie (1967).

Sur le plan de la réflexion sociologique, R. Aron n'a cessé de poursuivre sa réflexion, inaugurée en 1935, sur l'épistémologie des sciences sociales. Sans entrer dans une polémique directe contre l'École de Durkheim, il se propose de montrer les limites du positivisme sociologique et l'impossibilité d'en soutenir les ambitions. La notion même de « chose sociale » se heurte à l'évidence des expériences subjectives et, tout en refusant les thèses de Dilthey d'une complète opposition entre les sciences humaines et les sciences de la nature, R. Aron tient pour acquis que l'on ne peut réduire les faits sociaux à des faits de nature, ni confondre les méthodes des sciences sociales avec les méthodes objectives des sciences naturelles. Les thèses de Weber sur la « compréhension », même si elles doivent être complétées et rectifiées, constituent un préalable inévitable à une réflexion sur l'originalité des sciences sociales. De même, les développements de la phénoménologie sociale (A. Schütz) constituent un apport que l'on ne saurait négliger.

Une critique préalable de la connaissance sociale et de ses limites est donc indispensable pour éviter les pièges des positivismes et des historismes, durkheimien ou marxiste.

Les faits ne sont pas objectifs par eux-mêmes, ils sont objectivés par des méthodes et selon des points de vue différents. Ainsi ne saurait-on confondre l'effort de compréhension par lequel l'on s'efforce de retrouver l'expérience vécue des personnes et, à l'opposé, l'effort d'explication et de formalisation. Mais ces deux approches restent, l'une et l'autre, justifiables dans leurs limites. L'effort de compréhension permet de restituer l'expérience vécue et de retrouver la liberté du sujet. L'explication, au contraire, objective les ensembles et permet d'analyser, par les statistiques par exemple, les tendances générales, les causalités probables et les reproductions sociales. Dès lors, il n'y a pas nécessairement contradiction entre l'approche individualiste qui permet de penser la liberté, les décisions individuelles et l'approche déterministe. Contrairement aux thèses partiales, l'individualisme méthodologique n'est pas complètement contradictoire avec l'analyse des déterminismes et des reproductions (1989). R. Aron retrouve ainsi le souci de Max Weber de faire place et de concilier la subjectivité et l'objectivité.

Ces réflexions critiques s'appliquent, en particulier, à la philosophie de Marx dont les limites sont amplement soulignées dès les années 1935. Après 1945, R. Aron a été conduit à critiquer les différentes interprétations alors dominantes du marxisme : l'interprétation dogmatique utilisée à des fins politiques plutôt que scientifiques, la lecture existentialiste du marxisme par Jean-Paul Sartre et ses contradictions (1972), et enfin le marxisme d'Althusser, non moins partiel et éloigné de l'œuvre de Marx elle-même (1969). En fait, quelles qu'aient été les ingéniosités de ces lectures, R. Aron voyait dans l'importance accordée au marxisme une preuve supplémentaire de l'arbitraire historique des prises de position philosophiques et du poids des mythologies politiques. En ce sens, le marxisme était, à ses yeux, une composante de l'« opium des intellectuels » (1955).

La signification politique de ces travaux était non moins ambiguë que celle des écrits de G. Gurvitch. R. Aron concentre ses critiques sur le positivisme, met en question l'historisme et le scientisme, les prétentions des sciences sociales à se substituer aux décisions et aux valeurs de l'action politique, et, simultanément, récuse toute tentative de réduire et de nier les libertés des individus. Ainsi, tout en maintenant sa position de « spectateur engagé » (1981), ne cessait-il de défendre les libertés contre les régimes étatiques et d'inscrire ses réflexions dans la mouvance libérale.

L'avènement du structuralisme représenté, en particulier, par l'œuvre de Lévi-Strauss a suscité, à partir de 1950, une intense polémique, marqué un remaniement du champ intellectuel, suscité de nouvelles oppositions et une redéfinition des positions théoriques[1]. Des travaux sociologiques qui ne se souciaient que de répondre aux problèmes de leur « terrain » ont été amenés à se situer contre l'épistémologie structuraliste, marquant alors clairement leurs présupposés. Nous essaierons de montrer ici que le structuralisme, sans constituer une école dogmatique dans le champ de la sociologie, a provoqué de nouveaux rapprochements et de nouvelles scissions qui ne sont pas sans prolonger leurs effets dans la sociologie contemporaine.

Nous nous proposons donc de retracer ce champ intellectuel des sciences sociales tel qu'il s'est constitué après le reflux du structuralisme survenu dans les années 1965-1970, en tenant compte des remaniements intervenus depuis cette date. De nouvelles attentions se sont confirmées et développées depuis les années 1980 qui ne sont pas sans ouvrir de nouvelles voies.

Une question préalable se pose ici : celle de savoir s'il est possible de distinguer clairement ces théories les unes des autres et selon quels critères.

1. C. Lévi-Strauss, *Les Structures élémentaires de la parenté*, Paris, PUF, 1949.

Existentialisme

Dans ses écrits antérieurs à 1945, Jean-Paul Sartre prolongeait les problématiques phénoménologiques relatives à la conscience comme intentionnalité dans une perspective existentielle privilégiant la liberté du sujet (*La Transcendance de l'ego*, 1936 ; *L'Être et le Néant*, 1943). Après 1945, tout en affirmant le caractère « indépassable » du marxisme, il se propose de construire une théorie récusant le déterminisme économique et préservant la liberté du sujet dans la pluralité de ses expériences sociales. En ce sens, il développe une théorie des « médiations » (la famille, le groupe) permettant de saisir la dynamique des situations où se forment et se réalisent l'intention et le « projet » de l'acteur. Dans *La Critique de la raison dialectique* (1960), il caractérise successivement des expériences collectives opposées, depuis la juxtaposition des individus (la *sérialité*) jusqu'au groupe le plus intensément actif (le *groupe en fusion*), en montrant comment les libertés se côtoient ou entrent en interaction, se coordonnent ou régressent dans l'inertie des ensembles, des institutions et des mécanismes sociaux.

L'influence de Sartre sur les sciences humaines ne se mesure pas seulement à l'importance de ces ouvrages théoriques. Son œuvre romanesque et théâtrale, ses prises de position contre

Dans l'histoire des sciences sociales, le passage d'une théorie à une autre n'a pas toujours ce caractère de clarté révolutionnaire que Thomas Kuhn prête à l'histoire des théories scientifiques. C'est bien souvent par menus déplacements, par retouches successives, que s'opèrent les changements théoriques, et l'historien doit, ultérieurement, déceler les distinctions subtiles et les novations qui ont été décisives, à l'insu, le plus souvent, de leurs auteurs.

Or, dans l'histoire qui nous préoccupe ici, les changements ont effectivement revêtu une netteté exceptionnelle qui a permis de justifier l'usage de termes tels que « rupture épistémologique », « révolution », pour désigner l'émergence de nouvelles théories ou, peut-on dire, de nouveaux paradigmes. Et, pour cette période historique, bien des indications de T. Kuhn sur les discontinuités dans

les oppressions politiques, n'ont cessé de rappeler l'étendue des violences politiques et les possibilités de résistance ou de révolte (*On a raison de se révolter,* 1974). Les écrits littéraires confirment les propositions théoriques pour formuler une même critique des conceptions déterministes qu'elles soient issues du marxisme ou du structuralisme. Elles tentent de concilier un marxisme épuré de sa dimension mécaniste et, d'autre part, la libre volonté du sujet.

Les antipsychiatres britanniques, Ronald Laing et David Cooper, se sont inspirés de ces thèses : ils ont cherché à utiliser les orientations sartriennes dans le traitement des psychotiques en montrant la dépendance des individus à la violence latente du milieu familial et, d'autre part, en cherchant à recréer les conditions d'une liberté des sujets.

Dans la mouvance de l'existentialisme, il est significatif que l'œuvre de Simone de Beauvoir (*Le Deuxième Sexe,* 1961) ait marqué la renaissance des études critiques sur la condition des femmes en soulignant la détermination des attitudes par l'éducation différentielle des sexes, et en désignant les possibilités d'affirmation et de liberté.

De même, les écrits d'Albert Camus (*L'Homme révolté,* 1951) ont participé à ce mouvement de critique des oppressions et de réflexion inquiète sur les libertés de l'homme moderne.

l'histoire des théories, sur les révolutions épistémologiques sont, en grande partie, éclairantes [1].

Le passage, par exemple, du marxisme au structuralisme dans les années 1950-1960 ne se fit pas au travers d'une évolution lente d'un modèle théorique à un autre. Il ne fut pas non plus la simple substitution d'une explication privilégiée à une autre, le simple déplacement d'attention de l'analyse de la lutte des classes à celle des structures. Comme l'ont vigoureusement exprimé les défenseurs du structuralisme, la mise en œuvre de ce paradigme a entraîné toute une mutation de la connaissance en ce qui concerne le choix des objets à étudier, leur construction,

1. T. Kuhn, *La Structure des révolutions scientifiques* (1962), Paris, Flammarion, 1982.

les hypothèses légitimes, les méthodes valorisées et tout l'édifice des concepts et de leur exacte signification.

Ce nouveau paradigme, en fixant pour but à la recherche la détection des structures, de leur fonctionnement et de leurs lois internes, abandonnait l'analyse privilégiée des conflits et de leur devenir, donnait pour légitime la recherche des stabilités, des reproductions, alors que le paradigme marxien se fixait pour objectif central l'analyse du devenir révolutionnaire de la société capitaliste[1].

Ce déplacement qui pouvait apparaître à certains comme une simple révision dans le découpage des objets d'étude correspondait, en réalité, à l'émergence d'une tout autre théorisation et à de nouvelles hypothèses explicatives. Alors que le paradigme marxien proposait d'expliquer les faits par le recours à l'histoire et par l'évolution des rapports sociaux, le structuralisme proposait, tout au contraire, de suspendre cette explication historique traditionnelle et d'expliquer les transformations par les lois internes aux structures sociales. Dès lors, tout un ensemble d'hypothèses, qui sont légitimes au sein du paradigme marxien, perdent leur pertinence ou deviennent éminemment problématiques. La distinction entre substructure économique et superstructure idéologique qui forme, selon les termes de Marx, le « fil directeur » de sa théorie[2] n'a plus de pertinence dans une analyse qui vise à détecter les multiples interrelations entre structures et leur unité. Comme nous aurons à le souligner à plusieurs reprises, il arrivera que les hypothèses du paradigme délaissé ne fassent même plus l'objet d'une réfutation tant elles ont perdu leur signification.

La distance entre ces théories se marque aussi par l'apparition d'une nouvelle conceptualisation. Ainsi, des mots qui avaient donné lieu à toute une élaboration dans le paradigme antérieur perdent leur statut de concepts fonda-

---

1. P. Fougeyrollas a vigoureusement souligné cette coupure entre marxisme et structuralisme, in *Contre Lévi-Strauss, Lacan et Althusser,* Paris, Éd. de la Jonquière, 1976.
2. K. Marx, *Critique de l'économie politique,* préface (1859), Paris, Éd. sociales, 1957, p. 4.

mentaux ou même disparaissent. Les termes de « bourgeoisie », « lutte des classes », « conscience de classe » qui étaient des mots clefs dans le vocabulaire marxiste disparaissent dans les travaux structuralistes ou n'apparaissent qu'entre guillemets, comme des notions suspectes dont il convient de dissiper la naïveté. Cette création d'un vocabulaire original vérifie la suggestion de T. Kuhn selon laquelle un paradigme tend à constituer une « science normale », c'est-à-dire un mode de connaissance particulier qui écarte les interprétations extérieures au modèle et les conceptualisations des paradigmes concurrents. Dans le même mouvement, le paradigme va privilégier certains faits tenus pour essentiels et révélateurs, et en écarter d'autres.

Que l'on considère donc la théorie explicative, le choix des objets révélateurs, la conceptualisation et les méthodes privilégiées, les paradigmes successifs ou concurrents peuvent s'opposer comme des ensembles scientifiques profondément divergents et différenciés. Comme on le verra en certains exemples significatifs tels que l'émergence du structuralisme ou du systémisme, c'est bien par une telle « rupture » que l'on est passé d'un paradigme à un autre. Certes, chaque passage n'a pas été marqué par une véritable « révolution », même si certains novateurs ont pu en avoir le sentiment, mais il importe, pour ressaisir l'originalité des paradigmes concurrents, de ne rien négliger des oppositions. C'est aussi en marquant les arêtes vives et les particularités de ces paradigmes que l'on pourra mieux évaluer les produits de ces recherches, interroger leur apport de vérité, et que l'on pourra mieux comprendre la vivacité des discussions et des critiques réciproques.

Une analyse exhaustive de ce débat devrait aussi prendre en compte les écoles, les institutions et leurs moyens financiers, les groupements et regroupements de personnes, en situation de concurrence. Ce n'est pas notre objet que de reconstituer ces concurrences ; nous devrons néanmoins en rappeler quelques aspects. Thomas Kuhn souligne, à juste titre, que l'histoire des paradigmes n'est pas seulement une histoire des idées, qu'elle est aussi celle de communautés sociales rivales, de groupes scientifiques différents dont il faudrait aussi comprendre les conflits, les intérêts et les enjeux.

Loin que les paradigmes concurrents ne soient que des hypothèses intellectuelles, ils rassemblent des personnes, les regroupent ou les isolent dans des laboratoires, des groupes de recherche ou simplement dans des réseaux de connivence aux conséquences multiples sur les conditions de travail et les publications. Dans les sciences sociales où les laboratoires sont très divers en taille et en organisation interne, où les réseaux d'influence ne cessent de se redéfinir, l'adhésion manifestée à un paradigme signifie aussi l'adhésion à un réseau d'appartenance et de soutien. Le jeune chercheur, qui souhaite se rapprocher d'une communauté scientifique, apprend rapidement combien ses prestations le rapprochent des réseaux dont il peut espérer l'appui et l'éloignent radicalement d'autres réseaux. Il apprend rapidement (en général par un savoir informel) que le sujet qu'il se propose d'étudier est, ou non, un « bon » sujet pour une certaine communauté. En sciences sociales, où tout phénomène relationnel peut faire l'objet d'une étude, le statut de « bon » ou de « médiocre » sujet renvoie à la théorie globale qui permet d'annoncer que l'étude sera significative ou dénuée d'intérêt. Sera considéré comme intéressant le sujet qui viendra vérifier ou remanier les hypothèses posées par le paradigme dominant au sein de la communauté scientifique concernée. Dans les petits réseaux de connivence dirigés par un maître à penser, le soutien sera décidé par le maître qui jugera si le projet a la conformité nécessaire ou, éventuellement, s'il comporte cette marge d'originalité que marque une juste déférence à l'égard du paradigme incontesté. Dans un système institutionnel marqué à la fois par une extrême centralisation (CNRS, hiérarchies universitaires) et par une large indépendance des chercheurs, ces réseaux de connivence sont particulièrement changeants mais d'une grande efficacité en ce qui concerne les appuis formels et informels, les recrutements, les promotions et les publications.

L'adhésion à une théorie signifie aussi la délimitation des rapports avec les autres communautés et les autres disciplines. Rapports subtils qui peuvent aller de la rivalité proclamée à l'accord intégral en passant par toutes les nuances des ignorances volontaires ou des dénigrements allusifs. Entre les communautés adhérant au paradigme marxiste et la jeune école structuraliste se sont ainsi noués des rapports subtils de rivalité et de complicité qui ont poussé certains à affirmer leur nouvelle adhésion tout en ménageant leur ancien réseau.

C'est dire enfin, par ce dernier exemple, qu'un paradigme n'est jamais sans quelque rapport avec les enjeux politiques, même si ces rapports sont beaucoup plus complexes qu'il n'apparaît généralement. Sans doute le prophétisme politique qu'assumaient, au XIXe siècle, Saint-Simon, Auguste Comte, Proudhon ou Marx n'est-il plus d'actualité dans la seconde moitié du XXe siècle, mais, aussi « professionnel » qu'il veuille être, le sociologue ne peut éviter complètement les incidences politiques de son travail. Le choix des objets tenus pour significatifs (ou secondaires, sinon futiles), la construction qui en est faite, et surtout les interprétations générales qui seront proposées ont nécessairement quelque rapport avec les interprétations (sinon les décisions) d'ordre politique. On le constate en comparant les cibles des critiques que désigne chaque paradigme. Chacun conduit à une forme de critique de certaines dimensions sociales (l'inégalité des sexes, les rapports de pouvoir dans l'entreprise, etc.) ou de certaines illusions communes, mais ces cibles ne sont pas identiques, comme ne sont pas identiques les cibles des diverses positions politiques.

A la querelle des paradigmes participe donc aussi, dans une certaine mesure, le heurt des idéologies politiques, avec les jeux subtils des non-dits et des proclamations, non sans contradictions et dénégations. On vérifie que ces liens entre paradigmes et positions politiques ne se réduisent que rarement à des rapports simples d'adhésion à des partis politiques. On trouvera beaucoup plus des proximités intellectuelles, des sensibilités communes, des *a priori* politiques non explicités.

Que la théorie sociologique soulève des réactions vives et souvent contradictoires ne saurait donc surprendre. Que les querelles sociologiques revêtent souvent des caractères acerbes ne saurait étonner dès lors que l'on a pris la mesure des enjeux philosophiques, culturels, sociaux et politiques qui sont, en effet, en question dans ces débats.

L'hypothèse générale qui nous guidera ici est que le reflux du structuralisme a permis l'émergence de courants théoriques qui, semble-t-il, peuvent se regrouper en quatre orientations majeures qui nous paraissent marquer l'essentiel des problématiques sociologiques actuelles [1]. A titre de formulation provisoire, et quelle que soit la méfiance que l'on éprouve justement à l'égard des étiquetages, nous proposons de désigner ces quatre courants théoriques par les termes suivants :

1. le structuralisme génétique,
2. la sociologie dynamique,
3. l'approche fonctionnaliste et stratégique,
4. l'individualisme méthodologique.

Nous aurons à justifier ce choix que l'on ne saurait admettre sans réflexion. Nous aurons à examiner si de nouvelles voies de recherche ne viennent pas remettre en question un tel ordonnancement : nous indiquerons, en annexe (p. 317-322), quelques voies de recherche récentes qui échappent, en partie, à ces quatre tendances.

Il conviendra de rappeler que cette distribution de l'espace théorique en quatre courants est elle-même un moment d'une histoire longue. Une étude historique minutieuse menée depuis 1945 ferait apparaître des successions de remaniements, de déplacements et d'évolutions individuelles. La distribution que nous repérons est celle d'un moment théorique, et nous aurons à rappeler, fût-ce brièvement, les évolutions qu'ont pu effectuer les auteurs dont nous parlerons.

Rappelons toutefois que tous les sociologues ne se soucient pas d'entrer docilement dans une école ou dans une autre. Selon leur formation ou leur affinité intellec-

---

1. A. Touraine a proposé une présentation comparable en quatre « Écoles » ; cf. « Sociologies et sociologues », in *L'État des sciences sociales,* Paris, La Découverte, 1988, p. 134-140.

tuelle, ils se rapprochent d'un courant théorique, explicitement ou implicitement. De plus, bien des recherches refusent, comme il est prévisible, de s'inféoder à une école et puisent dans ce stock de théories (tenu pour une « boîte à outils ») les éléments qui leur paraissent les plus éclairants pour leur propre objet.

Pour restituer ces dialogues et ces confrontations, nous éviterons de séparer quatre expositions successives. Après le rappel des principes épistémologiques qui sous-tendent ces quatre courants (première partie), nous confronterons leurs réponses à des questions fondamentales pour toute sociologie : la nature des conflits sociaux (deuxième partie), le symbolique (troisième partie), la conception de la sociologie (quatrième partie).

L'objet de la sociologie

La représentation que l'on se fait généralement des débats scientifiques réduit la discussion aux oppositions d'interprétation. On suppose naïvement que les faits (historiques, économiques, sociologiques) s'imposent aux observateurs et que les oppositions théoriques ne portent que sur les interprétations, sur l'importance à donner, par exemple, aux différentes causalités.

Dans le débat sociologique que nous abordons, une telle représentation est très éloignée de la réalité, et les débats se situent à un niveau plus fondamental. Si les discussions ne portaient, en effet, que sur les interprétations des mêmes phénomènes reconnus comme des « données », le débat serait immédiatement circonscrit et pourrait s'achever grâce à un surcroît de vérification.

Si les oppositions sont beaucoup plus radicales, c'est qu'elles concernent, non pas, en premier lieu, les interprétations, mais bien la désignation de ces données, et, dans l'indéfini des phénomènes, selon l'expression de Max Weber, la reconnaissance de données fondamentalement différentes. Ces théories pourront s'accorder sur la reconnaissance de mêmes données partielles (le taux de délinquance dans telle population), mais ne poseront pas les questions d'interprétation dans les mêmes termes puisque, préalablement à ce débat, elles repenseront la délinquance dans des systèmes de construction divergents.

Aussi bien, la première question à poser n'est pas celle des interprétations (qui pourraient confiner à des réponses fortement idéologisées : une sensibilité de gauche menant à majorer les déterminations économiques, et une sensibilité de droite menant à majorer les initiatives individuelles), mais celles des conceptions fondamentales des relations sociales, et donc de l'objet de la sociologie.

Si le « débat » a des caractères de radicalité tels que les nuances, les compromis ou les éclectismes ne sont guère efficaces, c'est précisément parce que les oppositions se situent à ce niveau qui engage des visées scientifiques initialement divergentes. Le débat porte sur l'objet de la sociologie et, simultanément, sur les relations sociales désignées comme décisives.

La période contemporaine a le mérite d'avoir conduit à une exceptionnelle clarification du débat à ce niveau fondamental ; elle a clairement fait apparaître la pluralité des positions incompatibles. Et, simultanément, les écoles opposées ont été amenées à expliciter, de façon particulièrement claire, leurs présupposés épistémologiques.

1

Le structuralisme génétique

Tout étiquetage, pour désigner un ensemble de théorisations et de recherches, comporte des risques considérables
de déformation. Il nous semble cependant que le terme de
« post-structuralisme » peut être provisoirement utilisé
pour désigner un ensemble de travaux qui, sans nécessairement se référer explicitement au structuralisme, s'inscrivent dans le développement de principes généraux systé-
matisés antérieurement par les théoriciens de cette école.
Le préfixe « post » nous paraît s'imposer en ce qu'il ne
s'agit pas ici d'appliquer une épistémologie structuraliste,
mais d'en conserver la leçon à travers une critique positive.
   Une étude attentive de ce courant que nous appelons
« post-structuraliste » conduirait à analyser les travaux
d'un certain nombre de sociologues depuis les années 1950 ;
néanmoins, il nous paraît plus éclairant, afin de souligner
l'originalité de ce courant théorique, de l'illustrer essentiellement par les positions et les travaux de Pierre Bourdieu
qui a le plus vigoureusement formulé ces principes et ces
pratiques scientifiques.

   Pour chacune des théories que nous étudierons, il
conviendrait de retrouver les antécédents et, dans une
certaine mesure, les traditions intellectuelles où l'on peut
les situer.
   Il ne s'agit aucunement d'appartenance docile à une
tradition vénérée : en aucun des quatre courants que nous
exposons ne trouverons-nous un conformisme à l'égard
d'une autorité intangible. Chaque courant se constitue à
travers une réflexion critique à l'égard même de ses

antécédents les plus reconnus. Néanmoins, aucune théorie ne se constitue sans une ample réflexion sur le passé intellectuel et nous pouvons resituer ces théories dans les lignées théoriques de « l'histoire longue ».

Sans ambiguïté, les analyses de P. Bourdieu, et c'est un point qui souligne fortement son originalité par rapport aux trois autres écoles théoriques que nous distinguons, conduisent à mettre en relief la division sociale en classes. Les enquêtes sur les pratiques et les connaissances culturelles des étudiants[1], comme les enquêtes sur la fréquentation des musées[2] ou sur les grandes écoles[3], font apparaître une répartition des pratiques fortement différenciées selon l'origine et l'appartenance de classe. A s'en tenir à ce critère simple, on peut souligner une continuité entre ces analyses et une longue tradition antérieure (Eugène Buret, Proudhon, Marx, Sorel...) qui n'a cessé de repenser les pratiques sociales à partir de la répartition des agents en classes sociales. Ce qui n'implique pas que l'on puisse consentir à la réification des classes, à leur transformation en sujet, selon l'illusion commune engendrée par le simple usage de la langue familière[4].

Le déplacement le plus net, et qui exclut sans doute de caractériser ces analyses comme « marxistes », réside dans l'importance qui sera accordée aux rapports de sens, aux biens symboliques, à la domination symbolique dans les rapports de classe. La brève définition de « toute formation sociale », « comme système de rapports de forces et de sens entre des groupes ou des classes »[5] désigne bien la rupture qui s'opère ici entre une définition marxienne des classes marquée par une conception socio-économique et cette conception qui va majorer les rapports et les dominations

---

1. P. Bourdieu, J.-C. Passeron, *Les Héritiers, les Étudiants et leurs études,* Paris, Éd. de Minuit, 1964.
2. P. Bourdieu, A. Darbel, *L'Amour de l'art ; les musées et leur public,* Paris, Éd. de Minuit, 1966.
3. P. Bourdieu, *La Noblesse d'État : grandes écoles et esprit de corps,* Paris, Éd. de Minuit, 1989.
4. P. Bourdieu, *Choses dites,* Paris, Éd. de Minuit, 1987, p. 70.
5. P. Bourdieu et J.-C. Passeron, *La Reproduction,* Paris, Éd. de Minuit, 1970, p. 20.

symboliques, selon une préoccupation que l'on peut inscrire dans la lignée de Max Weber.

A la tradition durkheimienne, il faut attribuer non la
reprise de problématiques précises (l'intégration, l'ano-
mie...), mais beaucoup plus un état d'esprit et une conception de la sociologie. P. Bourdieu retrouve (sans qu'il y ait
lieu de parler d'influence) l'ambition durkheimienne — ou,
pourrait-on dire, la passion — de constituer la sociologie
comme science et de la différencier des illusions comme des
opinions. Cette volonté se fonde, comme chez Durkheim,
sur le principe d'une objectivité du social, même si l'accès à
cette objectivité est le résultat d'un travail incessamment
renouvelé. La leçon de Durkheim se trouve reprise pour
l'essentiel et dans son esprit lorsque P. Bourdieu désigne
dans les méthodes et les démarches usuelles (la démographie, les statistiques) ces instruments qui permettent le
travail d'objectivation.

Mais, dans ces maillons intellectuels que nous pouvons
reconstituer en termes de généalogie, c'est assurément sur
le moment structuraliste qu'il convient d'insister comme un
moment clef et une source de réflexion éminente dans la
mise en place de cette théorie[1]. Les leçons mêmes de
Marx, de Weber et de Durkheim s'y trouvaient repensées
et librement intégrées.

A aucun moment, néanmoins, la théorie de Pierre
Bourdieu ne se restreint aux principes structuralistes, et
l'on peut considérer qu'elle s'est constituée en s'enrichis-
sant de ces principes tout en les critiquant[2].

L'œuvre anthropologique de Claude Lévi-Strauss offrait,
dans les années décisives de formation de P. Bourdieu
(1950-1955), l'exemple d'une ambition intellectuelle exceptionnelle. Elle bousculait les frontières traditionnelles entre
les sciences sociales, associait linguistique et anthropologie,
reposait les questions les plus générales de l'organisation

---

1. Notons que l'œuvre maîtresse de C. Lévi-Strauss, *Les Structures élémentaires de la parenté* paraît en 1949, et le premier ouvrage de P. Bourdieu, *Sociologie de l'Algérie,* plus de dix ans plus tard, en 1961.
2. *Choses dites, op. cit.,* p. 16.

Marxisme et sciences sociales

Jusqu'en 1940, l'œuvre de Marx était peu étudiée en France, et généralement réduite à ses dimensions politiques. Après 1945, au contraire, elle a fait l'objet de nombreuses recherches et de débats sur la validité du paradigme marxiste pour l'analyse scientifique des sociétés modernes et de leurs transformations. En furent plus particulièrement retenus les thèmes de la détermination des structures sociales par les rapports économiques de production, l'existence de la lutte des classes, le rôle majeur de la classe ouvrière contre l'exploitation capitaliste, les fonctions sociales des idéologies. Ces thèses donnèrent lieu à une abondante littérature souvent plus polémique que scientifique, présentant le marxisme comme une vérité dont la contestation était politiquement suspecte. La violence des polémiques l'emportait largement sur le travail de recherche.

Un ensemble de travaux se dégagèrent néanmoins de ces querelles, et tentèrent de repenser différents domaines des sciences sociales dans une perspective marxiste : en sociologie du travail (Naville, 1956), dans les études sur les classes sociales (Poulantzas, 1974 ; Verret, 1979), sur les systèmes éducatifs (Baudelot et Establet, 1971), sur les idéologies (Calvez, 1978 ; Goldmann, 1955 ; Althusser, 1970). Plus large-

sociale à l'occasion de monographies, apportait à la fois les exigences de la recherche ethnologique et les ambitions d'une réflexion globale sur les sciences humaines. Plus encore, une telle réflexion n'était pas sans évoquer des questions philosophiques et universelles sur la condition humaine.

Les recherches sur les systèmes de parenté, surmontant le morcellement des monographies, se proposaient de découvrir les systèmes de relations sous-jacents et les organisant. Elles offraient ainsi à la recherche un considérable champ d'investigation sur ces structures inaperçues ou partiellement aperçues par les agents eux-mêmes, et surtout un inépuisable champ d'investigation sur la nature

ment, de 1945 aux années 70, en France, en Italie, comme en Allemagne fédérale et aux États-Unis, nombre de chercheurs en sciences sociales, sans adhérer dogmatiquement au détail des thèses marxistes, en retinrent des dimensions essentielles, soit avec l'ambition de surmonter les limites d'un économisme marxiste (Sartre, 1960), soit dans le but de combattre l'autorité des modèles fonctionnalistes et conservateurs (Mills, 1967 ; Habermas, 1968).

Les années 1970-1980 ont été marquées par le recul de cette prégnance du marxisme dans les sciences sociales, pour des raisons multiples où les événements historiques ne furent pas sans effets directs (Fougeyrollas, 1959). L'hypothèse de la détermination du social par l'économie a fait l'objet de multiples réfutations (Aron, 1955 ; Gurvitch, 1962 ; Madjarian, 1989). Dans les différents paradigmes modernes, les attentions portées aux stratégies et aux décisions individuelles, aux multiples concurrences et conflits, aux communications et aux phénomènes microsociologiques ont convergé pour détourner d'une vision économiste et déterministe.

Il reste que le paradigme marxiste, par sa cohérence et son importance historique, ne cesse de constituer un modèle exemplaire des sciences sociales et un objet exceptionnellement fécond pour la réflexion sociologique.

des relations, leur constance ou leur évolution, leur répétition en des domaines inattendus [1].

Dans ces travaux, le chercheur en sciences sociales se trouvait à la fois invité à affronter la complexité des données, mais aussi appelé à surmonter le foisonnement des faits pour en rechercher les relations cachées et en découvrir les explications.

Pour le sociologue, de tels travaux présentaient une promesse et un défi : la promesse de faire accéder la sociologie à un niveau supérieur de scientificité conformément aux exigences d'une épistémologie critique (G. Ba-

1. C. Lévi-Strauss, *Anthropologie structurale*, Paris, Plon, 1958.

chelard, G. Canguilhem). Mais le problème restait entier
de savoir si le structuralisme, qui paraissait ouvrir tant de
voies dans le domaine de la linguistique, de l'anthropologie
ou de la critique littéraire, pouvait s'introduire valablement
dans le domaine des relations sociales, réputées, depuis
A. Comte et M. Weber, comme les plus complexes et
rebelles aux explications globalisantes.

Les premières publications de P. Bourdieu font apparaître une période d'investigation plus empirique que théorique où les questions centrales posées par le structuralisme
ne sont abordées que subsidiairement. Ainsi l'ouvrage de
1961 consacré à la *Sociologie de l'Algérie* est construit selon
des exigences plus durkheimiennes que structuralistes à
partir de la répartition des ethnies et de leurs caractéristiques particulières. Ces premiers travaux ne s'apparentent
en aucune façon à l'application forcée d'une théorie
préétablie, mais plutôt à une phase de réflexion critique sur
l'efficacité des modèles heuristiques. C'est seulement dans
les travaux sur les étudiants français (1964) que les interprétations recourent au modèle structuraliste, et dans *Le
Métier de sociologue* (1968) que ce recours est explicité et
systématisé.

Au cours de cette période, le modèle structuraliste se
trouve repensé et contesté dans certaines de ses formulations. La relecture de l'essai d'Erwin Panofsky[1] ouvre à des
hypothèses nouvelles sur la création : s'il est vrai que les
architectes des cathédrales gothiques ont projeté sur leurs
plans les modèles de logique, de clarté, de rationalité qu'ils
avaient acquis au cours de leur éducation scolastique, on
pourra étendre le modèle structuraliste à la création
artistique, pourvu qu'on y ajoute des analyses sur l'intériorisation et sur les transformations éventuelles des modèles
appris.

Une question essentielle se trouve posée dès cette
période et qui prendra une importance croissante dans les
travaux ultérieurs : celle de savoir comment se renouvellent, se reproduisent les structures, problème qui impose

---

1. E. Panofsky, *Architecture gothique et Pensée scolastique*, Paris,
Éd. de Minuit, 1967.

de rendre compte du comportement des agents en tant que reproducteurs des positions. Entre deux thèses extrêmes, celle d'une phénoménologie attachée à explorer les intentionnalités sans considération de leur enracinement social, et un structuralisme répétant le thème de l'effacement radical du sujet (L. Althusser, M. Foucault), de nouvelles réponses étaient à apporter échappant au simplisme des positions adverses.

Au terme de cette évolution, la réponse de P. Bourdieu à la question de l'objet de la recherche sociologique pourrait être organisée autour de trois concepts : *système de positions, habitus, reproduction sociale.*

I. La leçon préliminaire du structuralisme qui appelle à restituer les systèmes de relations est au point de départ de toutes ces analyses et interprétations. Il ne s'agit pas seulement de restituer des « phénomènes sociaux », et encore moins de seulement décrire des fragments désordonnés de comportements sociaux, mais bien de s'attacher à découvrir quelles relations et quel système de relations organisent l'objet étudié. C'est dire, tout d'abord, que tout fragment du social n'est pas également et, au même titre, objet de connaissance, et une critique préliminaire s'imposera pour savoir si l'objet considéré forme, ou non, un système repérable de relations [1].

Un travail de rupture s'impose donc, au préalable, avec ce que P. Bourdieu désigne par le terme de « sociologie spontanée ». La perception commune, ou journalistique ou idéologique, ne cesse, en effet, de désigner des « faits sociaux », des « faits de société », sans se préoccuper de savoir si les faits ainsi rassemblés ont, ou non, une unité, ou s'il ne s'agit pas de données hétéroclites obéissant à des logiques différentes. Il conviendra donc de mettre en question la notion confuse de « fait social », de distinguer ce que l'on peut appeler de « vrais » et de « faux » objets : un objet social étant celui qui recèle un ensemble de

1. P. Bourdieu, J.-C. Chamboredon, J.-C. Passeron, *Le Métier de sociologue,* Paris, Mouton-Bordas, 1968, p. 59-85.

relations internes, un système de relations dont l'analyse permettra d'expliquer le fonctionnement.

Le but de la recherche sera donc de mettre au jour la logique du système, et imposera à la fois une réduction des phénomènes et une exploration multiforme. Une réduction s'impose (comme en toute science) puisque la recherche fait choix de découvrir le système des relations socialement déterminantes et écarte les données anecdotiques comme elle écarte les données historiques, par exemple, ou relevant des sciences économiques. L'appel structuraliste à suspendre les investigations à caractère historique trouve ici son illustration et son application.

Mais, simultanément, la recherche du système des relations ouvre à un travail considérable d'investigation dont le repérage du système relationnel n'est qu'introductif. Il convient ensuite de multiplier les questionnements sur toutes les conséquences pratiques et symboliques du système et de poursuivre aussi loin que possible cette logique sociale pour en repérer tous les effets. Cette poursuite dans l'analyse des conséquences importe au premier chef, car elle sera, par elle-même, le processus de preuves. C'est en poursuivant ce déroulement des effets que l'on pourra multiplier les aperçus, dévoiler de nouveaux rapports cachés et, par l'accumulation des relations, démontrer la valeur des hypothèses.

La structure, ou mieux, le système des positions et des relations impose, en quelque sorte, un triple mouvement de recherche : réduction, repérage et développement.

L'ouvrage consacré à l'étude sociologique de l'Université française, *Homo academicus*, peut illustrer ce triple mouvement[1].

a) Une réduction s'impose dès lors que la question se trouve posée du seul système des relations sociales. Se trouvent écartées les multiples questions concernant, par exemple, l'histoire lointaine ou proche de l'institution, les questions lancinantes sur les moyens et l'obtention des budgets, les relations multiples de l'institution avec son environnement social et politique. Cette réduction est

---

1. *Homo academicus*, Paris, Éd. de Minuit, 1984.

lucidement conduite selon les exigences de la question posée.

b) Le repérage du système conduit à la mise en évidence de deux systèmes de positions qui se trouvent imbriqués dans l'Université. Un premier système, interne à l'institution, distribue les positions de pouvoirs depuis les positions dominantes des instances de décision et de prestige jusqu'aux positions dominées, dépourvues de pouvoir et de prestige. Un second système, à la fois interne et externe celui-là, distribue des positions selon les pouvoirs et les prestiges acquis hors du système par les publications, les prestations scientifiques et para-scientifiques, les manifestations auprès des communautés scientifiques étrangères... Ces deux systèmes sont à la fois imbriqués et clairement distincts : un professeur pouvant, par exemple, détenir une forte légitimité au sein du second système (plus proprement scientifique) et un faible pouvoir au sein du premier.

Ce résumé (très succinct) permet de poser la question de la « réalité » du système de relations ainsi dégagé. La « réalité » repérée n'est, certes pas, donnée comme un fait apparent ; il convient, au contraire, pour la manifester, de mettre entre parenthèses les faits les plus visibles (le legs de l'histoire... les flux d'étudiants... les pressions auprès des bailleurs de fonds) et de rechercher, selon les principes de G. Bachelard, le « caché » qui permettra d'expliquer l'apparent.

De même, ne saurait-on, pour dévoiler ces deux systèmes de positions, ne tenir compte que des témoignages, des jugements des personnes concernées. Il faut, au contraire, supposer, dans cette perspective, que les attitudes, les jugements, les motivations des intéressés sont largement déterminés par la structure et, plus précisément, par la place occupée dans le système des positions. On retrouve là un thème essentiel de l'approche structurale selon lequel le système est explicatif de la partie, et en rend, largement, compte.

P. Bourdieu illustre ce renversement épistémologique en opposant cette approche à la tradition anthropologique kantienne : alors que Kant (réinterprétant en cela la tradition cartésienne) avait placé au centre des sciences

humaines l'homme dans son universalité, l'approche sociologique inverse précisément ce modèle illusoire d'interprétation et montre comment les structures sont « au principe » des perceptions, des jugements et des comportements. Et en cela la sociologie ne peut que décevoir les
rêves communs qui portent à faire de l'être humain le
créateur de sa condition et de lui-même.

En termes de « réalité » et d'objectivité, la structure du
système de positions est, pourrait-on dire, plus réelle que
les intentions ou les motivations individuelles : les relations
sociales ont, en quelque sorte, « plus de réalité que les
sujets qu'elles lient [1] ».

c) Mais ce repérage du système des relations sociales
n'est aussi qu'un moment de la recherche, introductif à
l'analyse de toutes les conséquences, générales ou partielles, du système. Le travail de recherche consiste alors à
distinguer tous les enchaînements, pratiques, symboliques,
idéologiques, tous les comportements individuels, qui sont
marqués par ce système de relations. Dans le cas, par
exemple, du système universitaire, il faudra tout d'abord
explorer tous les arcanes du système, analyser en détail les
différentes hiérarchies et rapports de pouvoirs, puis pousser jusqu'à sa limite l'hypothèse de la détermination
structurale en repérant tous les effets du système sur les
fonctionnements et les comportements individuels. Et c'est
ce déploiement des hypothèses initiales qui en démontrera
aussi la valeur de vérité : l'ampleur des relations mises au
jour et des aperçus partiels vient démontrer l'efficacité
scientifique des hypothèses.

A l'opposé de l'empirisme sociologique qui proclamerait
le respect du fait brut, comme si la réalité était donnée à
l'observateur dans la complétude de ses déterminations, la
recherche sociologique est bien un travail de reconstitution, ou mieux, selon l'expression bachelardienne, de
construction.

Ce travail de construction se révèle à différents niveaux
de la recherche, qu'il s'agisse de la construction du système
des relations ou de la construction même des faits partiels.

---

1. *Le Métier de sociologue, op. cit.,* p. 40.

On le vérifiera mieux encore dans la construction et l'opérationnalisation du concept de « champ ».

Pour désigner, dans leur ensemble, des ensembles aussi étendus et complexes que le système politique, ou l'ensemble des relations sociales qui unit et sépare les créateurs culturels, P. Bourdieu propose d'user du terme de *champ*. Par ce terme de champ politique ou de champ intellectuel, il conviendra d'entendre non l'ensemble additionné des personnes se consacrant à la politique ou à la production culturelle, mais le système des positions de ces agents du politique ou du culturel. Ainsi, le champ intellectuel pourra-t-il être défini comme le « système des relations qui s'établissent entre les agents du système de production intellectuelle[1] ». Tout un ensemble d'institutions (maisons d'édition, académies…) font partie totalement ou partiellement de ce système et participent à la concurrence particulière qui oppose ces agents : la concurrence pour la légitimité culturelle.

Un tel champ intellectuel est assurément construit par le sociologue et c'est à travers cette construction qu'il se donne son objet. P. Bourdieu rappelle à ce sujet la citation de Saussure : « Le point de vue crée l'objet[2] » et les indications convergentes de Marx et de Max Weber soulignant que la construction d'un objet d'étude naît de la constitution de nouveaux rapports conceptuels. Mais cette construction n'est assurément pas arbitraire : elle est rendue possible par les réalités socio-historiques. Ainsi la méthode structurale qui invite à traiter le champ intellectuel « comme un système régi par ses lois propres[3] » ne se justifie qu'en raison de l'autonomie prise, historiquement, dans les sociétés occidentales, par la production intellectuelle par opposition aux autres pouvoirs, économique, politique et religieux. C'est dire que les structures ou les champs ne désignent pas des rapports formels que l'on appliquerait indifféremment à toute formation sociale,

1. P. Bourdieu, « Champ intellectuel et projet créateur », in *Les Temps modernes,* novembre 1966, n° 246, p. 870.
2. *Le Métier de sociologue, op. cit.,* p. 59.
3. « Champ intellectuel et projet créateur », *op. cit.,* p. 866.

mais bien des modes de réalité, d'objectivité, dont le travail sociologique doit démontrer la réalité. Selon les principes généraux de Max Weber, la connaissance sociologique est un travail de constitution des rapports et des concepts à partir des réalités sociales indéfiniment complexes.

Ce principe général s'applique non moins fortement à la formulation conceptuelle du terme de « habitus ».

II. Si le terme de post-structuralisme nous paraît utile pour caractériser la situation de l'épistémologie de P. Bourdieu, c'est, en particulier, en raison de l'introduction de ce concept d'habitus et de l'importance des développements consacrés à cette proposition conceptuelle.

Dans un entretien réalisé en avril 1985, P. Bourdieu souligne que, par l'introduction de cette notion et par la définition qu'il en a donnée, il voulait, dit-il, « réagir contre l'orientation mécaniste... du structuralisme[1] ». Cette critique du mécanisme structuraliste permet de bien marquer ce qui va se trouver repris du structuralisme et quelle critique en sera faite.

Le structuralisme de Saussure, comme celui de Claude Lévi-Strauss, soulignait l'urgence de considérer comme explicatives, non plus les expressions et les opinions des agents, mais bien les structures déterminantes. P. Bourdieu devait reprendre vigoureusement ce principe de la « non-conscience » considéré comme le principe scientifique lui-même, celui du déterminisme méthodologique. Selon la vigoureuse formulation du *Métier de sociologue* :

> « Loin que la description des attitudes, des opinions et des aspirations individuelles puisse procurer le principe explicatif du fonctionnement d'une organisation, c'est l'appréhension de la logique objective de l'organisation qui conduit au principe d'expliquer, par surcroît, les attitudes, les opinions et les aspirations[2]... »

1. *Choses dites, op. cit.*, p. 23.
2. *Le Métier de sociologue, op. cit.*, p. 41.

En prenant cette citation à la lettre, on pourrait entendre que le système impose mécaniquement les normes de comportement aux individus et que ceux-ci ne font que le reproduire (« par surcroît »). Ce qui rendrait incompréhensibles les créations, les novations ou même les concurrences si amplement soulignées.

Faudrait-il donc en revenir à une théorie de la liberté des sujets et reconstruire une image proche de celle de l'*homo economicus,* doué du don d'apprécier l'état exact des rapports sociaux et de rechercher l'optimisation de ses profits ? Toutes les analyses antérieures vont, assurément, à l'encontre d'une telle conception.

Refusant donc de considérer les agents comme de simples reflets de structures objectives, et refusant non moins radicalement d'interrompre la recherche des déterminants, P. Bourdieu repose ce problème en termes de genèse [1].

La question sera donc d'expliquer comment les apprentissages sociaux (formels et informels, dits et non-dits) forment, inculquent des modes de perception et de comportement aux agents sociaux. Y concourront, le plus visiblement, les familles et les systèmes éducatifs, mais l'expérience sociale actuelle, incessamment renouvelée, y participe également. Il se produit donc ce que l'on peut appeler une « intériorisation de l'extériorité ». Des sujets, situés dans des conditions sociales différentes, vont acquérir des dispositions différentes, selon leur moment historique et leur place dans un système social donné.

L'habitus désignera donc l'ensemble des dispositions acquises, des schèmes de perception, d'appréciation et d'action, inculqués par le contexte social en un moment et une place particulière.

Cette définition doit immédiatement être complétée en ce que l'habitus, système de dispositions acquises est simultanément producteur de pratiques, « matrice de per-

---

1. « En ce sens, si j'aimais le jeu des étiquettes..., je dirais que j'essaie d'élaborer un structuralisme génétique. » *Choses dites, op. cit.,* p. 24.

ceptions, d'appréciations et d'actions »[1] ... « grammaire génératrice des pratiques », et c'est bien dans ces deux volets qu'il conviendra de comprendre cette notion. L'habitus s'interpose comme une médiation entre les relations objectives et les comportements individuels ; elle est à la fois le produit de l'intériorisation des conditions objectives et la condition des pratiques individuelles.

> « Entre le système des régularités objectives et le système des conduites directement observables s'interpose toujours une médiation qui n'est autre que l'habitus, lieu géométrique des déterminismes et d'une détermination des probabilités et des espérances vécues, de l'avenir objectif et du projet subjectif[2]. »

Les conditions des apprentissages et de leur inculcation étant relativement identiques au sein d'une même classe sociale, il y aura lieu de caractériser un habitus de classe, inculqué, en fait, à travers un système éducatif complexe incluant la famille, l'école et le contexte social. Les caractères informels de cette intériorisation de l'extériorité pouvant être non moins importants que les caractères formels.

L'habitus rend donc possible un ensemble de comportements et d'attitudes conformes aux inculcations et, par là, conformes aux régularités objectives : il rend possible une extériorisation de l'intériorisation. Cette extériorisation des schèmes inconscients de pensée, de perception et d'action permet aux agents d'engendrer, à travers l'« illusion bien fondée » de la nouveauté et de la libre spontanéité, toutes les pensées, perceptions et actions conformes aux régularités objectives et aux rapports de classes. L'habitus de classe a ainsi pour conséquence que les agents se comportent de manière à ce que se perpétuent les relations objectives entre les classes.

1. *Esquisse d'une théorie de la pratique,* Genève, Paris, Droz, 1972, p. 178.
2. P. Bourdieu, *Le Sens pratique,* Paris, Éd. de Minuit, 1980, p. 88-89.

La notion d'habitus vient ainsi apporter un élément essentiel de réponse au problème de la reproduction sociale.

III. Le fait de la reproduction sociale, c'est-à-dire en premier lieu la reproduction du système des relations de classes, est confirmé par les données statistiques portant sur la distribution des biens économiques et culturels. Les études de mobilité ascendante supposent, quelle que soit l'ampleur de la mobilité repérée, une reproduction dont il importe de rendre compte.

Le structuralisme, portant sur les sociétés dites traditionnelles, tend à donner pour acquise l'invariance des structures, sans toujours s'interroger sur l'ensemble des conditions génératrices de ces répétitions. L'analyse de Marx apportait une réponse globalisante au problème de la reproduction du système des classes, mais en se limitant aux rapports économiques et en majorant à l'extrême ce seul rapport d'appropriation du capital.

Les analyses de P. Bourdieu visent, au contraire, à tirer toutes les conséquences des faits de reproduction culturelle, en s'arrêtant plus particulièrement aux fonctions du système scolaire dans cette reproduction (1970) et à la distinction culturelle (1979). Ces analyses imposeront l'introduction d'un ensemble conceptuel et, en particulier, l'explication des concepts de *violence symbolique, capital culturel, stratégie de reproduction.*

Sans doute l'école n'a-t-elle pas pour seule fonction le renouvellement de l'« arbitraire culturel » et l'imposition de la légitimité des classes dominantes, mais cette action spécifique de l'école est communément méconnue. Elle est, en particulier, voilée par l'idéologie traditionnelle de l'égalité des chances qui tend à faire admettre que l'école vient précisément restituer aux étudiants une stricte égalité de conditions et n'accorder les succès qu'aux seuls mérites.

Or, l'école est aussi en correspondance avec la structure des rapports de classes et va participer, selon ses modalités propres, au renouvellement de la domination par le biais de l'imposition de la culture dominante comme culture légi-

time. La neutralité proclamée des enseignements conduisant, en réalité, à l'exclusion des classes dominées, renforce
la légitimité des différences de classes en les convertissant
en résultats d'une concurrence équitable. Le système
scolaire, en occultant l'arbitraire culturel et en se faisant
reconnaître comme instance légitime d'imposition, légitime
la hiérarchie des cultures propres à chaque classe. Elle
impose et légitime l'arbitraire culturel dominant. L'action
pédagogique :

> « tend à produire la méconnaissance de la vérité objective
> de l'arbitraire culturel, du fait que, reconnue comme
> instance légitime d'imposition, elle tend à produire la
> reconnaissance de l'arbitraire culturel qu'elle inculque
> comme culture légitime [1] ».

Le système scolaire exerce ainsi une violence symbolique, c'est-à-dire l'inculcation de l'arbitraire culturel et
l'imposition de l'habitus conforme à l'ordre des classes
sociales. Il procure aux classes dominantes un surcroît de
légitimation en confirmant leur appropriation de la culture.
Le système scolaire assure particulièrement cette fonction
de légitimation en imposant aux classes dominées la
reconnaissance du savoir des classes dominantes :

> « ... un des effets les moins aperçus de la scolarité
> obligatoire consiste dans le fait qu'elle parvient à obtenir
> des classes dominées une reconnaissance du savoir et du
> savoir-faire légitimes (...), entraînant la dévalorisation du
> savoir et du savoir-faire qu'elles maîtrisent effective-
> ment [2] ».

Ainsi l'école participe-t-elle à l'imposition d'une domination sans violence apparente, à l'imposition de la domination « en douceur » par le biais de l'imposition du champ
symbolique.
Cet effet de légitimation de la hiérarchie des classes est
clairement apparent dans le cas du renforcement du capital

---

1. *La Reproduction, op. cit.*, p. 37.
2. *Ibid*, p. 57.

symbolique. Les enfants des classes favorisées parviennent à l'école en détenant un *capital linguistique,* une compétence linguistique, plus proche de la langue scolaire que celui des enfants d'origine populaire. Il s'ensuit que l'élimination scolaire frappera plus fortement ces enfants, légitimant ainsi, à nouveau, la sélection des enfants des classes privilégiées.

Cette analyse des fonctions du système scolaire met l'accent sur l'inculcation, sur la transmission de l'habitus de classe. Dans *La Distinction,* Pierre Bourdieu mettra, au contraire, l'accent sur les stratégies qu'utilisent les agents pour assurer les distinctions sociales et les modes de reconnaissances distinctives. On peut, entre *La Reproduction* et *La Distinction* repérer une certaine évolution vers une conception plus active des conduites des agents. Évolution néanmoins rendue possible par la théorisation antérieure, car si, par exemple, l'école communique aux enfants et aux étudiants, des capitaux symboliques, elle leur donne aussi les moyens de les utiliser dans les stratégies de classement social. L'école n'est d'ailleurs pas seule à transmettre cet habitus ; les études menées sur les étudiants en lettres, montrent, en effet, combien les « héritiers » disposent de moyens extra-universitaires (loisirs, arts) pour se distinguer des classes défavorisées.

Un nouveau champ d'étude s'ouvre ici qui analyse non plus la reproduction dans ses processus, mais les pratiques visant à la reproduction : les stratégies de reproduction. C'est le but de l'ouvrage le plus minutieux de P. Bourdieu que d'analyser ces multiples stratégies qui, plus particulièrement dans le domaine du symbolique et des liens culturels, vont permettre la reproduction des rapports de classes par le recours aux multiples distinctions [1]. Dès lors, la reproduction se réalisera à travers les conflits symboliques, et c'est en ces termes que nous y reviendrons en abordant les réponses de P. Bourdieu à la question des conflits sociaux.

Pour tenter de résumer ce chapitre qui posait la question

---

1. P. Bourdieu, *La Distinction, critique sociale du jugement,* Paris, Éd. de Minuit, 1979.

de savoir quel est, dans l'œuvre de P. Bourdieu, l'objet essentiel de la sociologie, nous pourrions avancer qu'une double préoccupation ne cesse d'être reprise : celle d'analyser dans toutes leurs conséquences les structures sociales et les structures symboliques, et celle de s'interroger sur les multiples relations cachées entre ces deux systèmes. A un structuralisme mécanique qui confond structure sociale et structure symbolique ou les pose comme identiques, P. Bourdieu oppose une réflexion génétique, non en apportant une réponse dogmatique en termes de production unidimensionnelle, mais en termes de dialectiques multipliées ; chaque novation conceptuelle venant complexifier les rapports entre structures sociales et structures symboliques.

2

La sociologie dynamique

Notre but étant de mettre en évidence la pluralité des théories sociologiques, nous n'aurons pas de difficulté à marquer combien la sociologie que l'on peut qualifier, avec Georges Balandier, de « dynamique », oriente vers de tout autres recherches que le structuralisme génétique. La réponse de cette sociologie à la question préliminaire de l'objet de la recherche se différencie, sans ambiguïté, de la réponse que nous avons antérieurement exposée. En simplifiant à l'extrême ces deux réponses opposées, on pourrait dire que la sociologie dynamique s'est opposée radicalement au structuralisme et à l'importance donnée aux faits de structure pour mettre au centre de sa réflexion l'étude des changements, des mutations, des mouvements sociaux, du devenir des sociétés.

Si l'on peut préciser les antécédents de cette théorisation, il faut souligner que cette préoccupation du devenir s'inscrit dans les origines mêmes de la pensée sociologique qui se donne pour objet, avec Saint-Simon et Auguste Comte, de penser la « dynamique sociale » et le devenir vers la « société industrielle ». Il s'agit, pour A. de Tocqueville, d'analyser le processus d' « égalisation des conditions » et d'en démontrer le caractère inévitable. Pour Marx, il s'agit de démontrer que l'approfondissement des contradictions mène à l'effondrement du mode de production capitaliste. Herbert Spencer développait, à la fin du XIXᵉ siècle, l'hypothèse évolutionniste d'un devenir des sociétés vers des formes de plus en plus complexes et hétérogènes.

Ainsi, la tradition sociologique ne lègue pas une doctrine sur les changements sociaux mais un immense champ de questions (comment et pourquoi se sont transformées les sociétés d'hier ? Comment, pourquoi et vers quoi se transforment les sociétés modernes ?) et un ensemble de réponses opposées. Dans ces débats, les options politiques ne pouvaient être absentes, poussant les conservateurs à atténuer la profondeur des changements et les révolutionnaires à en accentuer la radicalité. Un débat multiforme était, en particulier, posé par la notion éminemment confuse d'évolution, donnant lieu à de multiples interprétations et résurgences.

L'écho rencontré par le structuralisme tient aussi à ce qu'il parut apporter un évitement de ces difficultés considérables à penser les changements en proposant de suspendre, par option de méthode, l'approche historique et de dissocier désormais de façon systématique la sociologie et l'histoire, sur le modèle opéré par la linguistique structurale entre la langue et la parole.

Contrairement à une représentation simplifiée de l'histoire des épistémologies, les sociologues des années 1950-1965 n'adoptèrent pas unanimement les principes de l'analyse structurale. Beaucoup poursuivirent leurs travaux sans reprendre les principes du structuralisme, d'autres (Georges Gurvitch, Georges Balandier, Alain Touraine, Jean Duvignaud, Edgar Morin, Claude Rivière...), sans entrer nécessairement dans la polémique, développèrent, par leurs travaux, leurs méthodes et leurs interprétations, un ensemble théorique clairement opposé au paradigme structuraliste.

Cette opposition au structuralisme ne s'est pas cristallisée en une école rivale et dogmatique, et il n'est pas aisé d'y désigner les frontières d'une école : il s'agit là d'un courant épistémologique où nous distinguerons des œuvres particulièrement significatives (Georges Balandier et Alain Touraine). De même, hésiterons-nous à parler ici de « paradigme » selon les termes de T. Kuhn ; il s'agira plus d'une théorie privilégiant un certain nombre de données, et plus explicite dans ses thèses que dans ses exclusives.

Aux sources de la sociologie dynamique se situe essentiellement l'expérience des changements historiques et sociaux. Les premiers travaux de G. Balandier portent sur la décolonisation, sur le développement, sur la constitution des États africains au lendemain de leur indépendance [1]. Le constat préliminaire entérine le fait que ces sociétés africaines sont en phase de transformation et qu'elles l'ont été précédemment. Elles sont en période de décolonisation, de transition d'un système politico-économique colonial à un système d'autonomie politique. Elles ont traversé antérieurement une phase de profonde transformation liée à une période coloniale. Et c'est l'objet que se donne G. Balandier dans ses travaux sur ces sociétés en mutation que d'inventorier les multiples aspects de cette mutation : les déplacements de population, la diminution des populations villageoises, l'urbanisation et les conséquences des entassements urbains [2], les transformations des lignages, les bouleversements des statuts, les résistances aux changements ou les stratégies menées pour en tirer bénéfice... La règle initiale étant non d'élire un changement en raison d'un choix conceptuel, mais plutôt d'appréhender toute l'étendue des changements pour en montrer les multiples relations internes et les dépendances extérieures.

En fait, ce choix d'objet, apparemment dépendant des seules caractéristiques du « terrain », s'associait à une théorisation et à un ensemble de critiques épistémologiques implicites.

En soulignant la pluralité des changements qui traversaient ces sociétés africaines, les analyses tendaient implicitement à montrer que ces sociétés n'étaient aucunement, ou n'étaient plus, ces systèmes stables harmonieusement intégrés, ces sociétés froides ou « sans histoire » chères à l'ethnologie traditionnelle. Un soupçon se formulait aussi que cette ethnologie traditionnelle, avide de découvrir des ordres constants et des structures permanentes, avait peut-être partie liée avec l'ancien ordre colonial porté à voir dans les sociétés colonisées des mondes immobiles qu'il

---

1. G. Balandier, *L'Anthropologie appliquée aux problèmes des pays sous-développés,* Paris, cours de droit, 1955 ; *Sociologie actuelle de l'Afrique noire,* Paris, PUF, 1955.
2. G. Balandier, *Sociologie des Brazzavilles noires,* Paris, A. Colin, 1955.

importait, difficilement, d'ouvrir à la modernité. La possibilité même d'étudier un royaume africain comme un système politique engagé dans l'histoire indiquait combien d'autres approches étaient possibles et faisait des hypothèses de l'ethnologie traditionnelle autant d'hypothèses récusables [1]. Dès lors, un autre soupçon est suggéré selon lequel le structuralisme, en polarisant l'étude sur les invariances et sur la répétition des ordonnancements sociaux, pourrait, dans une certaine mesure, prolonger les principes de l'ethnologie ancienne.

De cet objectif découle aussi une mise à distance des interprétations inspirées du marxisme. Sans méconnaître l'intérêt de ces interprétations, G. Balandier doute qu'elles puissent s'appliquer aux phénomènes modernes des mutations. Ces modèles explicatifs majorent l'importance des modifications qui surviennent dans les rapports sociaux de production en raison des bouleversements technologiques ; or l'histoire des colonisations et décolonisations fait apparaître le caractère décisif d'autres facteurs : dominations politiques, résistances des cultures, interventions d'autres agents historiques que ceux désignés par Marx. De plus, l'histoire ne vérifie pas l'hypothèse d'une évolution nécessaire vers des modèles politiques identiques ; plutôt donc que de supposer l'existence d'une nécessité historique convient-il de s'interroger sur les incertitudes, sur les potentialités contradictoires que recèlent ces sociétés et sur leurs possibilités de choisir des avenirs différents.

Dans cette perspective, la notion de structure perd son privilège épistémologique. Empiriquement il conviendra, provisoirement, de repérer les persistances dans une période donnée, mais il n'y a pas à espérer que l'analyse des stabilités livre la seule clef des mutations. Au concept de structure, G. Balandier substitue fréquemment les expressions « agencements sociaux », « permanences structurelles », pour bien rappeler que ces agencements ont un caractère provisoire, qu'ils sont le résultat de pratiques antérieures et seront transformés par les pratiques ulté-

---

1. G. Balandier, *La Vie quotidienne au royaume de Kongo du XVI*
au XVIII siècle, Paris, Hachette, 1965.

rieures. Accorder un privilège exclusif à l'analyse des structures serait supposer que les fonctionnements et transformations des structures internes à une société provoqueraient suffisamment son devenir. Or, il serait arbitraire d'ignorer que ces sociétés sont précisément affectées par leurs rapports avec les sociétés qui leur sont extérieures et cela au niveau de leurs structures sociales, politiques, culturelles autant qu'économiques. Une double préoccupation s'impose donc, celle de repérer les dynamiques « du dedans » et les dynamiques « du dehors »[1] et leurs interrelations.

Une approche structuraliste tendrait à faire penser que les contacts entre les deux sociétés se traduisent par le heurt entre deux systèmes structurés ne pouvant conduire qu'à la destruction du plus faible. Une observation plus fine montre qu'on ne peut se contenter d'une opposition simpliste entre société « traditionnelle » et société « moderne » pour comprendre, par exemple, les processus de développement. Il faut, tout au contraire, en bien des situations concrètes, repérer comment le système traditionnel évolue sans être détruit, comment, par exemple, des chefs de lignage visent des objectifs économiques « modernes » en utilisant, à leur avantage, le système traditionnel et l'attachement des villageois à leurs coutumes. La structure traditionnelle n'est pas génératrice de ces changements, mais les acteurs sociaux, les notables, confrontés à des changements économiques nouveaux, vont utiliser l'ancienne structure, la maintenir tout en la modifiant à leur profit[2].

Il n'y a donc pas nécessairement contradiction entre l'approche structuraliste et l'approche dynamiste, l'une pouvant être complémentaire de l'autre[3].

Cette démarche dynamique sera particulièrement attentive à déceler tout ce qu'une société recèle de potentialités, de peu visible, de latent, qui échappe aux formes visibles :

1. G. Balandier, *Sens et Puissance, les dynamiques sociales*, Paris, PUF, 1971, 1re partie.
2. *Ibid.*, p. 225-230.
3. *Ibid.*, p. 230.

Anthropologie

En France comme en Angleterre, les situations coloniales ont favorisé, dès le XIXe siècle, le développement d'enquêtes à caractère descriptif sur les sociétés colonisées. Bien des études se donnaient pour vocation d'analyser les mœurs et les croyances dont on supposait la disparition inéluctable. Simultanément, une réflexion ambitieuse, marquée en Angleterre par H. Spencer et en France par l'École durkheimienne, s'efforçait de multiplier les comparaisons entre les différentes sociétés et de constituer une anthropologie fondée sur une vaste recherche comparative.

En 1949, la publication des *Structures élémentaires de la parenté* de C. Lévi-Strauss, inaugurant le mouvement structuraliste, a suscité un regain de la réflexion épistémologique et l'ouverture de débats fondamentaux tant sur les systèmes sociaux étudiés que sur les théories et les méthodes de l'approche anthropologique. Les débats, auxquels participèrent ethnologues français et anglais (Leach, 1966), reposèrent non seulement des problèmes théoriques, mais aussi les questions relatives à la pratique ethnologique (Leiris, 1949, 1981), aux objets privilégiés (les systèmes de parenté, les systèmes symboliques, les technologies), et aux rapports de pouvoir entre les nations économiquement dominantes et les cultures dominées ou menacées de disparition (Jaulin, 1972).

Au cours de ces dernières années, cette considérable production a développé la connaissance des rapports sociaux de production (Godelier, 1977), des rapports politiques (Clastres, 1980), des imaginaires sociaux (Augé, 1975), des éco-systèmes (D'Ans, 1987), des savoirs propres aux cultures étudiées : les « ethnosciences ».

Le développement des recherches ethnologiques sur la société française contemporaine a vérifié la fécondité des approches ethnologiques (étude des micro-sociétés, des identités et socialités particulières, des minorités...) et leur utilité pour une connaissance fine des sociétés développées. Ce transfert des méthodes antérieurement employées pour observer les sociétés lointaines n'a pas manqué de provoquer une diversification des problématiques et un enrichissement des méthodes (Althabe, 1984).

« Les sociétés ne sont jamais ce qu'elles paraissent être ou ce qu'elles prétendent être. Elles s'expriment à deux niveaux au moins ; l'un superficiel, présente les structures " officielles ", si l'on peut dire ; l'autre, profond, assure l'accès aux rapports réels les plus fondamentaux et aux pratiques révélatrices de la dynamique du système social[1]. »

Cette démarche fera apparaître des complexités qui risquent de n'être pas perçues dans une perspective unilatérale. Des changements locaux, des drames sociaux peuvent être révélateurs de ces complexités. Au lieu, par exemple, de percevoir les sociétés dites traditionnelles comme des unités simples et homogènes, on apercevra combien ces sociétés comportent aussi leur hétérogénéité. G. Balandier reprend ici la suggestion d'Henri Lefebvre de distinguer, dans toute société, la « complexité verticale » tenant à la persistance de formations d'âges différents, et la « complexité horizontale » correspondant à l'enchevêtrement des structures à un même moment du temps[2].

La sociologie devrait donc être sensible à la détection des temporalités propres aux différents segments d'une société comme elle devrait être attentive aux conjonctures particulières. Toute étude qui se veut « actuelle » se trouve contrainte de tenir compte à la fois des processus se déroulant sur une longue période et de leur complexité, des provocations issues du contexte social et politique, et des forces latentes qui se révéleront à l'occasion d'un conflit. L'approche dynamique qui a vocation de rendre compte des changements, des mobilités est nécessairement ouverte à la détection des moments, des conjonctures, malgré leur caractère partiellement fugace.

A l'opposé d'une sociologie des permanences, la sociologie dynamique tend beaucoup plus à souligner non seulement les transformations, mais, plus encore, le fait de l'inachèvement essentiel à tout agencement social[3].

1. *Ibid.*, p. 7.
2. *Ibid.*, p. 219.
3. *Ibid.*

Ce caractère d'inachèvement, de précarité, de vulnérabilité marque tout agencement social et l'ouvre, contrairement aux rêves fréquents de ses défenseurs, à sa transformation.

Après les années 1965, G. Balandier a formulé une nouvelle question, celle de savoir si ces remarques générales, largement extraites de l'étude des sociétés en voie de développement, pouvaient être introductives à une étude des sociétés industrielles.

En termes d'objets, cette interrogation ne remanie pas l'essentiel de la question posée (comment analyser les dynamiques sociales ?), mais en modifie le champ d'investigation en deux directions possibles. Dans une première direction, G. Balandier se proposera d'examiner en quoi une sociologie dynamique, prenant pour centre de réflexion les relations politiques (le pouvoir, l'ordre, la subordination), sera en mesure de construire des objets transversaux, de comparer des situations éloignées, pour constituer une anthropologie politique prenant en compte les acquis épistémologiques antérieurs. Dans les chapitres qui suivront sur les conflits et sur le traitement du symbolique, nous vérifierons comment une telle anthropologie, dépassant les frontières des ethnologies et des sociologies, vient répondre à ces questions (Balandier, 1967, 1980).

Dans une seconde direction sera posée la question de savoir si la sociologie des sociétés en développement pourrait constituer une introduction efficace pour mieux comprendre des caractéristiques des sociétés industrielles développées. En quoi la connaissance des sociétés en développement pourrait-elle constituer un « détour » pour la connaissance des sociétés développées (Balandier, 1985)[1] ?

La question centrale reste néanmoins la même, celle de proposer une sociologie et une anthropologie des dynamiques sociales, d'en cerner les objets, d'en proposer les instruments conceptuels, qu'il s'agisse des sociétés dites

_____

1. G. Balandier, *Le Détour : pouvoir et modernité,* Paris, A. Fayard, 1985.

traditionnelles et des sociétés dites modernes, en s'efforçant de comparer le comparable et de distinguer le distinct.

A une ambition aussi étendue, celle de repenser les transformations des sociétés, répond, comme nous l'avons dit, un courant de pensée et de théorisation plus qu'un paradigme aux frontières insurmontables. Ainsi, les travaux d'Alain Touraine et de ses collaborateurs peuvent être rappelés dans ce courant de théorisation, alors que les recherches empiriques qui illustrent et fondent les cadres théoriques sont ici non plus les sociétés africaines, mais la sociologie du travail. C'est à partir de recherches sur *L'Évolution du travail ouvrier aux usines Renault* (1955) et sur les conditions des *Ouvriers d'origine agricole* (avec O. Ragazzi, 1961) et d'une réflexion critique sur ces conditions en changement qu'Alain Touraine cherchera à redéfinir l'objet essentiel de la sociologie en termes d'action sociale et de mouvements sociaux.

La réponse, formulée dès 1965, à la question de l'objet, définit clairement cette orientation et la distance prise par rapport au structuralisme.

A. Touraine y souligne, tout d'abord, toute l'importance de cette question et de la réponse qui y sera apportée. Dans le domaine des sciences du social :

« les progrès accomplis depuis un siècle ont été directement liés à la découverte de l'objet propre de la sociologie [1] ».

Question fondamentale puisque des réponses qui seront apportées découlent ou des « doctrines sociales », ou des cadres théoriques permettant une intellection des transformations modernes. Et, à ce niveau, A. Touraine situe sa réflexion en marquant l'originalité de la réponse par rapport aux thèses de Marx, Weber et Talcott Parsons. L'objet de la sociologie ne saurait être, comme le laisserait entendre une vulgate marxiste, d'analyser les conséquences

1. A. Touraine, *Sociologie de l'action,* Paris, Éd. du Seuil, 1965, p. 7.

sociales d'un « facteur dominant » qui serait d'ordre économique [1]. A cette conception naturaliste, A. Touraine
oppose, pour en reprendre les aspects essentiels, la critique
de M. Weber selon laquelle l'objet de la sociologie serait
précisément de restituer le « sens visé » par les acteurs ; le
caractère essentiel des faits sociaux étant d'associer l'objet
de l'action et la signification donnée à cet objet par
l'acteur.

A partir de ces postulats weberiens et de la critique de
leurs limites, A. Touraine se propose de redéfinir la
sociologie, non plus comme la seule étude de l'acteur dont
les orientations se définiraient par rapport à l'objet de
l'action, mais comme l'étude de l'action sociale, action d'un
sujet historique dont les orientations se définissent par
rapport à l'ensemble des conditions sociales. La réalité
sociale, dans sa totalité, devant être analysée comme « un
ensemble de systèmes d'actes [2] ». Le travail fournit le
modèle et le terrain d'élection de cette analyse « actionna-
liste », le travail étant défini tout d'abord comme activité
collective :

> « ... comme une relation de l'homme à ses œuvres et
> comme un principe d'orientation des conduites, du simple
> fait que le travailleur valorise la création d'œuvres et
> revendique en même temps que celles-ci soient considérées
> comme des produits de son activité et non comme des
> choses [3] ».

Une telle conception de la sociologie ne s'élabore donc
pas à travers un débat direct avec le structuralisme. La
recherche de la filiation intellectuelle conduit, au contraire,
à une réflexion critique sur la tradition sociologique
marquée par Saint-Simon, Marx et Weber et sur les
analyses modernes en termes de système social. Dans une
telle perspective, l'attention aux structures sera tenue pour
partielle et ne conduisant pas au centre de l'objet proprement sociologique puisqu'elle conduirait à repenser les

1. *Ibid.*, p. 10.
2. *Ibid.*, p. 35.
3. *Ibid.*, p. 38.

déterminants de l'action et non l'action sociale elle-même dans son originalité essentielle.

L'émergence de l'actionnalisme serait à référer à l'histoire elle-même et aux nouvelles formes de conscience liées aux sociétés modernes. Au XIXᵉ siècle, la sociologie est née à la fois de la conscience de l'oppression sociale, de l'expérience de l'aliénation et de la conscience du conflit des classes appréhendées en termes de forces historiques. Mais, en même temps, cette expérience des forces non contrôlées conduisait à une réification de ces forces, comme si la société devait être comprise comme l'esclave des forces qu'elle aurait engendrées.

A cette société industrielle, dominée par le développement incontrôlé des forces productives, aurait succédé une société profondément différente, marquée beaucoup plus clairement par les décisions économiques et politiques, par la volonté d'organisation et de développement, par les efforts des différentes composantes sociales pour contrôler les instruments et les produits du travail. A cette société en transformation permanente correspondrait une sociologie de l'action considérant la société, dans son ensemble, comme un système d'action.

Cette caractérisation de la société post-industrielle, esquissée dès 1965, prend une importance croissante dans les travaux ultérieurs. Elle introduit à l'ouvrage de 1973, *Production de la société :*

> « Les sociétés apprennent à se connaître sociologiquement quand elles se reconnaissent comme le produit de leur travail et de leurs rapports sociaux, quand ce qui semble d'abord un ensemble de " données " sociales est reconnu comme le résultat d'une action sociale, de décisions ou de transactions, d'une domination ou de conflits[1]. »

Bien des ruptures historiques auraient conduit de la représentation de la « reproduction » de la société à la représentation de sa production et de son autoproduction. Les transformations accélérées provoquées par la crise des

---

1. A. Touraine, *Production de la société,* Paris, Éd. du Seuil, 1973, p. 7.

années 1930, puis par l'exceptionnelle croissance qui a suivi
la Seconde Guerre mondiale ont accru la conscience de
l'historicité des sociétés et des possibilités humaines. La
construction puis la chute des régimes totalitaires ont
montré jusqu'où pouvait aller la puissance de pouvoirs
politiques destructeurs [1]. La crise des modèles de croissance oblige à reconsidérer les modèles économiques.
Enfin, l'histoire du XXe siècle a suffisamment montré
combien des mouvements politiques pouvaient bouleverser
beaucoup plus qu'autrefois des sociétés entières. En de
telles sociétés, qui ne peuvent plus se référer à des
« garants méta-sociaux » tels que les dieux ou le mythe du
progrès universel, s'aiguise la conscience que la société se
fait, qu'elle est « action sur soi », production de soi.

Se pose donc la question de savoir non seulement
comment changent les sociétés modernes, mais, plus exactement, comment elles se produisent. En d'autres termes,
comment se constituent l'« historicité » moderne et
l'orientation de cette action de la société sur ses pratiques ?
A. Touraine propose de distinguer trois composantes constitutives :

— *la connaissance*, et particulièrement l'image du
monde, des relations sociales, et du non-social, le langage,
participent à l'orientation des conduites sociales comme à
la définition de la situation ;

— *l'accumulation* par laquelle une partie du produit
consommable est investie dans la production, participe non
seulement au travail, mais à la production du travail ;

— enfin *le modèle culturel* par lequel la société se perçoit
et saisit sa créativité ; dans les sociétés à forte historicité
comme les sociétés industrielles et post-industrielles, le
modèle culturel a un caractère pratique, il fait de la science
le ressort de la créativité et de la transformation de la
nature [2].

Ces distinctions permettent de souligner la distance qui
sépare les différents modèles de société et l'originalité des

    1. A. Touraine, *Pour la sociologie*, Paris, Éd. du Seuil, coll.
« Points », 1974, p. 214-220.
    2. *Production de la société, op. cit.*, p. 28-30.

sociétés modernes. Une société agraire et traditionnelle peut ainsi représenter le modèle de la plus faible historicité : l'accumulation se réduit à la reproduction du travail et de ses instruments ; le modèle culturel valorise la seule répétition et transcende la permanence dans des croyances religieuses. A l'opposé, pour la société post-industrielle, l'image de la créativité n'introduit aucun garant méta-social de l'ordre. La société pense son développement comme le dépassement programmé de son fonctionnement. L'investissement y revêt de multiples dimensions, il s'oriente, en particulier, vers la science et les techniques, mais aussi vers l'expression et les communications.

Cette typologie s'éclaire par l'instrument d'analyse proposé pour repenser cette « production » des sociétés : la notion de *Système d'Action Historique*. A. Touraine propose de désigner par cette expression la combinaison particulière que revêtent les trois dimensions indiquées (connaissance, accumulation, modèle culturel). Ce Système d'Action Historique désignera, par la combinaison qu'il réalise, le dynamisme de l'organisation socio-économique, ou, selon les termes de l'auteur, « le mode d'emprise de l'historicité sur les pratiques sociales [1] ».

Le schéma suivant présente clairement cette construction :

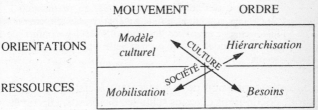

Cette combinaison fait apparaître trois couples d'opposition : mouvement/ordre — orientations/ressources — culture/société, et les tensions correspondantes à ces oppositions. Le modèle culturel, à moins de n'être qu'une

1. *Ibid.*, p. 86 et *passim*.

idéologie ou un rêve, doit être complété par l'élément qui met les ressources humaines au service du modèle : la mobilisation. Le modèle culturel doit être aussi lié à un mode de hiérarchisation comme cette dernière a pour complément une définition (fortement culturelle) des besoins.

Ce *Système d'Action Historique* est bien un instrument d'analyse, il ne vise aucunement à désigner des organisations concrètes et territoriales. Il permet de mieux penser les éléments dont les tensions ou les contradictions favorisent ou refrènent le mouvement général d'une société. Il aide à percevoir comment, et à travers quels types de tension, la société se produit.

Appliquée aux recherches concrètes, cette théorisation conduit à majorer l'étude des *mouvements sociaux*. Une même préoccupation traverse, en effet, la construction des instruments d'analyse et l'attention aux mouvements (ainsi que l'intervention dans ces mouvements, comme nous le verrons ultérieurement). Si l'objet même de la sociologie est de penser la dynamique des sociétés, en d'autres termes la production de la société par elle-même, ce sera bien là l'objet privilégié de la sociologie. La société étant action sur soi à travers les conflits sociaux...

> « C'est ce qui fait que l'objet principal de la sociologie est bien l'étude des conduites sociales et, au premier chef, l'étude des conduites qui engagent le plus directement l'historicité, c'est-à-dire les rapports et les conflits de classes, conduites qu'on appelle les mouvements sociaux[1]. »

Si cette expression de « mouvement social » a pu recevoir des définitions diverses selon les historiens, elle revêt, dans cette théorisation, une définition précise. N'est désigné ici comme mouvement social que celui qui se situe au niveau du Système d'Action Historique, celui qui marque l'affrontement d'intérêts opposés pour le contrôle

---

1. A. Touraine et D. Grisoni, *Un désir d'histoire*, Paris, Stock, 1977, p. 125.

des forces de développement d'une société. Un mouvement social n'est donc pas seulement un ensemble de
conduites d'opposition à un ordre établi, ni même un
ensemble de conduites organisées selon des valeurs consciemment exprimées. Ne sont ici caractérisés comme
véritables mouvements sociaux que ceux qui dépassent le
niveau de simples revendications d'un groupe ou d'une
classe pour mettre en cause la domination établie et viser le
contrôle du développement.

Dès lors, le sociologue devra, face à des conduites
sociales conflictuelles, poser la question de savoir si une
telle lutte est un véritable mouvement social, c'est-à-dire
une action conflictuelle pour le contrôle social des orientations d'une société, ou bien une simple conduite de crise
liée aux difficultés provisoires ou à l'échec d'une catégorie
sociale. Un tel mouvement ne pourra que susciter un
contre-mouvement, et ce sera une caractéristique essentielle des mouvements sociaux que de se heurter nécessairement à cette opposition en raison même des enjeux
engagés :

> « ... un mouvement social est un type très particulier de
> lutte... C'est l'action conflictuelle collective par laquelle un
> agent de classe s'oppose à un agent de la classe opposée
> pour le contrôle social des orientations culturelles de leur
> collectivité [1] ».

Le concept de « mouvement » caractérise ainsi toute la
théorie d'A. Touraine et illustre des aspects essentiels de
son objet. On peut dire que l'objet général de la sociologie
face aux sociétés industrielles et post-industrielles est
d'analyser les forces en présence, d'étudier les forces qui
contrôlent le mouvement, l'historicité. Quant aux objets
des travaux, ils seront proposés par les mouvements
particuliers à travers lesquels les groupes sociaux entrent en
conflit pour la gestion des modèles culturels. L'une des
tâches du sociologue sera d'être attentif à l'émergence de
nouveaux mouvements et à la constitution de nouveaux
acteurs sociaux.

1. A. Touraine (en coll.), *Crise et Conflit ; lutte étudiante* (1976)
CORDES, 1977, p. 4-5.

3

L'approche fonctionnaliste et stratégique

En abordant le troisième courant théorique que nous distinguons dans la sociologie française contemporaine, il importe de bien souligner la distance intellectuelle qui le sépare des deux théorisations que nous avons exposées précédemment. Nous parvenons ici, non certes à une coupure radicale, mais à ce que nous pourrions appeler métaphoriquement un changement de paysage intellectuel.

Plusieurs lignes générales de rupture doivent être soulignées. Les deux théorisations précédentes, non sans nuances et précisions, retiennent dans leurs analyses l'hypothèse générale d'une division de la société en classes et voient dans cette dimension de la société l'une des explications qui doit être retenue pour comprendre les phénomènes contemporains. Les références aux classes sociales ne seront pas absentes de ce troisième courant que nous abordons, mais, en aucun cas, la division sociale ne sera tenue pour déterminante dans les conflits et dans les fonctionnements qui seront étudiés.

C'est que le choix de l'objet, *les organisations,* enveloppe un jugement implicite et qui sera confirmé dans les interprétations sur l'importance décisive des organisations dans le monde contemporain. Nous choisirons l'œuvre de Michel Crozier et de ses collaborateurs pour illustrer ce courant théorique, car elle est bien caractéristique de ce postulat selon lequel les organisations (administratives, industrielles), leur fonctionnement et dysfonctionnement constituent les phénomènes clefs des sociétés modernes. Loin que l'étude des organisations soit considérée comme l'une des spécialisations de la sociologie, elle est tenue, en

raison de l'importance des organisations, comme l'introduction à une connaissance générale des sociétés et à un
diagnostic sur leurs crises. Ainsi, Michel Crozier prend
pour point de départ l'étude du « phénomène bureaucratique », mais, à partir de cette étude, il élargit son diagnostic
au « système social » français dans son ensemble pour y
retrouver tous les stigmates du système d'organisation
bureaucratique.

Ce changement d'objet implique, en fait, une opposition
profonde avec les deux théorisations précédentes. Le
structuralisme génétique et la sociologie dynamique s'ac-
cordent à souligner que la distribution structurale en classes
se traduit dans les oppositions sociales fondamentales et
intervient directement ou indirectement dans les dynamiques sociales. La sociologie des organisations, telle qu'elle
est conçue dans ce courant théorique, déplace complètement le lieu des dynamiques sociales en ne les situant ni au
niveau de la structure sociale ni au niveau des rapports
sociaux de production comme l'entendait Marx, mais bien
au sein de l'organisation conçue comme un « construit »
humain destiné à remplir un ensemble de fonctions
sociales [1].

A ce choix d'objet correspond un choix théorique qui fait
du fonctionnalisme l'approche obligée des organisations.
Tout en exprimant ses réserves à l'égard de certains usages
abusifs du fonctionnalisme et de sa transformation en
philosophie sociale [2], M. Crozier ne doute pas que l'approche fonctionnaliste soit, des différentes approches possibles, celle qui permet de poser les questions adéquates sur
le fonctionnement des organisations. Les questions concernant le phénomène bureaucratique, par exemple, ne seront
ni celles de son histoire ni celles des structures inégalitaires
au sein de l'organisation, mais porteront sur le fonctionnement interne et les dysfonctionnements, les rapports entre
les catégories, les attitudes des différents agents, les

---

1. M. Crozier, E. Friedberg, *L'Acteur et le Système ; les contraintes
de l'action collective,* Paris, Éd. du Seuil, 1977, p. 23.
2. M. Crozier, *Le Phénomène bureaucratique,* Paris, Éd. du Seuil,
1963, p. 21.

rapports de pouvoir, les cloisonnements ou coopérations au sein de ces institutions, toutes questions qui touchent aux relations fonctionnelles et que la tradition fonctionnaliste prépare à poser.

La distance prise à l'égard du structuralisme génétique se radicalise, comme nous le verrons, dans les interprétations proposées. Une attention particulière sera apportée aux attitudes réciproques des agents [1], aux représentations, aux relations internes à l'organisation, selon un vocabulaire de psychologie sociale. Loin de considérer les attitudes comme des effets de structure et d'explorer toutes les conséquences de cette perspective, les analyses conduiront, au contraire, à souligner les comportements des agents, à partir de leur marge supposée de liberté dans des conditions institutionnelles données, comme des stratégies dont il faudra analyser la rationalité.

S'ouvre ainsi un débat sur la place des agents dans l'organisation et, beaucoup plus fondamentalement, sur la conception même de l'acteur dans la théorie sociologique. La polémique mettra ici en accusation la tendance sociologisante à réduire l'acteur à n'être que le dépositaire, le support de la structure, et prendra, en particulier, pour cibles les formulations extrêmes d'un certain structuralisme sur l'éviction ou la « mort » du sujet. Les analyses de M. Crozier conduiront au contraire à majorer les stratégies des acteurs, à s'interroger non seulement sur les motivations, mais sur les logiques d'acteurs pour montrer comment, en fonction des conditions organisationnelles, les acteurs répondent en adoptant des conduites qui leur sont favorables [2].

Les antécédents d'une telle théorisation sont très différents de ceux que nous avons cités pour les deux théorisa-

1. M. Crozier, *Les Attitudes des cadres à l'égard du gouvernement de l'entreprise*, Centre de recherches et d'études des chefs d'entreprise, 1972.
2. Michel Crozier, préface à J. G. March et H. A. Simon, *Les Organisations*, Paris, Dunod, 2ᵉ édition, 1969, p. v-xiv.

tions antérieures. C'est dans la vaste tradition libérale que s'inscrit cette théorie, inaugurée, pour ce qui concerne la réflexion comparative sur les institutions, par Tocqueville et, pour tout ce qui concerne la bureaucratie, par M. Weber. Après Tocqueville, M. Crozier soulignera l'importance des attitudes et des systèmes culturels ; après M. Weber, l'extension et le caractère fonctionnel des bureaucraties. Plus directement, ces travaux sur les phénomènes bureaucratiques, sur les fonctions et dysfonctions dans les organisations, sur les relations entre patrons et syndicats, sur les attitudes et comportements des différentes catégories... s'inscrivent dans le vaste champ des recherches sur les organisations marquées, avant 1940, par les thèses de Taylor, Fayol, E. Mayo et, après 1945, par les travaux de R. Merton, Gouldner, Homans, March et Simon, Selznick...

Un second apport théorique est ici à rappeler et dont l'influence n'est pas absente au sein de la sociologie dynamique : le systémisme. L'ambition systémique de repenser la globalité plutôt que les parties, les interactions dynamiques plutôt que les causalités, la complexité plutôt que le simple sera reprise, comme nous le verrons, pour élargir la réflexion au niveau du système social. Sera retrouvée ainsi une méthode de penser formulée au XIXe siècle (de Bonald, Saint-Simon, Marx) et renouvelée après 1945 (Bertalanffy, Barel, E. Morin).

Nous retrouverons ce recours au systémisme après avoir retracé le cheminement suivi dans *Le Phénomène bureaucratique* (Crozier, 1963), puis dans *L'Acteur et le Système* (Crozier et Friedberg, 1977).

Au point de départ des recherches sur le phénomène bureaucratique, se formule, avant tout, une interrogation sur les dysfonctions, sur les inadaptations et inadéquations repérables dans les administrations et organisations industrielles : absence de relations entre les catégories de personnel, conflits de pouvoir, crises répétitives... Une telle formulation met en suspens deux interprétations traditionnelles, celles de M. Weber et de Marx.

En choisissant de poser des questions qui reprennent le sens populaire du mot bureaucratie qui évoque

> « ... la lenteur, la lourdeur, la routine, la complication des procédures, l'inadaptation... et les frustrations qu'éprouvent, de ce fait, leurs membres et leurs clients ou leurs assujettis [1] »,

se trouve écartée une dimension essentielle de l'analyse weberienne faisant de la bureaucratisation un processus général de rationalisation des activités collectives. Il ne s'agira donc pas de vérifier un tel processus de rationalisation, mais, tout au contraire, d'étudier empiriquement, à travers une démarche clinique, la pathologie des organisations bureaucratiques.

L'hypothèse générale de Marx sur le sort des bureaucraties n'en est pas moins répudiée tant le rêve d'une société sans organisations et sans rapports de pouvoir est tenu pour utopique. Cette récusation de Marx n'a pas à être longuement argumentée tant les hypothèses ici posées s'éloignent du modèle d'analyse de Marx selon lequel l'organisation bureaucratique de l'entreprise ne serait, à la limite, qu'une conséquence de la subordination des forces de travail au capital. Une telle hypothèse n'est aucunement retenue dans les travaux de M. Crozier sur la bureaucratie qui postulent que les organisations sont inhérentes aux sociétés modernes qu'elles soient dites capitalistes ou dites socialistes. L'une des tâches importantes étant de comparer les modèles d'organisation bureaucratique, soviétique, américain et français, par exemple [2].

> « Le succès des grandes organisations constitue une des caractéristiques, sinon la caractéristique essentielle des sociétés modernes. L'homme moderne ne peut agir qu'à travers et au sein de grandes organisations... C'est dire que le développement d'une théorie des organisations, permettant de comprendre le fonctionnement des organisations comme système d'action et de prévoir les limites que tel ou tel système impose à la volonté humaine, devrait constituer un des objectifs prioritaires des sciences sociales et le lieu

---

1. *Le Phénomène bureaucratique, op. cit.*, p. 16.
2. *Ibid.*, p. 295-305.

de rencontre privilégié entre chercheurs et hommes d'action[1]. »

Les enquêtes menées dans deux organisations à travers des séries d'entretiens auprès des différentes catégories de personnels font apparaître quatre traits essentiels[2] :

— « l'étendue du développement des règles impersonnelles ». Ces règles impersonnelles définissent les différentes fonctions dans le plus petit détail et prescrivent les conduites à tenir dans le plus grand nombre possible d'éventualités ;

— « la centralisation des décisions ». Le pouvoir de décision tend à se concentrer et à se situer à un niveau où les préférences seront naturellement données à la stabilité du système plutôt qu'aux buts fonctionnels de l'organisation ;

— « l'isolement de chaque catégorie hiérarchique et la pression du groupe sur l'individu ». Du fait de l'extension des règles impersonnelles et de la dépossession des décisions, chaque catégorie hiérarchique se trouve isolée des autres strates, qu'elles soient supérieures ou subordonnées ;

— enfin, « le développement de relations de pouvoir parallèles ». Les sources d'incertitude ne pouvant être éliminées quelle que soit l'extension des règles impersonnelles, ces zones subsistent et donnent lieu à des relations de pouvoir parallèles où se développent des phénomènes de dépendance et de conflits[3].

Or, comme l'avaient déjà montré des analystes des bureaucraties (R. Merton, Gouldner), les mauvais résultats et les frustrations engendrées par ces caractéristiques tendent à générer de nouvelles pressions qui ont pour résultat de renforcer le climat de centralisation et d'impersonnalité qui leur ont donné naissance. Ainsi, se constituent des processus de cercles vicieux :

> « En d'autres termes, un système d'organisation bureaucratique est un système d'organisation dont l'équilibre

1. Préface à March, Simon, *Les Organisations, op. cit.,* p. v.
2. *Le Phénomène bureaucratique, op. cit.,* p. 248.
3. *Ibid.,* p. 248-254.

repose sur l'existence d'une série de cercles vicieux relativement stables, qui se développent à partir du climat d'impersonnalité et de centralisation [1]. »

Ainsi, par exemple, l'impossibilité d'entretenir des relations satisfaisantes avec la clientèle ne conduit pas à introduire plus de souplesse dans les relations sociales, car les dirigeants n'ont pour moyen d'action que d'élaborer de nouveaux règlements et donc de renforcer la centralisation. Quant aux agents qui ont à faire face directement aux difficultés, ils ne cherchent pas à obtenir plus d'autonomie, mais à utiliser ces dysfonctions pour améliorer leur position vis-à-vis du public et de l'organisation.

La poursuite des investigations conduira à confirmer le diagnostic concernant l'emprise de ces cercles vicieux propres aux bureaucraties.

Le problème se pose donc de rendre compte de ces phénomènes et d'en dégager une théorie ayant valeur de généralité.

Ils obligent à remettre en cause un certain fonctionnalisme, puisque, à partir de questionnements sur les relations fonctionnelles, internes et externes, l'investigation montre l'étendue des dysfonctionnements et leur circularité.

Dans *L'Acteur et le Système*, les auteurs mettent tout d'abord l'accent sur le fait que les organisations ne sauraient être considérées ni comme des entités abstraites, ni comme des données quasi naturelles et objectives. Une illusion permanente tend à naturaliser ces organisations, alors qu'elles sont à considérer comme des constructions sociales, comme des « construits sociaux [2] ». L'organisation, de même que l'action collective qui s'y déroule, n'est pas un phénomène naturel.

---

1. *Ibid*, p. 255.
2. *L'Acteur et le Système, op. cit.*, p. 13.

« C'est un *construit social* dont l'existence pose problème et dont il reste à expliquer les conditions d'émergence et de maintien [1]. »

Les individus qui concourent au fonctionnement de l'organisation vont y apporter leur contribution, dans des conditions orientées par les règles, mais pour y poursuivre leurs intérêts selon des stratégies conformes à leur représentation de ces intérêts.

Par ce concept central de *stratégie*, Crozier et Friedberg entendent souligner que le comportement de l'acteur dans l'organisation est un comportement actif, jamais totalement déterminé, sans que, cependant, l'acteur ait des objectifs parfaitement clairs et constants. Il changera d'objectifs au cours du temps, en découvrira de nouveaux, en raison même des résultats qu'il aura obtenus. Ce comportement a toujours un sens sans être abstraitement rationnel :

> « ... il est rationnel, d'une part, par rapport à des opportunités et à travers ces opportunités au contexte qui les définit et, d'autre part, par rapport au comportement des autres acteurs, au parti que ceux-ci prennent et au jeu qui s'est établi entre eux [2] ».

Ce concept de stratégie permet de souligner que, dans le déroulement de leur activité au sein de l'organisation, les participants vont se conduire en acteurs, viser les objectifs liés aux opportunités qui se présentent à eux, viser le renforcement de leurs avantages et de leur capacité d'action.

Il conviendrait donc, pour progresser dans l'analyse des dysfonctionnements, d'écarter l'idéologie de la rationalité qui conduit à prêter aux acteurs la quête du meilleur choix au sens de choix rationnel, comme si cette solution rationnelle existait. Il faut, au contraire, repenser la situation concrète telle qu'elle est perçue et connue par l'acteur, redéfinir les options telles qu'il les appréhende,

1. *Ibid.*
2. *Ibid.*, p. 47.

pour comprendre ses options qui ne visent pas une rationalité absolue, mais l'amélioration de sa satisfaction.

Afin de préciser cette situation et les critères de satisfaction, M. Crozier et E. Friedberg insistent sur deux dimensions qui éclairent des aspects essentiels : la présence
permanente du pouvoir et les dimensions affectives des
choix.

Dans cette perspective stratégique, le pouvoir dans
l'organisation ne saurait être considéré comme une propriété, un attribut des acteurs, c'est bien une relation
mettant aux prises les acteurs dans l'accomplissement d'un
objectif commun qui conditionne lui-même les objectifs
personnels [1]. Le pouvoir ne peut s'exercer qu'à travers des
relations d'échange et d'adaptation et donc de négociation :

> « ... le pouvoir est inséparablement lié à la négociation :
> c'est une relation d'échange, donc de négociation, dans
> laquelle deux personnes, au moins, sont engagées [2] ».

Mais si le pouvoir est bien une relation d'échange, c'est
aussi un rapport de force où les termes de l'échange sont
plus favorables à l'une des parties en présence. C'est un
rapport de force où l'une des parties peut obtenir davantage que l'autre, mais où nul n'est totalement démuni.
C'est dire que, dans ces relations de pouvoir, les possibilités d'action constituent un aspect essentiel et un enjeu.
Chacun des partenaires possède une marge de liberté
variable, la possibilité plus ou moins grande de refuser ce
que l'autre demande. A le moins de pouvoir celui qui se
trouve dans l'incapacité de refuser ce qui lui est demandé.
L'un des objectifs stratégiques des acteurs sera de conserver sa marge de liberté, de maintenir ou d'étendre ses
possibilités d'action et donc de rester maître de la zone
d'incertitude qu'il contrôle. Ces relations peuvent donc
être comparées à un jeu, c'est-à-dire à un ensemble de
stratégies qui se déroulent à partir des ressources et des

1. *Ibid*, p. 56.
2. *Ibid.*, p. 56-57.

moyens, selon des règles organisationnelles, qui visent des enjeux et où les partenaires peuvent viser aussi à remanier, à leur avantage, les règles du jeu.

M. Crozier et E. Friedberg soulignent aussi combien ces relations de pouvoir, rapports de force et cependant de négociation, où chaque partenaire use de ses ressources pour transformer l'autre en instrument pour la réalisation de ses objectifs, entraînent nécessairement de fortes charges émotionnelles. Ce vécu des relations ne saurait être négligé et va participer fortement au déroulement des relations.

L'approche fonctionnaliste et stratégique permettrait précisément de réintroduire ce vécu émotionnel souvent négligé dans les modèles d'analyse sociologique et, en même temps, d'en fournir des modes de compréhension. On voit, par exemple, combien le climat affectif au sein d'une organisation bureaucratique s'édifie selon son fonctionnement général. On y constate que les relations entre les cadres subalternes et les employées sont généralement cordiales et ne sont pas, aux yeux des employées, un objet de préoccupation [1]. Au contraire, les cadres supérieurs sont l'objet d'une forte animosité de la part des employées alors même qu'ils ont peu de rapports avec ces dernières. Mais, précisément, ces expressions d'hostilité ne sont pas sans rapport avec la stratégie défensive des employées : en réitérant leurs expressions d'animosité, elles se défendent contre le contrôle des chefs, elles cherchent à rendre ce contrôle plus difficile pour maintenir ainsi leur image de liberté.

Et de même peut-on repenser les charges émotionnelles qui accompagnent les négociations, où se jouent les relations de pouvoir. Les ouvriers d'entretien, par exemple, dans le « monopole industriel » étudié, manifestent une vigoureuse « agressivité » contre leurs chefs d'atelier :

> « Leur " agressivité " à l'encontre des chefs d'atelier... peut ainsi s'analyser comme une stratégie visant à tenir ceux-ci à distance dans un état d'infériorité, pour prévenir toute tentative de contestation [2]. »

1. *Le Phénomène bureaucratique, op. cit.,* p. 59.
2. *L'Acteur et le Système, op. cit.,* p. 52.

Cette dimension affective du fonctionnement des organisations permet aussi de souligner le caractère culturel des stratégies d'acteurs. En effet, les objectifs et les enjeux, les significations qu'ils revêtent pour les différentes catégories d'acteurs, ne sont pas identiques dans les différentes cultures et sous-cultures. Telle culture majore, par exemple, la sécurité et le maintien des liens de solidarité à l'intérieur de la catégorie, alors que telle autre culture majore les valeurs de coopération au sein de l'organisation. C'est dire que l'approche « culturaliste » qui met l'accent sur les systèmes de croyances et de valeurs dans les comportements concrets a une certaine utilité pour une théorie générale des organisations. L'analyse culturaliste est, dans cette perspective,

> « ... un outil indispensable, qui permet de marquer les limites de la théorie universelle et d'en interpréter l'application dans des contextes culturels différents [1] ».

Pour souligner l'écart entre ces propositions théoriques et celles que nous avons déjà exposées — et celles que nous exposerons dans le chapitre suivant —, rappelons quelles polémiques accompagnent la formulation de ces thèses.

Il n'est pas nécessaire de souligner la distance entre ce modèle, qui centre son étude sur les systèmes d'action, et l'analyse structurale des déterminations sociales. Mais, si Crozier s'efforce, comme G. Balandier et A. Touraine, de penser les changements et les mutations, il redoute que ces théories dynamiques construisent des théories qu'il nomme « substantives » réduisant l'avenir au prévisible. De plus, ces théories font la plus large place aux « mouvements sociaux », et éventuellement aux mouvements sociaux d'opposition globale, alors que, pour M. Crozier, l'action la plus efficace sera celle menée « avec le système » et non pas contre lui [2]. Nous aurons à revenir sur ces oppositions éclairantes.

---

1. *Le Phénomène bureaucratique*, op. cit., p. 20.
2. *L'Acteur et le Système*, op. cit., p. 354-355.

Le systémisme

La notion de « système », et le souci de considérer les organisations sociales comme des unités complexes d'éléments coordonnées, se sont imposés dès les origines de la réflexion sociale sous deux formes opposées. Aux penseurs conservateurs (de Bonald), faisant du système social un ordre permanent, Saint-Simon et ses disciples opposèrent une conception dynamique, faisant de l'histoire la succession de systèmes (féodal, puis industriel) séparés par les ruptures révolutionnaires.

L'ambition du systémisme, telle qu'elle a été définie par L. von Bertalanffy (1960), tend, au-delà des sciences sociales, à construire un modèle de pensée généralisable à tous les ensembles complexes, qu'ils soient physiques, biologiques ou humains, naturels ou culturels. Cette conception, enrichie des apports de la cybernétique et des théories de la communication, insiste sur l'urgence de penser la globalité (et non les éléments distincts), d'étudier les interactions dynamiques (et non la causalité), de percevoir les systèmes comme des ensembles de transformation (et non statiques), de saisir toutes les complexités à l'opposé à la pensée analytique (Barel, 1973 ; de Rosnay, 1975 ; Morin, 1977 ; Le Moigne, 1977). Ce systémisme, plus particulièrement inspiré de la biologie chez

Il convient aussi de souligner combien cette théorisation stratégique et systémique s'oppose résolument à l'interactionnisme sociologique comme à la phénoménologie sociale.

Si l'approche stratégique ainsi comprise fait la plus large part à une psychologie sociale attentive à analyser le vécu des acteurs, leurs attitudes dans le travail ou à l'égard des supérieurs, par exemple, c'est dans le but d'interpréter ces attitudes et de les comprendre dans la logique du système d'action et comme des réponses stratégiques à la situation dans le système. Il est alors vigoureusement reproché aux divers modèles interactionnistes de faire de l'interaction (Mead, Goffman, Homans) l'élément généralisable, comme si ce système était neutre et comme si l'interaction

Bertalanffy, a donné lieu à des applications théoriques en science politique (Easton, 1965) insistant sur la dynamique des relations entre le politique et l'environnement social (mécanismes d'*input/output;* action/rétroaction), non sans susciter de vives discussions et réticences. De même, l'approche systémique a été introduite dans la théorie et la pratique des thérapies familiales avec le souci de repenser les relations familiales comme un ensemble dynamique de relations interindividuelles (Benoît, 1984).

En sociologie, le systémisme n'a pas donné lieu à une école au sens propre du terme, mais ses principes ont eu des échos considérables au sein des recherches sur le développement et les dynamiques sociales. Le systémisme procure, en effet, les instruments intellectuels permettant d'intégrer et de dépasser les apports du structuralisme, il oblige à observer la complexité des échanges et des contraintes au sein d'une organisation (Crozier et Friedberg, 1977), à considérer les ensembles comme des systèmes ouverts, à interroger les relations dynamiques entre un ensemble et son environnement, à envisager les processus de décision et de changement.

Par contre, un usage non contrôlé du systémisme peut conduire aux réductions fonctionnalistes sinon organicistes, et se heurter aux objections formulées contre les visions « holistes » du social.

révélait la totalité des régulations du système d'action, ce qui ne peut être qu'une « extrapolation abusive » :

> « Dans aucun de ces modèles d'analyse et d'interprétation du comportement, le problème proprement sociologique de l'intégration n'est réellement traité et, si l'apport de réflexion sur le vécu est éventuellement très remarquable, on ne débouche sur le sociologique qu'au prix d'une extrapolation abusive [1]. »

Les analyses phénoménologiques sont l'objet de la même critique : elles sont créditées d'un apport certain dans la

1. *Ibid.*, p. 199.

compréhension du vécu, mais elles ne sauraient être extrapolées puisque, précisément, les attitudes et les stratégies sont dépendantes de la place dans le système d'action. Seule l'approche systémique et stratégique permet de comprendre l'ensemble des cohérences et des finalités hiérarchisées qui s'imposent à l'acteur :

> « Sans raisonnement systémique, l'analyse stratégique ne dépasse pas l'interprétation phénoménologique. Sans vérification stratégique, l'analyse systémique reste spéculative et, sans la stimulation du raisonnement stratégique, elle devient déterministe [1]. »

1. *Ibid.*, p. 203.

4

L'individualisme méthodologique

A travers les théories que nous venons d'exposer, deux problèmes fondamentaux n'ont cessé d'être posés et repensés, problèmes qui engagent toutes les orientations théoriques : ceux de la totalité sociale et de l'individu. Du structuralisme génétique au systémisme, se poursuit une réflexion sur l'ensemble social considéré soit dans ses déterminations, soit dans son dynamisme ou son ouverture aux stratégies des agents et des catégories. Les concepts employés (structure sociale, dynamisme, système) ne sont aucunement équivalents, comme on l'a vu, mais suggèrent néanmoins la possibilité d'une réflexion sur ces totalités. Simultanément, se pose comme problème fondamental celui de la place de l'individu et des individus dans le social, problème qui n'est rien moins, sans doute, que le problème central de la sociologie. Et, là encore, comme on l'a vu, ces trois ensembles théoriques n'ont pas manqué de répondre diversement ; le choix même des concepts (« agents » plutôt qu'« acteurs », par exemple) étant hautement significatif de ces divergences profondes.

L'individualisme méthodologique répond de façon tranchée dans ce débat, en posant pour principe initial que les analyses sociologiques doivent prendre pour objet premier d'observation, comme unité de référence, l'individu, et tirer toutes les conséquences sociologiques de ce principe initial. Raymond Boudon a amplement développé cette thèse et l'a exemplifiée à la fois dans les analyses empiriques (Boudon 1973, 1977, 1984) et dans ses exposés théoriques (Boudon-Bourricaud, 1982 ; Boudon 1986). C'est essentiellement dans ces travaux que nous chercherons les principes généraux de cette théorisation.

Comme pour les théorisations précédentes, le rappel des antécédents intellectuels nous paraît éclairant.

En exergue au *Dictionnaire critique de la sociologie,* les auteurs ont choisi une phrase de Max Weber prônant le recours, en sociologie, à des méthodes « individualistes » et condamnant les « exercices à base de concepts collectifs... » :

> « ... la sociologie... ne peut procéder que des actions d'un, de quelques, ou de nombreux individus séparés. C'est pourquoi elle se doit d'adopter des méthodes strictement " individualistes "[1] ».

Et, de même, est soulignée dans l'œuvre de Vilfredo Pareto la réflexion critique sur les actes individuels et la distinction entre les actes logiques et les actes non logiques, comme exemple d'une approche sociologique des actions individuelles[2] et des problèmes qu'elle doit résoudre.

Le choix de ces deux auteurs et les thèmes qui en sont soulignés indique une ligne de débat mettant au centre de la réflexion l'action et les actions individuelles et met en doute les théories structuralistes et globalisantes suspectes de « sociologisme ». C'est poser la question préjudicielle de savoir si la sociologie a pour objet central l'étude des totalités ou des systèmes, ou, tout au contraire, l'étude des comportements individuels et de leur agrégation.

Cette position du problème n'est pas sans rappeler tout un ensemble de réflexions critiques formulées entre 1940 et 1970 par les logiciens tels que Hempel et Popper.

Si ces débats concernaient les sciences historiques en général, ils n'étaient pas sans fournir des éléments de réflexion pour la réflexion critique sur la sociologie. Dans le prolongement de l'esprit du Cercle de Vienne (Carnap, Hempel), une relecture de Weber était formulée insistant

---

1. R. Boudon et F. Bourricaud, *Dictionnaire critique de la sociologie,* Paris, PUF, 1982, p. v.
2. R. Boudon, *La Logique du social : introduction à l'analyse sociologique,* Paris, Hachette, 1979, p. 9-17.

sur l'explication et rejetant la méthode compréhensive considérée désormais comme non scientifique.

Dans ces débats, et exemplairement dans l'œuvre de K. Popper, le souci de défendre les sciences sociales contre les tentations de la philosophie sociale conduit à une polémique contre toute illusion de découvrir des lois générales de l'histoire ou des explications totalisantes. Ainsi, Popper polémique contre l'« historicisme » qui prétendrait découvrir des « lois », des « tendances générales » du développement historique, déceler les nécessités internes et par là annoncer l'avenir[1]. Cette critique vise particulièrement le marxisme, mais vise aussi toute conception essentialiste de l'explication, faisant d'une essence le principe des explications. Elle rejoint aussi la polémique entre la pensée « holiste » et la pensée individualiste.

Cette opposition entre holisme et individualisme, formulée par différents auteurs (Carl Menger, Watkins), éclaire bien ces préliminaires de l'individualisme méthodologique : elle oppose radicalement toute explication faite à partir d'un principe ou d'un processus tenu pour cause du particulier et toute explication inverse prenant pour premier objet le comportement des individus.

Comme le résume schématiquement Watkins :

> « Les sociologues peuvent être grossièrement divisés en deux groupes principaux : ceux qui considèrent les processus sociaux comme marchant, pour ainsi dire, par leurs seuls moyens, selon leur propre nature et leurs lois, et entraînant les gens qui sont soumis à eux ; et ceux qui considèrent les processus sociaux comme étant le résultat compliqué des êtres humains[2]. »

Cette critique de la pensée holistique vise toute conception de la société faisant de celle-ci une totalité transcendante à ses parties, affectant les comportements individuels et fixant aux individus leurs buts et leurs intentions. Elle dénonce aussi, au niveau conceptuel, l'usage d'entités

1. K. Popper, *Misère de l'historicisme*, Paris, Plon, 1955.
2. *In* O'Neill, *Modes of Individualism and Collectivism*, Londres, HEB, 1973, p. 336.

Les individualismes

La notion d'individualisme est l'une de ces notions confuses, polysémiques, dont il importe de distinguer les différentes significations opposées. A tout le moins faut-il distinguer trois significations : l'individualisme comme fait social, comme valeur morale (positive ou négative), et, enfin, comme principe logique.

1. Alexis de Tocqueville a, le premier, analysé l'individualisme comme une caractéristique des sociétés démocratiques, en l'opposant aux formes d'intégration propres aux sociétés aristocratiques. Il soulignait ainsi que l'individu a, dans les sociétés modernes, la responsabilité de ses choix et de ses décisions et n'est plus, comme dans les sociétés traditionnelles, dépendant des obligations de familles, de castes ou d'ordres. Durkheim, dans *La Division du travail social,* développe la thèse selon laquelle le développement de l'individualisme est une conséquence nécessaire de la complexité croissante de la division du travail. Dans les sociétés traditionnelles où la division du travail est peu développée, les individus seraient moins différenciés et la culture limiterait fortement leur indépendance. Dans les sociétés modernes, le développement de la division du travail s'accompagne d'une différentiation des individus quant à leur formation, leur activité, leur mobilité, entraînant un développement des autonomies individuelles.

confuses (le Peuple, la Nation...) qui sont posées comme transcendantes aux individus et explicatives de leurs comportements. Nagel invite ainsi à clairement distinguer les concepts qui font référence à des êtres concrets et les concepts hypostasiés (le capitalisme, la volonté du peuple, la société), concepts holistiques dont le sociologisme fait des entités supérieures aux agents qui les composent. Cette polémique appelle à un renversement des perspectives, elle invite à rejeter toute trace de pensée « essentialiste » et holistique, pour rechercher au niveau des comportements individuels le principe des explications. C'est le principe très général de l'individualisme méthodologique esquissé tout d'abord dans les débats autour de l'école marginaliste

En ce sens, l'individualisme est seulement un ensemble de faits qu'il importe de constater et d'analyser.

2. C'est dans une tout autre perspective qu'est considéré l'individualisme lorsqu'il fait l'objet de jugements de valeur, négatifs ou positifs. Le moraliste traditionaliste ne manque pas de regretter l'affaiblissement des intégrations ou des liens d'allégeance, faisant ainsi de l'individualisme l'objet d'un jugement moral négatif. Durkheim lui-même a, sur ce sujet, une attitude nuancée : il souligne un aspect positif de l'individualisme (l'indépendance personnelle), mais s'inquiète du développement de l'« égoïsme ». Toute une tradition philosophique et littéraire (Stirner, Nietzsche, Gide...) fait, au contraire, de l'affirmation individuelle une valeur éminente, ou un trait original et fécond de la société moderne (Lipovetsky, 1983).

3. Il faut donc bien distinguer l'usage *logique* de la notion des deux significations précédentes. En économie, comme en sociologie, le principe individualiste fixe seulement une règle méthodologique invitant à prendre comme point de départ des analyses les actions individuelles et à faire des phénomènes sociaux une conséquence des actions individuelles.

Il n'est pas surprenant que ce principe logique s'associe souvent à une perspective favorable à l'individualisme politique, mais ce rapprochement n'implique pas confusion entre ces significations.

autrichienne (Carl Menger), puis repris dans les débats épistémologiques en sociologie.

Mais si ce principe général désigne une critique précise, il ne manque pas de poser de nouveaux problèmes. Il écarte, parmi les objectifs de la pensée sociologique, la recherche de lois générales universelles, à partir desquelles serait expliqué le particulier. Il écarte aussi l'idée d'un déterminisme absolu des comportements individuels : K. Popper invite l'historien à repenser toute situation comme un problème que les agents ont eu à résoudre. Il conviendrait de repenser tout agent humain comme placé en face de problèmes de différents ordres et amené à résoudre ces problèmes de la façon la plus satisfaisante pour lui. Il y aurait ainsi, selon cette proposition, pluralisme des problèmes et indéterminisme des solutions.

Mais, dès lors, de nouveaux problèmes se trouvent posés pour une analyse sociologique et qui vont concerner le passage d'un point de vue individualiste à un point de vue sociologique attentif à expliquer les « phénomènes sociaux ». L'individualisme méthodologique retrouve la difficulté que soulignait Durkheim de passer de l'individuel au collectif, difficulté qu'il résolvait par l'appel à une approche holistique puisque les phénomènes sociologiques, disait-il, « ne dérivent pas des consciences individuelles ».

C'est dans cet esprit de réflexion critique que R. Boudon énonce le principe de l'individualisme méthodologique qui peut s'exprimer en termes très généraux :

> « ... expliquer un phénomène social, c'est toujours en faire la conséquence d'actions individuelles [1] ».

ou plus précisément :

> « De manière générale, on dira qu'on a affaire à une méthodologie individualiste lorsque l'existence ou l'allure d'un phénomène P, ou lorsque la relation entre un phénomène P et un phénomène P′ sont explicitement analysées comme une conséquence de la logique du comportement des individus impliqués par ce ou ces phénomènes [2]. »

Ainsi, pour reprendre l'exemple ici proposé des taux de suicides, selon Durkheim : celui-ci montre que les périodes de boom économique sont fréquemment accompagnées d'une augmentation des taux de suicide. Quelle explication en proposer ?

A s'en tenir à certaines affirmations de Durkheim, ces faits confirmeraient la thèse générale d'une sociologie objectiviste démontrant que les suicides (actes éminemment individuels) sont bien déterminés par des « causes

---

1. *Dictionnaire critique de la sociologie*, op. cit., p. 287.
2. *Ibid.*, p. 286.

sociales », et ce serait l'objet de la sociologie que de démontrer que de tels comportements sont dépendants de « déterminismes sociaux ». Ce serait la tâche de la sociologie que d'inventorier tous les effets des structures sociales [1].

Or, Durkheim suggère une tout autre démarche qui inverse précisément la précédente. Il indique, en effet, qu'en période d'expansion économique rapide, le climat est à l'optimisme, les individus sont amenés à élever le niveau de leurs attentes, et, dans ce climat de facilité et d'espérances, s'exposent plus facilement aux risques de déception. Ce faisant, Durkheim, abandonnant ses principes explicites, esquisse ici une explication individualiste en faisant du phénomène observé (l'augmentation du taux de suicides en phase d'expansion économique) la conséquence du comportement des individus impliqués par ces phénomènes. C'est bien là le principe de l'individualisme méthodologique que de faire du phénomène observé la conséquence du comportement des individus. L'objet privilégié de l'individualisme méthodologique se situe bien là : dans l'examen des comportements individuels au sein du système social donné.

Dès lors se pose la question de savoir comment s'opère le passage entre les comportements individuels, entre les décisions volontaires ou non, et les « effets » collectifs sans que l'on puisse supposer, comme le proposait Durkheim dans ses formulations objectivistes, que le social soit d'une autre nature que les comportements individuels et leurs interactions.

Le problème serait résolu si l'on pouvait postuler une continuité entre les individus et le collectif, entre, par exemple, les intérêts individuels et l'action collective. Raymond Boudon souligne ici l'apport exemplaire des thèses de Mancur Olson qui montre combien l'identité des intérêts ne suffit pas à déclencher une action collective [2]. Même dans le cas où la « conscience » de l'intérêt commun est présente, il se peut que les individus concernés n'organi-

---

1. *La Logique du social, op. cit.*, p. 35.
2. M. Olson, *The Logic of Collective Action* (1965) ; trad. franç. *La Logique de l'action collective*, Paris, PUF, 1978.

sent pas d'action collective, soit que les « coûts » de la participation à l'action collective soient élevés et l'efficacité de la participation personnelle pratiquement nulle, soit que les bénéfices de l'action collective pour un individu ne dépendent pas de sa participation. Il peut donc exister des situations où les individus ont à la fois la capacité et le désir de réaliser un objectif collectif et restent néanmoins inactifs [1]. La logique des membres d'un groupe latent ne débouche pas nécessairement sur une logique d'action collective.

Le problème que pose l'individualisme méthodologique sera donc particulièrement celui de la réunion, de l'agrégation des intérêts et des comportements individuels, sans supposer que le social soit autre chose que le système des conséquences des interactions.

Ces principes infléchissent l'analyse sociologique dans le sens d'une analyse des actions individuelles, des agrégations d'actions, des « émergences » comme on peut le vérifier dans le cas des études des systèmes fonctionnels, des systèmes d'interdépendances et dans les études de changements sociaux.

La notion de rôle revêt, dans le cas des systèmes fonctionnels (une bureaucratie, une institution), une importance majeure ; le système fonctionnel pouvant être considéré comme un système d'interaction où les acteurs sont liés entre eux par des rôles définis. Et de la façon dont seront conçus ces rôles s'ensuivront des interprétations très différentes du système fonctionnel.

Ainsi, une interprétation strictement fonctionnaliste concevra les rôles comme totalement définis par le système et comme rigoureusement imposés aux individus. Dans cette conception, les exigences fonctionnelles s'imposent à chacun comme contraintes, ne laissant aux individus qu'une autonomie réduite.

L'individualisme méthodologique s'interrogera, au contraire, sur le comportement réel des acteurs, en considérant les rôles non comme des normes contraignantes, mais comme des possibilités d'usages offertes aux acteurs.

---

1. *La Logique du social, op. cit.*, p. 223.

On souligne alors que, en fait, les rôles ne sont pas aussi rigoureusement définis que le laisserait penser l'approche fonctionnaliste : les normes sont souvent contradictoires et, de plus, chacun joue pratiquement plusieurs rôles sociaux. Tous ces aspects font qu'une dimension stratégique est toujours garantie à l'acteur et qu'une marge d'autonomie lui est assurée. La tâche de l'individualisme méthodologique sera donc, non de recenser les rôles imposés, mais d'examiner comment les acteurs assument leurs rôles, arbitrent entre les « sous-rôles » qui leur sont proposés, et avec quelles conséquences d'ordre général[1].

La même approche s'appliquera aux systèmes d'interaction que R. Boudon propose d'appeler « systèmes d'interdépendance » où les protagonistes ne sont nullement en relation de rôles et sont cependant interdépendants les uns des autres (spectateurs attendant à la porte d'un cinéma, par exemple). L'approche individualiste, au lieu de décrire les seuls fonctionnements ou dysfonctionnements d'un tel système, se proposera d'examiner comment se composent les comportements, les attentes, les aspirations des « acteurs » (et non plus des « agents »). Dans cette perspective apparaissent de nombreuses figures possibles : ou bien, par exemple, des changements individuels sont « neutralisés » au niveau collectif, ou bien ils entraînent une dégradation ou des phénomènes de ségrégation, de frustration ou d'amplification[2].

Deux phénomènes doivent ici retenir l'attention : les phénomènes d'*émergence* et d'*effets pervers*. Comme le soulignait déjà Max Weber, la complexité des relations sociales multiplie les phénomènes imprévus ou même opposés aux intentions des agents. L'approche individualiste, en suivant toutes les conséquences des comportements et des orientations individuels, permet de mettre en relief l'étendue des phénomènes d'émergence, c'est-à-dire des effets non recherchés par les agents et issus de l'agrégation de leurs comportements.

1. *Ibid.*, ch. III.
2. *Ibid.*, ch. IV.

« Un effet d'agrégation ou d'effet émergent est donc un
effet qui n'est pas explicitement recherché par les agents
d'un système et qui résulte de leur situation d'interdépendance [1]. »

L'exemple classique de la rumeur en matière financière
illustre bien ce phénomène d'émergence. Une rumeur se
répand sur une possible insolvabilité des banques — chacun
des clients se présente alors pour retirer ses avoirs — et
l'agrégation de ces comportements individuels a pour
conséquence de mettre effectivement en état d'insolvabilité
la banque sollicitée. Mais cet exemple de la prophétie
créatrice (R. K. Merton) n'est qu'un exemple simple de
phénomènes aux nombreuses figures. L'exemple de la
baisse tendancielle du taux de profit selon Marx est ici
rappelé pour souligner combien la tradition sociologique
est riche de mises en évidence d'effets émergents. En effet,
selon l'analyse du *Capital,* chaque capitaliste a intérêt à
augmenter la productivité du travail et à accroître son
capital. Mais, ce faisant, il tend à diminuer le taux de profit
moyen puisque le profit résulte de l'écart entre la valeur
produite et les salaires versés. A long terme, cette augmentation du « capital fixe » conduit nécessairement, selon
Marx, à la diminution du taux de profit ; cette loi :

« illustre un cas de figure où les agents sont placés dans un
système d'interdépendance dont la structure est telle qu'ils
sont incités à contribuer à produire un résultat qu'ils ne
recherchaient certainement pas [2] ».

Nombre d'exemples peuvent être donnés de ces effets
non voulus et émergents : résultats non prévus de réformes
administratives... conséquences économiques de luttes syndicales, etc.

L'effet pervers n'est autre que l'une des figures de
l'émergence. R. Boudon le définit en ces termes :

« ... on peut dire qu'il y a effet pervers lorsque deux
individus (ou plus) en recherchant un objectif donné

1. *Ibid.,* p. 119.
2. *Ibid.,* p. 123.

engendrent un état de choses *non recherché* et qui peut être indésirable du point de vue soit de chacun des deux, soit de l'un des deux[1] ».

Là encore, de nombreux exemples peuvent en être donnés à des niveaux très variables de généralité dans les phénomènes historiques, sociaux ou économiques : ces effets pervers sont en quelque sorte « omniprésents » dans la vie sociale.

Ces phénomènes d'émergence et d'effets pervers apportent des éléments essentiels aux analyses du changement social et illustrent ce que peut apporter à ces analyses l'approche individualiste. Au lieu, en effet, d'attribuer les changements sociaux à des conflits ou à des dynamiques générales des systèmes, l'individualisme méthodologique invite à retrouver les processus complexes de changements à partir des actions les plus élémentaires. Pour le sociologue de l'individualisme méthodologique :

> « ... le changement social, même au niveau macrosociologique, n'est intelligible que si l'analyse descend jusqu'aux agents ou acteurs sociaux les plus élémentaires composant les systèmes d'interdépendance auxquels il s'intéresse[2] ».

Des phénomènes tels que des processus de répétition, de reproduction, que les planificateurs de développement auront tendance à attribuer à la « résistance » des mentalités paysannes, s'éclairent si l'on considère la situation réelle où sont des paysans qui ne trouvent pas leurs intérêts immédiats dans les conditions que proposent les plans de développement[3].

De même, devra-t-on être réservé à l'égard des théories du développement qui postulent (comme le firent Comte ou Marx) un processus continu, cumulatif, de développement. On peut constater, au contraire, des phénomènes inverses : tel développement d'un rapport de force dans un

1. R. Boudon, *Effets pervers et Ordre social*, Paris, PUF, 1977, p. 20.
2. *La Logique du social, op. cit.*, p. 162.
3. *Ibid.*, ch. v.

système d'interdépendance, par exemple, provoquant l'arrêt de ce développement. Des processus oscillatoires peuvent se produire, comme des processus de transformations d'origine endogène ou exogène.

Du point de vue des méthodes sociologiques qui se trouveraient privilégiées par l'individualisme sociologique, R. Boudon souligne qu'aucune méthode ne saurait être tenue, de ce point de vue, comme exclusive[1]. Toute la panoplie des méthodes quantitatives et qualitatives peut être convoquée, selon que l'analyse est centrée sur des phénomènes plus quantitatifs ou plus qualitatifs. Néanmoins, dans la mesure où l'individualisme méthodologique privilégie, au point de départ des observations, les comportements individuels ; dans la mesure où il s'efforce de prendre les individus comme unités d'observation, il est normalement porté à accorder plus d'importance aux méthodes quantitatives. Ayant pris pour unités d'observation les comportements repérables, les réponses distinctes à des questionnaires, ou des comportements électoraux, par exemple, se poseront les questions relevant des procédures mathématiques telles que la construction des indicateurs et des variables, l'étude des relations entre variables, la démonstration des causalités[2].

Pour terminer cet exposé de l'objet de la sociologie tel que le conçoit l'individualisme méthodologique, nous pouvons rappeler comment il s'oppose aux constructions proposées par le structuralisme génétique, la sociologie dynamique et l'approche stratégique et systémique. Il serait éclairant aussi de préciser ses rapports avec l'interactionnisme.

C'est bien à ce niveau tout à fait fondamental qu'apparaît toute la distance épistémologique entre l'individualisme

---

1. *Les Méthodes en sociologie,* Paris, PUF, coll. « Que sais-je ? », nº 1334.
2. R. Boudon, *L'Analyse mathématique des faits sociaux,* Paris, Plon, 1967 ; R. Boudon et P. Lazarsfeld (choix de textes sous la dir. de), *L'Analyse empirique de la causalité,* Paris, Mouton, 1966.

méthodologique et le structuralisme génétique. Ce dernier, en effet, s'interroge sur les structures sociales et sur toutes les modalités de leurs effets sur les comportements individuels, s'efforce de constituer les rapports de force et de sens qui caractérisent une formation sociale. Et cette inspiration fondamentale n'est pas sans rappeler les orientations générales des analystes des « contradictions » sociales.

En réitérant le principe individualiste selon lequel l'analyse sociologique ne doit prendre pour objet initial que le comportement des individus dont la logique engendre les corrélations observées, l'individualisme méthodologique inverse complètement le cheminement des démonstrations à partir d'une inversion des présuppositions. A partir de ce principe, les mêmes termes (classes, structure sociale, système...) n'ont plus la même signification.

Cette opposition, que l'on peut dire radicale, a été bien illustrée par les discussions sur « l'inégalité des chances devant l'enseignement » et les critiques formulées à l'égard des thèses de P. Bourdieu et J.-C. Passeron exposées dans *La Reproduction*.

Les données, l'inégalité des chances, le fait que les chances d'accès à l'université d'un enfant d'ouvrier soient très inférieures à celles d'un fils ou d'une fille de cadre supérieur, par exemple, ne font pas discussion et constituent un même point de départ. La question est d'expliquer le phénomène [1].

Sans entrer ici dans le détail des discussions, c'est bien la construction de l'objet qu'il convient de souligner ici et qui s'oppose radicalement à une inspiration structurale. En effet, l'individualisme méthodologique, appelant à considérer les comportements, les actions individuelles, va interroger les *choix* des individus concernés et formuler des hypothèses sur ces choix. Au lieu de supposer l'existence de déterminations entre les structures sociales et les comportements, on considérera la carrière d'un étudiant comme une succession de choix, comme une suite de décisions dont on étudiera les fréquences et la distribution.

---

1. R. Boudon, *L'Inégalité des chances*, Paris, A. Colin, 1973.

Un résumé très succinct de l'interprétation proposée pour expliquer l'inégalité des chances devant l'enseignement mettra en évidence que, toutes choses égales d'ailleurs, un individu de classe sociale inférieure :

1. « accordera _en moyenne_ une valeur plus faible à l'enseignement comme moyen de réussite... »,

2. « aura, en moyenne, un certain handicap cognitif par rapport aux autres classes... »,

3. « tend, en moyenne, à sous-estimer les avantages futurs d'un investissement scolaire... »,

4. « à surestimer les désavantages présents d'un investissement scolaire... »,

5. et « à surestimer les risques d'un investissement scolaire »[1].

La logique des processus de ces décisions individuelles permettra de comprendre et d'expliquer les lignes générales de la liaison statistique entre origines sociales et fréquentation de l'enseignement supérieur, conformément à la règle de l'individualisme méthodologique de prendre pour point de départ les actions individuelles.

A l'égard de la sociologie dynamique, la polémique prendra un caractère moins radical, dans la mesure où des objets d'étude pourront être communs (les changements sociaux, les processus de transformation), ainsi que les observations particulières. Néanmoins, l'opposition entre les deux points de départ : l'observation des comportements individuels d'une part, et, de l'autre, l'analyse des dynamiques sociales et des mouvements sociaux, conduit à deux orientations de recherche profondément divergentes. De plus, comme nous le vérifierons ultérieurement, on pressent que l'individualisme méthodologique ne sera pas porté à majorer l'importance des changements brutaux dans le devenir social, alors que l'analyse des dynamismes sociaux conduira, au contraire, à y être attentif.

A l'égard de l'approche stratégique et dynamique, les liens sont si étroits qu'une lecture hâtive pourrait laisser penser que les distances sont davantage liées aux champs d'observation plutôt qu'aux théorisations divergentes.

---

1. _La Logique du social, op. cit.,_ p. 250.

Comme l'approche stratégique, l'individualisme méthodologique fait du retour de l'acteur un impératif épistémologique, et insiste sur la nécessité de repenser les choix et les stratégies des individus. On ne saurait, cependant, poursuivre ce parallélisme sans méconnaître profondément l'esprit et les significations de ces deux approches. L'approche stratégique et systémique, telle que nous la voyons exposée par M. Crozier et ses collaborateurs, se donne pour objet les organisations existantes, et s'interroge tout d'abord sur le fonctionnement et les dysfonctionnements de ces administrations ou entreprises industrielles. Aussi bien le fonctionnalisme est tenu pour un passage obligé, pour autant que cette théorisation, même insuffisante, aidera à penser l'unité et le fonctionnement d'une organisation intégrée. Et, de même, les systèmes d'action sont bien considérés comme des systèmes concrets dont on étudiera les conflits et les dysfonctionnements. Ainsi, des problèmes qui sont tenus pour cruciaux aux yeux de l'individualisme méthodologique : l'agrégation des comportements, l'émergence ne constituent pas des interrogations majeures pour l'approche systémique dans la mesure où elle s'est donné pour objet les organisations, systèmes ouverts aux stratégies, mais composant des contraintes pour les participants.

Enfin, il n'est pas inutile de préciser les rapprochements et les distances entre l'interactionnisme et l'individualisme méthodologique tel qu'il est ici interprété. Là encore, les rapports sont si étroits que l'on est tenté d'accentuer les visées communes à ces deux théorisations. Les mots sont ici trompeurs, car l'on peut dire que ces deux théories soulignent l'urgence d'étudier les comportements des acteurs et se donnent pour objet les « systèmes d'interaction ». Mais, ces rapprochements sont plus limités qu'il peut paraître. En effet, l'interaction, qu'elle soit entre deux agents ou plusieurs, qu'elle soit symbolique ou non, ne détient pas ici un quelconque privilège épistémologique. Elle n'est pas le lieu focal d'où l'on dégagerait les traits généraux du social[1]. En réalité, le point de départ de

---

1. L'ouvrage de J. G. Padioleau, *L'Ordre social, principes d'analyse sociologique*, Paris, L'Harmattan, 1986, pourrait illustrer cette tendance.

l'individualisme méthodologique ne prépare pas à repérer
des structures identiques ou même comparables aux différents niveaux de complexité étudiés. Au contraire, l'attention portée aux émergences et aux effets pervers prépare à
repérer les discontinuités, les inversions de sens comme les
déceptions des acteurs.

Nous avons esquissé dans cette partie les réponses des
quatre théorisations que nous distinguons au problème
initial : celui de l'objet de la sociologie. S'il est éclairant de
réduire ces quatre réponses à quelques mots, nous pourrions les distinguer par quatre expressions simplifiantes :
l'étude : 1) des structures déterminantes ; 2) des dynamismes sociaux ; 3) des systèmes organisationnels ; 4) des
comportements individuels et de leur agrégation.

Mais, il importe de montrer toutes les conséquences de
ces choix et de faire apparaître combien ces choix correspondent à quatre grilles divergentes des réalités sociales. Il
nous faut, pour cela, confronter leurs réponses à des
questions choisies parmi les plus générales de la sociologie : l'étude des conflits et des systèmes symboliques.

DEUXIÈME PARTIE

L'analyse des conflits

Le repérage et l'explication des conflits constituent, dans la production sociologique, une question permanente et hautement significative. L'un des moyens que nous pouvons avoir de mieux comprendre tout ce qui rapproche et sépare des auteurs aussi divers que Marx, Max Weber et Durkheim, serait d'opposer leurs analyses et leur désignation des conflits. Et, il nous semble que, pour mieux comparer les quatre orientations théoriques que nous étudions ici, un moyen éclairant est bien de reposer cette question essentielle : quels conflits sont analysés ? De quelle nature ? Entre quels protagonistes ?

Comme on peut s'y attendre, nous trouverons bien dans ces quatre théorisations des réponses précises et détaillées à ces questions.

La question des conflits sociaux est d'autant plus significative qu'elle en provoque nécessairement d'autres et conduit à la représentation générale des rapports sociaux. Nous ne pourrons, en effet, répondre à cette question qu'en précisant quels protagonistes des conflits sont désignés et, par là, quelles sont les divisions sociales mises en évidence. Nous devrons aussi préciser l'étendue et l'importance reconnues aux conflits (la société est-elle ou non analysée comme totalité divisée ?). Nous devrons aussi insister sur la nature des conflits, leurs enjeux, leur dynamique.

5

Classements et distinction

La question des conflits sociaux et de leur nature conduit immédiatement vers des dimensions essentielles de la sociologie de Pierre Bourdieu en ce qu'elle soulève la question préliminaire de l' « espace social » et de sa distribution en classes sociales. A travers ces réponses se caractérisera plus clairement le « structuralisme génétique » qui révèle sa pleine signification dans la conception « génétique » des classes et des comportements liés aux appartenances de classe.

Fidèle à l'esprit du structuralisme, P. Bourdieu se propose de repenser l'ensemble des rapports sociaux puisque c'est à travers cet ensemble des rapports que les différentes parties de l'espace social se définissent et entrent en conflit. Sans accepter les limites d'un structuralisme mécanique, P. Bourdieu le crédite d'une efficacité provisoire : le « réalisme de la structure » permet de rompre avec la sociologie spontanée et oblige à opérer la construction des « relations objectives » entre les groupes.

Dans cette perspective « objectiviste », les enquêtes et les interprétations partent de l'hypothèse générale de la distribution des agents en classes sociales. Cette hypothèse de la structuration de l'espace social en classes est au point de départ des analyses et suggère que cette distribution a des effets dans tous les domaines de la pratique.

Il faut s'attendre à ce que cette hypothèse générale soulève de vives résistances. Cette reconnaissance de la réalité des classes sociales est, en effet, un enjeu dans les rapports entre classes puisque cette reconnaissance implique celle de la domination de classe, dont l'exercice est précisément facilité par son occultation. C'est dire que la reconnaissance des classes et de leurs conflits se heurte à une idéologie qui participe précisément à leur reproduction.

Il faut s'attendre, d'autre part, à ce que les différentes classes sociales, ou plus exactement leurs agents, aient une vision partielle des autres groupes et prennent cette vision pour la vérité des relations objectives. Ainsi, les agents des différentes classes :

> « ... s'accordent tacitement pour laisser masqué l'essentiel, c'est-à-dire la structure des positions objectives qui est au principe, entre autres choses, de la vision que les occupants de chaque position peuvent avoir des occupants des autres positions [1] ».

Une rupture doit donc être opérée contre ces « cécités croisées » pour repenser l'ensemble de la structuration de l'espace social et la plénitude de ses conséquences.

Avant d'exposer les réponses et les interprétations proposées de ces conflits, rappelons quels enjeux sont en question dans ces rapports de classe. Les nouvelles définitions proposées du mot « capital » sont ici significatives.

Le terme de capital est tout d'abord retenu, au sens traditionnel du mot, pour désigner le capital économique, soit hérité (le patrimoine), soit acquis. La possession du capital économique fonde un premier principe de hiérarchisation où se situent de façon différentielle les positions de classe depuis les plus détentrices jusqu'aux plus démunies. Ce principe de hiérarchisation sépare à grands traits la classe dominante et ses différentes fractions, la classe moyenne, et les classes populaires.

Ce n'est pas néanmoins à la distribution de ce capital économique que P. Bourdieu consacre l'essentiel de ses travaux, mais à la distribution d'une seconde forme de capital, le « capital culturel » sous les deux formes particulières du « capital scolaire » (défini par le diplôme et les années d'étude) et du « capital culturel hérité » transmis par la famille.

---

1. P. Bourdieu, *La Distinction, critique sociale du jugement, op. cit.,* p. 11.

La comparaison entre ces deux principes de hiérarchisation (économique et culturel) fait apparaître deux structures de distribution symétriques et inversées. Dans la classe dominante s'organisent deux structures inverses (« structure en chiasme[1] ») où les uns (industriels, commerçants) se révèlent détenteurs de capitaux économiques et, relativement, moins de capitaux culturels, et où les autres (professeurs, par exemple) se révèlent détenteurs de capitaux culturels, et, relativement moins, de capitaux économiques.

Cette structure inversée se renouvelle au sein des classes moyennes où une « petite bourgeoisie nouvelle » (« cadres moyens du commerce, membres des services médico-sociaux, secrétaires, intermédiaires culturels »)[2], détentrice d'un niveau d'instruction plus élevé, se différencie de la petite bourgeoisie « établie » (petits patrons), plus détentrice de capital économique.

Ces deux principes de hiérarchisation définissent négativement les « classes populaires » non détentrices de capital économique et caractérisées par un faible capital culturel.

Une troisième forme de capital devra, de plus, être distinguée, le « capital social », défini essentiellement par l'ensemble des relations sociales qu'il est possible, en particulier, de détenir de par ses origines sociales et d'utiliser tel un capital.

Ainsi, ces différents principes de distinction vont-ils opposer diversement les fractions de classe. Au sein de la fraction dirigeante de la classe dominante, on constatera une opposition entre les directeurs financiers des plus grandes entreprises, qui détiennent à la fois un fort capital économique et un « capital social » important d'une part, et les directeurs de « recherche-développement » d'autre part, ingénieurs, détenteurs d'un capital culturel scolaire plus important, le plus souvent originaires des classes moyennes ou populaires[3]. L'enquête conduira à faire apparaître la spécificité de cette « nouvelle bourgeoisie »

1. *Ibid.*, p. 130.
2. *Ibid.*, p. 13.
3. *Ibid.*, p. 355.

Structuralisme

La publication en 1949 des *Structures élémentaires de la parenté* par Claude Lévi-Strauss a marqué le début d'un ensemble considérable de travaux, dans les diverses sciences humaines, influencées par le paradigme structuraliste. En anthropologie et en linguistique, mais aussi en psychologie (Piaget, 1970), en histoire (Duby, 1978), en sciences des religions (Dumézil, 1977). En sociologie (Goldmann, 1955) et en philosophie (Foucault, 1966), des recherches multiples s'inspirèrent librement des principes de l'analyse structurale.

Ces travaux eurent en commun de mettre en question les explications traditionnelles, évolutionnistes et empiristes. Plutôt que de rechercher dans le passé, dans la continuité historique, l'explication d'un phénomène, les structuralistes, sans nier l'existence des successions, proposèrent de rechercher comment les phénomènes sont organisés, articulés dans leur synchronie. Plutôt, aussi, que d'examiner des éléments distincts, des phénomènes séparés, ils insistèrent, contre l'empirisme, sur le fait que les réalités (sociales, linguistiques, narratives...) sont structurées et qu'il importe de découvrir le système sous-jacent aux apparences, et ses lois de transforma-

moderniste (« ... cadres de grandes entreprises nationales, publiques ou privées... patrons de grandes entreprises modernes, souvent multinationales[1] ») différenciée des patrons d'entreprises locales et de notables locaux.

Le terme de « capital » reçoit donc des définitions très éloignées du vocabulaire des sciences économiques et permet de repérer d'autres conflits que les conflits d'ordre économique.

Il faut y ajouter encore la distinction entre le capital acquis, tel le capital scolaire, et le capital hérité ou « incorporé » qui peuvent se cumuler, mais ne sont pas sans se différencier quant à leurs effets. L'enquête menée auprès des étudiants en 1964 faisait bien apparaître cette forte différenciation entre les « héritiers » détenteurs à la

1. *Ibid.*, p. 360.

tion. Les objets proposés à la réflexion n'étaient donc plus les « faits » ou les « phénomènes », mais les totalités structurées et structurantes, leurs formes et leurs transformations. Au lieu, par exemple, de retracer l'histoire progressive des logiques intellectuelles dans la pensée occidentale, Michel Foucault s'est proposé, dans *Les Mots et les Choses,* de découvrir les « épistèmè » successives et radicalement différenciées qui ont caractérisé trois époques et trois systèmes de pensée depuis la pensée analogique jusqu'à la pensée positiviste mise en place au début du XXe siècle (Foucault, 1966).

Ce paradigme structuraliste soulevait de multiples problèmes fondamentaux (sur la théorie du déterminisme et de la causalité, sur les rapports entre les différentes sciences humaines, sur la nature et la réalité des invariants, sur les ruptures et révolutions des systèmes) obligeant à clarifier les principes mis en œuvre et leur validité. Si l'application mécanique du paradigme pouvait conduire à des confusions entre les modèles et les réalités (Leach, 1966), le structuralisme a donné lieu à une exceptionnelle créativité en sciences humaines (de la littérature à la psychanalyse et à la sociologie), et les questions qui ont été alors posées (sur la place du sujet, sur les déterminismes) restent aujourd'hui des questions ouvertes.

fois du capital culturel hérité et du capital scolaire, et les non-héritiers, détenteurs seulement du capital scolairement acquis [1].

Mais, ce concept de « capital » doit être encore élargi. Si l'on entend par « capital », toute énergie sociale susceptible de produire des effets, on devra considérer toute énergie susceptible d'être utilisée (consciemment ou inconsciemment) comme instrument dans les concurrences sociales, comme un capital. Ainsi, le corps peut constituer un capital. Les femmes engagées dans des professions de présentation ou de représentation seront amenées à considérer le corps comme un capital, au même titre que le langage ou les titres scolaires [2]. Plutôt donc que de retenir

1. P. Bourdieu, J.-C. Passeron, *Les Héritiers, les étudiants et leurs études, op. cit.*
2. P. Bourdieu, *La Distinction, op. cit.*, p. 227.

la définition étroite du capital, faudra-t-il considérer toutes les « propriétés » que les agents mettent en œuvre dans leurs pratiques.

C'est l'ensemble de ces capitaux et ces propriétés qui permettent de construire l'espace social ou espace des conditions sociales.

La construction d'un tel espace des conditions sociales n'est assurément qu'un préliminaire (et nous ne l'avons rappelé ici que pour la clarté de l'exposé). L'esprit du structuralisme « génétique » n'est pas de recenser les groupes et leurs propriétés, mais bien de repenser les pratiques sociales à partir des positions de classe et des habitus, dans un champ social donné, et donc de repenser les pratiques des agents en tant que porteurs de leurs habitus de classe :

> « ... il faut revenir au principe unificateur des pratiques, c'est-à-dire l'habitus de classe comme forme incorporée de la condition de classe et des conditionnements qu'elle impose ; donc construire la *classe objective* comme ensemble d'agents qui sont placés dans des conditions d'existence homogènes, imposant des conditionnements homogènes et produisant des systèmes de dispositions homogènes, propres à engendrer des pratiques semblables [1]... ».

Le structuralisme génétique se donne pour tâche de ressaisir comment les agents des différentes classes et fractions de classe, disposant de ces capitaux d'espèces différentes et de ces diverses propriétés, agiront, objective-ront leur habitus de classe dans le système des rapports de classe, pour le maintien ou l'extension de leurs positions et de leurs propriétés.

Dès lors, l'étude des conflits est, dans cette perspective, omniprésente à ces analyses, et les conflits y sont reconnus comme une dimension permanente des pratiques sociales. L'espace social étant constitué d'agents sociaux occupant des places hiérarchisées et à la poursuite des différents biens rares (capitaux, légitimation), les conflits sont inhé-rents aux différents champs d'activité. Ils se déroulent à

1. *Ibid.*, p. 112.

partir des positions, à partir des propriétés et selon les modalités de perception et d'action des habitus distincts. Le terme le plus approprié pour désigner ces conflits sera bien celui de « lutte de classes » puisque les agents des différentes classes sont en concurrence pour l'obtention de biens rares, mais il ne s'agit plus d'une lutte opposant deux classes affrontées pour la seule répartition de la plus-value du travail (selon le modèle de Marx), mais d'une lutte multiforme pour la conquête de tous les biens, économiques, sociaux, de légitimation... Aussi bien faudra-t-il repérer toutes les luttes de classes, tout enjeu pouvant être objet de lutte.

Ajoutons qu'il ne s'agit pas d'étudier ici les luttes entre classes « mobilisées[1] » et rassemblées pour défendre ou modifier la structure des propriétés objectivées, mais les luttes entre classes « objectives » entendues ici comme l'ensemble des agents placés dans des conditions d'existence homogènes.

Les enquêtes menées par P. Bourdieu et ses collaborateurs (retenons surtout ici *La Reproduction, Un art moyen* et *La Distinction*) mettent plus particulièrement en évidence les luttes de classes dans le domaine « culturel », qu'il s'agisse du système scolaire, d'une pratique de loisir ou des stratégies de distinction.

Tout l'espace social est parcouru par l'exercice multiforme de la domination exercée dans les différents champs sociaux, par les classes dominantes.

Cette domination s'exerce à travers les différents types de pouvoir symbolique pour assurer l'arbitraire de la domination comme domination légitime. Cette domination dans le champ symbolique sera d'autant plus importante (et exigera une attention d'autant plus grande) qu'elle assure l'exercice de la domination « en douceur »; la violence s'exerçant, en particulier, dans le champ symbolique.

Les thèses développées dans *La Reproduction*[2], et concernant le système scolaire, soulignent que la domination est aussi déléguée au système scolaire qui assure la

---

1. *Ibid.*, p. 113, n. 6.
2. *La Reproduction, op. cit.*

légitimation de l'arbitraire culturel défini par les classes dominantes. Le système scolaire reçoit délégation d'imposer l'arbitraire culturel et exerce, par délégation, le droit à l'exercice de cette violence symbolique.

Il importe ici de retenir que la lutte des classes s'exercera aussi à travers le système scolaire, et non par le seul face-à-face entre les agents des classes sociales. L'école renouvelle la structure de la distribution du capital culturel, légitime la répartition inégalitaire et les exclusions et, par là, participe à la reproduction de l'ordre social par l'exercice de la violence symbolique et par la dissimulation de celle-ci. On le voit, en particulier, par sa justification des exclusions visant à faire accepter, par les démunis de la culture, la légitimité de leur exclusion.

Hors du système scolaire, les rapports de domination vont faire l'objet d'une lutte permanente qui va se révéler, en particulier, par les pratiques de « distinction » par lesquelles les agents vont s'efforcer de se distinguer des classes inférieures.

La simple pratique de la photographie en fournit un exemple privilégié. Il s'agit d'une pratique éminemment accessible techniquement et économiquement. Elle n'exige aucune préparation intellectuelle ni formation préliminaire ; le bon marché des appareils en autorise une diffusion généralisée. Cette banalisation rend précisément plus apparent le fait que les différents groupes sociaux vont soumettre la pratique photographique à des normes différentes et y trouver occasion d'affirmer leur différence et leur distinction[1]. On verra des membres des classes moyennes rechercher l'originalité dans une pratique photographique affranchie des fonctions familiales, mais on verra aussi des membres des classes supérieures refuser une telle pratique et la tenir pour vulgaire du simple fait de sa diffusion.

Une étude plus attentive de cet « art moyen » fait apparaître toute une logique sociale de la distinction selon les différentes classes sociales. Ainsi, des enquêtes menées de 1961 à 1964 montrent l'existence, dans la classe pay-

1. *Un art moyen*, Paris, Éd. de Minuit, 1965, p. 73-74.

sanne, de fortes réticences à l'égard d'une pratique perçue comme une manifestation de la culture citadine. La photographie est considérée comme un luxe par un ethos de classe qui fait passer les dépenses d'investissement ou de modernisation de l'outillage avant les dépenses de loisirs et de consommation perçues comme futiles. La novation venue de la ville sous cette forme est perçue comme un défi à la tradition et comme un reniement de parvenu[1].

> « La société paysanne est assez fortement intégrée et assez sûre de ses valeurs pour imposer à ses membres l'impératif de la conformité et pour anéantir la tentation de se différencier par l'imitation du citadin[2]. »

Dans les milieux ouvriers et populaires, au contraire, la pratique photographique est l'objet d'une adhésion immédiate, mais sans que soit posée la question de la valeur esthétique de la photographie. C'est que la photographie est jugée par ce qu'elle représente, par l'objet naturel qu'elle restitue ou le groupe familial qu'elle rend présent.

Beaucoup d'employés n'entretiennent pas, avec la pratique photographique, une relation aussi simple. Ils se réfèrent à une définition plus exigeante et refusent l'adhésion directe aux normes de la culture populaire. Ces ambiguïtés se manifestent plus clairement encore chez les cadres moyens : enclins à voir dans la pratique photographique un art, ils s'opposent aux usages traditionnels de la photographie conservatrice de souvenirs. Ils s'efforcent en cela d'affirmer leur rupture avec l'esthétique populaire. Certains peuvent trouver, dans une pratique intensive, une affirmation de leur distinction résolue par rapport à la culture populaire.

Les cadres supérieurs, au contraire, alors même que leurs moyens financiers leur permettraient un usage plus étendu de la photographie, placent la pratique de la photographie à un bas niveau dans la hiérarchie des pratiques esthétiques et s'y consacrent relativement moins,

---

1. *Ibid.*, p. 75.
2. *Ibid.*, p. 74.

la considérant comme un art mineur. Ainsi, à travers une pratique aussi accessible et familière, la haute classe trouve occasion de marquer ses distances par rapport à des activités entachées de vulgarité en raison même de leur banalité[1].

L'ouvrage intitulé *La Distinction* élargit considérablement ces analyses et introduit à une ample exploration des pratiques sociales de distinction, de séparation entre les diverses classes sociales, pratiques incessamment renouvelées qui se déroulent dans l'espace social hiérarchisé.

Ces analyses conduisent à une nouvelle interprétation des conflits sociaux tant en ce qui concerne les enjeux des conflits que les modalités de leur déroulement.

L'objet de l'enquête n'est pas de poursuivre l'étude des conflits liés au champ de la production, mais de ressaisir les conflits dans le domaine de la consommation et, plus particulièrement, dans le domaine des goûts (artistiques, vestimentaires, culinaires...) apparemment individuels et divers. Comme l'écrit P. Bourdieu au début de son ouvrage, les jugements de goût sont bien ceux qui sont le plus revendiqués comme éminemment personnels, et la sociologie s'aventure ici dans le domaine, par excellence, de la revendication du privé :

> « La sociologie est là sur le terrain, par excellence, de la dénégation du social[2]. »

Les enquêtes font apparaître néanmoins combien les consommations culturelles sont variables selon les classes sociales, combien elles varient en fonction des niveaux d'éducation et des capitaux économiques et culturels. Les enquêtes sur la fréquentation des musées montrent, par exemple, que les musées, malgré la facilité de leur abord, sont prioritairement fréquentés par les détenteurs de capital culturel élevé.

Ces constats ne sont qu'introductifs. Il ne s'agira pas, en effet, de décrire à nouveau ces relations et ces fréquences,

1. *Ibid.*, p. 101.
2. *La Distinction, op. cit.*, p. 9.

mais de montrer en quoi ces classements et ces choix participent à des stratégies de distinction, à des stratégies de légitimation et de dévaluation, de montrer que ces luttes sont bien des luttes de classes dans le domaine du culturel. Ainsi sera mise au jour une autre forme de violence sociale, violence sans affrontements apparents, violence douce, pourrait-on dire.

Certes, cette lutte de classes n'a rien de proclamé, et les classes sociales n'y sont pas unies et mobilisées. Il ne s'agit, apparemment, que de choix personnels et de préférences privées. Mais les stratégies menées par les individus privés ont précisément pour caractéristique d'être spontanément coordonnées dans leurs orientations et dans leurs résultats. Les stratégies individuelles se développent en ordre dispersé, ne se totalisent que statistiquement, mais participent dynamiquement au renouvellement des distinctions sociales.

Le classement des biens culturels (exemples : théâtre d'avant-garde, théâtre de boulevard[1]) constitue simultanément un classement pour les agents producteurs, pour les critiques et les publics. Une relation d'homologie unit l'espace des productions (théâtre noble, théâtre facile) et l'espace des agents sociaux (public « intellectuel », public « bourgeois »). Les biens culturels sont ainsi classés dans des hiérarchies, mais sont aussi « classants » en ce sens que les agents sociaux se classent et s'opposent réciproquement au moment même où ils manifestent leur propre goût. Aussi bien le champ culturel fonctionne comme système de classement et offre aux agents sociaux l'occasion de stratégies de distinction contre les membres des autres classes.

Ces stratégies sont bien inscrites dans des conduites à visée conflictuelle. Elles ne cessent de se modifier en fonction des changements des situations, ce dont les phénomènes de modes sont éminemment significatifs.

L'enjeu ultime de ces luttes est bien la conquête de la légitimation, et ultimement la légitimation de la domination. Aussi éloignées des enjeux sociaux que paraissent ces luttes symboliques, elles participent en fait à l'entretien des

1. *Ibid.*, p. 259-261.

supériorités de classes, des distinctions et des rejets, qui assurent le renouvellement des dominations.

Quelques exemples choisis dans les goûts des différentes classes sociales illustrent ce travail de renouvellement de la domination :

— Tout un ensemble d'indices tendent à montrer que les classes populaires renouvellent un habitus fortement marqué par le sens de la nécessité et de l'adaptation à cette nécessité (« faire de nécessité vertu... »). Ainsi la soumission à l'urgence, à la nécessité, incline les classes populaires à des goûts et à des choix refusant la gratuité des exercices esthétiques et des futilités de l'art pour l'art[1]. On voit, par exemple, les ouvriers dire plus souvent que toutes les autres classes préférer les intérieurs « nets et propres », « faciles à entretenir ». Ils disent aussi préférer les vêtements « simples », bon marché et résistants, capables de « faire le plus d'usage » pour le moindre prix[2].

Un second trait, qui peut être souligné et qui permettra aussi de comprendre les pratiques de distinction des classes dominantes, concerne la valorisation populaire de la force physique comme dimension de la virilité. Un ensemble de signes, tel que le choix des fortes nourritures ou l'attrait des exercices de force, manifeste cette dimension qui n'est pas sans rapport avec la situation faite à la classe ouvrière et à la vente salariée de sa force de travail.

Dans ces différents traits se révèle une certaine forme de reconnaissance des valeurs dominantes[3]. L'absence des consommations de luxe, l'achat de produits de substitution, la part du temps consacré aux spectacles de sport de masse, tous ces traits indiquent une certaine acceptation des valeurs dominantes et une reproduction de la séparation entre la « conception » et l'« exécution ». La dépossession économique se redouble dans une certaine dépossession culturelle.

— Les membres des classes moyennes, au contraire, affirment, à l'égard de la culture, un respect systématique[4].

1. *Ibid.*, p. 438.
2. *Ibid.*, p. 440.
3. *Ibid.*, p. 448.
4. *Ibid.*, III, ch. 6, « La bonne volonté culturelle ».

Sous de multiples formes, variables selon les différentes fractions de cette petite bourgeoisie, les membres des classes moyennes manifestent leur reconnaissance de la culture légitime et le désir de l'acquérir. Ainsi, la « petite bourgeoisie ascendante » manifeste sa bonne volonté en investissant son énergie dans les formes mineures de la production culturelle, se donne une culture en matière de cinéma ou de jazz, comme elle s'attache aux revues de vulgarisation scientifique ou historique. Caractéristique de ces pratiques moyennes, l'auto-didacte ne cesse de rechercher des éléments de savoir qui lui ont été refusés par un système scolaire imposant un savoir légitimé, « hiérarchisé et hiérarchisant »[1].

Mais, ce faisant, les petits-bourgeois ne cessent, néanmoins, de se distinguer des classes populaires, comme ils cherchent à s'élever dans l'échelle sociale. La petite bourgeoisie en déclin (artisans et petits commerçants âgés) ne se distingue des classes populaires que par ses préférences plus austères et plus traditionnelles ; la petite bourgeoisie nouvelle affirme au contraire sa distinction, et son inquiétude dans la distinction, par une consommation intense des signes démontrant sa modernité et son rejet des goûts populaires désignés comme vulgaires.

— Les membres de la classe dominante, enfin, ne constituent pas en ce domaine, non plus que ceux de la petite bourgeoisie, une unité dans leurs stratégies. La distribution inégalitaire du capital économique comme la distribution inégalitaire du capital culturel sont au principe de choix différents dans les domaines de l'esthétique et des styles de vie. Ils ont, néanmoins, en commun, et par des moyens différents, d'affirmer leur légitimité par leur appropriation des biens culturels. Les détenteurs du capital économique manifestent leur aisance à détenir les signes culturels légitimes tels que les voyages, la possession des œuvres d'art ou des voitures de luxe. Les détenteurs du capital culturel manifestent leur distinction par les lectures, le goût de la musique classique ou l'intérêt pour le théâtre d'avant-garde[2]. Une autre forme de distinction et d'autres

1. *Ibid.*, p. 378.
2. *Ibid.*, p. 322.

pratiques distinctives se révèlent ici au sein même de la
classe dominante, l'une se distinguant par la possession des
biens culturels, l'autre s'affirmant par son rapport à la
culture légitime et par sa compétence spécifique. Mais à
travers ces querelles et ces oppositions se réalise une même
distinction à l'égard des classes populaires, ignorée et
ignorante de ces types de conflits.

Au terme de ces indications sur la théorie des conflits
sociaux selon Pierre Bourdieu, un certain nombre de points
essentiels peuvent être soulignés.

L'analyse conduit à souligner deux lieux de conflits et
deux formes de conflits : la lutte des classes et la concurrence dans les champs.

Le terme de lutte des classes ne saurait être pris au sens
marxiste et étroit du terme comme un rapport de force
entre deux classes affrontées. La pluralité des classes et des
fractions de classes, la subtilité des conflits symboliques ne
confirment pas le schéma traditionnel. Mais, néanmoins,
l'espace social est bien structuré selon une distribution
inégalitaire des biens, qu'ils soient économiques ou culturels, et cette structure inégalitaire est bien parcourue par
des rapports de force et de sens, elle dessine le lieu
déterminant des luttes sociales. Cette structure est génératrice des conflits fondamentaux qui caractérise cet espace
social.

L'analyse conduit, d'autre part, à insister, à un niveau
que l'on pourrait dire « horizontal », sur les formes de
concurrence qui assurent le fonctionnement des différents
champs distingués. Si l'on choisit pour exemple le champ
de production des biens symboliques [1], on y soulignera que
le champ, formé de positions différenciées, les unes dominantes et les autres dominées, est incessamment animé par
les concurrences pour la production de ces biens. Dans le
domaine de l'art, par exemple, à un moment donné du
champ, le candidat à l'entrée dans le champ doit attaquer

---

1. « Champ intellectuel et projet créateur », in *Les Temps
modernes*, novembre 1966, n° 246.

les positions acquises, se faire reconnaître comme producteur par une création qui sera reconnue comme telle par les
producteurs en titre. C'est dire que le candidat producteur
doit produire une œuvre qui se distingue des œuvres
antérieures et entrera en concours avec elles. La dialectique de la distinction se renouvelle donc à l'intérieur du
champ : l'artiste ne produit pas seulement pour un public,
mais aussi pour un public de pairs qui sont aussi ses
concurrents. La conquête de l'autorité, les tentatives de
subversion, les stratégies de distinction assurent le fonctionnement du champ et sa vitalité.

On ne conclura pas, cependant, que les conflits constituent l'élément exclusif de l'intellection du social. Ces
conflits et ces concurrences ne sont intelligibles que référés
aux structures et aux champs qui les organisent. Plutôt
donc que de les considérer dans leurs apparences les plus
lisibles convient-il de repérer les structures qui les sous-
tendent et en rendent raison. Il s'agit de mettre tout
d'abord en évidence les « logiques sociales », les systèmes
et les champs[1], pour y comprendre le déroulement des
conflits.

De même, ne faut-il pas penser que les conflits sont les
seuls facteurs du devenir, et encore moins que leur
déroulement et leurs résultats sont conformes aux intentions et aux idéologies des agents. Bien au contraire, en de
multiples situations voit-on que les pressions, les luttes de
distinction et les conflits provoquent un changement non
voulu et non prévu qui provoque une réorganisation de la
structure ; et les agents doivent ensuite modifier leurs
comportements et se conformer aux nouvelles exigences.
Ainsi, par exemple, les pressions sociales et les luttes de
distinction ont entraîné dans les années 1960-1970, en
France, une extension des enseignements supérieurs et, par
là, ce que les agents ne recherchaient pas, la dévalorisation
des diplômes. Dès lors, et en raison de ce résultat non
voulu, en raison de cette restructuration, les agents
diplômés ont été, pour beaucoup, amenés à modifier leurs
choix et à inventer des stratégies de conversion.

---

1. *Le Métier de sociologue, op. cit.*, p. 37-43.

Les conflits ne cessent d'opposer les classes sociales comme les concurrences ne cessent de traverser les champs sociaux, mais ils se déplacent et se modifient à mesure des transformations structurelles.

6

Conflits et mutations

La sociologie dynamique, attentive en premier lieu aux bouleversements sociaux, est amenée à centrer son attention sur tout ce qui participe à ces changements, et donc aux conflits sous toutes leurs formes.

Comme l'indique Georges Balandier, la sociologie dynamique rejoint ici une longue tradition, accentuée au XVIIIe et au XIXe siècle qui, de Hobbes à Rousseau, de Marx à Georges Sorel, s'est interrogée sur les processus conflictuels et leurs conséquences[1]. Néanmoins, une importance considérable y était apportée aux conflits guerriers, aux conflits entre ethnies ou entre nations, alors que la sociologie et l'anthropologie dynamiques ont pour vocation d'analyser les multiples conflits traversant toute l'étendue d'une formation sociale.

C'est un thème, en effet, majeur de cette anthropologie que les sociétés dites traditionnelles, qui ont pu paraître « froides » à ceux qui en ignoraient l'histoire, n'étaient pas moins traversées de conflits, d'opposition, de contestation que les sociétés modernes, mais que ces sociétés connaissaient d'autres formes de tensions et de conflits dont il convient de décrypter les particularités.

On peut admettre que ces sociétés révèlent le conflit social fondamental par leurs mythes de la violence fondatrice[2]. Il est remarquable, en effet, que les mythes et légendes qui narrent les commencements ne cessent d'évo-

---

1. G. Balandier, « Violence et anthropologie », in *Violence et Transgression* (sous la dir. de M. Maffesoli et A. Bruston), Paris, Anthropos, 1979, p. 10.
2. *Ibid.*, p. 12.

quer des combats, des épreuves et des transgressions qui inaugurent le monde des humains. Ces cycles de violence initiaux opposent des dieux ou des héros et se concluent par le triomphe du dieu ou du héros fondateur. Tout se passe comme si un conflit était fondateur, mais comme si cette violence restait présente, maintenue, mais contenue.

Georges Balandier souligne ici l'intérêt de la thèse développée par René Girard, selon laquelle la constance du thème religieux du sacrifice serait révélatrice de la permanence, dans les différentes sociétés, de la dimension de violence latente [1]. Le sacrifice est, selon cet auteur, un acte de violence, mais symbolique, ordonné par les dieux, violence domestiquée. Les religions seraient l'institution permettant de donner à la violence potentielle une certaine figure domestiquée.

C'est dire que les conflits ne sont pas de ces faits exceptionnels qui surviendraient dans l'histoire des formations sociales, telles les guerres ou les luttes civiles, mais des dimensions subtilement masquées, revêtant des formes multiples, que les institutions domestiquent et occultent. C'est dans ce latent, ce caché, que la sociologie dynamique recherchera les multiples figures des conflits.

Le conflit latent qui oppose les hommes et les femmes est l'un de ceux sur lesquels les différentes sociétés humaines ont construit les plus diverses élaborations. Georges Balandier montre la diversité de ces combinaisons dans les sociétés africaines traditionnelles, où le dualisme sexuel donne lieu à des relations et à des élaborations idéologiques multiples.

Dans certaines de ces sociétés s'établit une véritable dichotomie entre hommes et femmes et une affirmation marquée de la domination masculine. Ainsi, chez les Lugbara, la dichotomie sociale divise les hommes et les femmes, relègue la femme dans son rôle de reproductrice, dévalorise les relations entre les femmes alors que les relations instaurées entre les hommes fondent les structures de pouvoir et de signification religieuse. Les conflits sont

---

1. René Girard, *La Violence et le Sacré*, Paris, Grasset, 1972.

institutionnalisés dans ce classement dichotomique et vont s'actualiser à partir de ce système d'inégalité[1].

Le point essentiel sur lequel insiste G. Balandier est bien que les conflits ouverts qui peuvent, en effet, surgir en ces sociétés renvoient à un ordre sous-jacent, à une union qui est en même temps tension, à une « union tensionnelle » qui unit et oppose simultanément. Il en est de même pour les relations qui se fondent sur l'exogamie et qui unissent et séparent les lignages :

> « L'origine du système social peut être là. Des différences sont constitutives de relations, tout en restant porteuses de tensions : elles se conjuguent dans la complémentarité (relation positive) et l'opposition (tension) et imposent les moyens permettant de réguler et de maintenir les rapports ainsi établis. Un système se forme : différences → interrelations → complémentarité ou solidarité tensionnelle → régulation et conservation ou maintien[2]. »

En de telles organisations, les rapports entre les sexes constituent donc la donnée essentielle sur laquelle s'organisent les rapports sociaux. Sur de tels exemples, on peut vérifier que les notions de structure, comme celle aussi de conflit, risquent d'être insuffisantes. La différence des sexes donnent lieu à une organisation que l'on peut dire structurée, mais ce sont les tensions propres à une telle structuration qui importent et qui vont donner lieu à tant de profusions imaginaires et de rivalités. Il faut repérer l'en-deçà des conflits ouverts, cette relation tendue, cette opposition essentielle qui unit les sexes dans l'ambivalence de la tension et de la complémentarité.

Plutôt que de considérer ou les structures invariantes ou les conflits apparents, il convient d'interroger ici ce dualisme sexuel et son mode de combinaison dans l'opposition-complémentarité. Dès ce niveau se dessine un certain dynamisme social particulier puisque les agents ne vont cesser de défendre, de menacer ou de légitimer, par les

1. G. Balandier, *Anthropo-logiques,* Paris, PUF, 1974, p. 22-23.
2. *Ibid.*, p. 35.

multiples procédés de l'imaginaire, cette tension fondamentale.

Cette tension fondatrice revêt de multiples figures selon
les différentes formations sociales, certaines livrant la
totalité des pouvoirs, des prestiges et des significations
positives aux hommes, les autres équilibrant davantage
entre les sexes, les valeurs et les significations.

Des remarques similaires peuvent être faites au sujet de
cet autre « matériel fondamental » qui est employé pour la
fabrication de l'édifice social et qui est la différenciation
des groupes d'âge [1]. Là, encore, l'examen des rapports
sociaux tels qu'ils sont institués dans les sociétés traditionnelles peut aider à comprendre, par comparaison et différenciation, les rapports conflictuels existant dans les sociétés développées.

Ces rapports entre générations doivent être tenus pour
des données premières de l'ordre social ; ils constituent des
rapports sociaux élémentaires. Ils sont essentiellement
inégalitaires et le plus souvent marqués par une dépendance : dépendance de l'enfant durant les premières
années de son existence, dépendance plus sociale ensuite
au cours de la socialisation [2]. Et, là encore, ces différenciations d'âge sont universelles et revêtent aussi de multiples
figures.

En certaines sociétés traditionnelles africaines, les ségré-
gations entre les pères et les fils sont fortement marquées
alors qu'elles le sont beaucoup moins en d'autres. En
certaines, les enfants d'une même génération sont fortement liés en des formes d'association alors qu'en d'autres
ces associations intergénérationnelles sont à peine marquées.

Mais, quelles que soient les figures multiples que prennent ces rapports entre générations, ils sont bien à la fois
complémentaires et antagonistes. De même que les rapports sociaux entre les sexes sont à la fois de complémentarité et d'opposition, de tension, de même les rapports entre
les générations sont des rapports d'association et de
tension. Certains auteurs soulignent, non sans raison, que

1. *Ibid.,* p. 67.
2. *Ibid.,* p. 68.

cette dichotomie entre les générations, en dépassant le cadre familial et en unissant tous les membres d'une même classe d'âge correspond non à un conflit personnel, mais bien à une forme de « lutte de classes »[1].

Ces deux ensembles de réflexions sur les relations inter-sexes et sur les relations inter-générations font bien apparaître combien les rapports sociaux fondamentaux comportent essentiellement les deux dimensions de l'association et de la tension. Ils unissent dans la tension des éléments différents et potentiellement conflictuels. Des dynamismes fondamentaux se situent à ces niveaux élémentaires donnant lieu à de multiples pratiques matérielles ou symboliques : oppositions, ritualisations, productions imaginaires et productions idéologiques.

L'interrogation anthropologique fait apparaître les rapports sociaux fondamentaux comme essentiellement tendus et dynamiques, faits de complémentarité et d'antagonisme. Certes, d'autres niveaux de conflits apparaîtront, qu'ils soient intra-ethniques ou interethniques, mais ces conflits eux-mêmes ne sont pas sans relations avec les tensions primaires et internes[2].

Dans cette perspective, il s'impose de redéfinir le politique en prenant en compte cette perspective anthropologique. Toutes les analyses des tensions sous-jacentes montrent combien est illusoire la séparation radicale entre le social et le politique. L'un des objectifs d'une anthropologie politique est précisément de faire apparaître l'existence de tensions généralement considérées comme infra-politiques, et de montrer que se dessinent déjà, à ce niveau, des impositions, des jeux de forces et de stratégies. Cela n'exclut sans doute pas que l'on puisse, à grands traits, distinguer, pour les besoins de l'analyse, des processus et des lieux (des « scènes[3] ») plus proprement politiques, mais on ne saurait en revenir à une séparation dogmatique entre des instances qui feraient frontière entre le dit politique et le social.

1. *Ibid.*, p. 69.
2. G. Balandier, *Anthropologie politique*, Paris, PUF, 1967.
3. G. Balandier, *Le Pouvoir sur scènes*, Paris, Balland, 1980.

Phénoménologie

Max Weber attribuait à la science sociale deux objectifs et deux méthodes : l'explication et la compréhension. Si l'explication recourt à des méthodes de pensée comparables à celles des sciences de la nature, la compréhension s'impose dans la mesure où l'individu humain est porteur de sens et attache une signification subjective à son action. Ce serait l'objet d'une sociologie compréhensive de restituer les significations visées par les agents dans leurs actions, d'analyser les conduites en tant qu'orientés de façon significative vers autrui et génératrices des interactions. Loin de réduire les relations sociales à des faits naturels ou à des « choses » (Durkheim), il importe de restituer les relations intersubjectives entre les agents et d'en reconstituer les motivations typiques (rationnelles ou affectives).

La philosophie phénoménologique (Husserl), en mettant au centre de sa réflexion le vécu intentionnel et l'analyse critique des attitudes naturelles inclinant au déterminisme, apportait des éléments de réflexion à une sociologie phénoménologique.

A partir de ces préoccupations générales (refus de l'objectivisme, souci de retrouver le sens vécu et les intersubjectivités, typification des actions sociales...), bien des infléchissements étaient possibles.

Jean-Paul Sartre a proposé de repenser l'apport de la psychanalyse freudienne selon un contexte phénoménologi-

Deux leçons au moins se dégagent de ce rapprochement entre le social (anthropologiquement repensé) et le politique. La première concerne les limites du politique qui deviennent, dans cette perspective, fluentes et incertaines. Sans doute est-il légitime de désigner des institutions plus proprement politiques, mais, au lieu de s'en tenir à ces distinctions illusoires, vaudra-t-il mieux examiner comment ces dynamiques sociales se transposent en pouvoirs reconnus, comment se constituent les processus sociaux de légitimité politique, comment des conflits sociaux se transmuent en conflits politiques. Plutôt que d'isoler les conflits politiques et d'en distinguer la logique autonome, l'anthropologie du politique veillera, au contraire, à montrer comment des rapports de force traversent les profondeurs

que : dans *L'Être et le Néant* (1943), il développe une analyse descriptive des conduites de mauvaise foi et de honte en termes d'intentionnalité et d'intersubjectivité, esquissant ainsi les possibilités d'une psychanalyse existentielle.

Alfred Schütz (1971) s'est proposé de constituer la phénoménologie du « monde de la vie » ou « monde de l'expérience vécue » (*Lebenswelt*) avec le souci de reprendre les indications de Weber, de Husserl et de Bergson. Poursuivant l'analyse du « sens » de l'action, il insiste sur les différentes formes de l'expérience vécue (le *projet*, l'action en train de se faire et l'action effectuée, les *stocks de connaissance* individuels et leur actualisation...). Poursuivant l'analyse du monde de la vie quotidienne, il met en relief l'expérience du « nous », celle du monde familier, opposé au monde social et à ses significations constituées par les langages, les symboles et les institutions.

Les ethnométhodologues, enfin, ont repris le thème phénoménologique de la réalité sociale comme produit de l'activité inter-subjective et celui de la multiplicité des univers de représentations, prolongeant ainsi les possibilités ouvertes par la phénoménologie vers une théorie « constructiviste » du social (Garfinkel, 1952, 1967).

La phénoménologie constitue donc bien l'une des méthodes de la sociologie, mais elle peut donner lieu à des réinterprétations diverses et son articulation avec les méthodes à vocation explicative demeure un problème à résoudre.

---

du social et rendent compte, au moins partiellement, de la dynamique des conflits politiques. En ce sens, on peut dire que le politique est omniprésent aux formations sociales. Sont ainsi justifiées les analyses des micro-dispositifs de pouvoir qui font bien apparaître le fonctionnement des rapports de pouvoir au sein de rapports sociaux apparemment sans rapport avec le politique.

Une seconde leçon se dégage de cette lecture anthropologique du politique et concerne son instabilité. Les développements de G. Balandier sur ce thème s'éloignent radicalement de la distinction fréquente entre le social, tenu pour le lieu des continuités, des traditions, et le politique, tenu pour le lieu des conflits (souvent considérés comme artificiels). L'analyse anthropologique situe la précarité, l'inachèvement, l'instable à tous les niveaux et, en premier lieu, dans les rapports sociaux. On comprendra mieux l'extrême précarité du politique, la rapidité de ses conflits et de leurs déplacements, dès lors qu'on aura reconnu la précarité inhérente aux rapports sociaux et l'inachèvement essentiel de tout arrangement social.

Cet ample détour, qui mène des dynamismes les plus fondamentaux (conflits entre les sexes, les âges...) jusqu'au niveau du politique, conduit à une grille de lecture ouverte sur toutes les forces de violence. La tradition sociologique, sur ce point, majore l'importance des rapports inter-groupes, des affrontements guerriers, sans suffisamment percevoir l'importance des violences internes et surtout la complexité du traitement de ces violences[1]. Au lieu de ne considérer que les violences visibles, les violences instituées des pouvoirs établis, il conviendra d'identifier les violences masquées, insidieuses, et aussi les résistances diffuses des contre-pouvoirs qui peuvent être des réponses de violence diffuse à des violences instituées.

Il serait donc urgent de différencier des formes différentes de conflit et de constituer un vocabulaire plus riche afin de distinguer des figures différentes de conflit. A tout le moins, faudra-t-il distinguer des degrés dans les niveaux de conflit : différencier par exemple la contestation, les manipulations diverses, les innovations, les stratégies de changement, comme des intensités variables, depuis la contestation qui invente dans l'imaginaire une contre-société jusqu'à l'affrontement radical[2]. Ce sont là des distinctions minimales et destinées à jalonner la recherche pour éviter les confusions. En fait, et comme on le verra en étudiant la richesse des symbolisations du pouvoir, l'investigation fait apparaître une foisonnante inventivité de masques, de ruses, d'euphémisations des violences et des pouvoirs. Les sociétés n'ont cessé d'inventer des procédures pour masquer, pour domestiquer les violences.

---

1. « Violence et anthropologie », in *Violence et Transgression, op. cit.*, p. 9-22.
2. *Sens et Puissance, op. cit.*, p. 60-61.

Les analyses d'Alain Touraine sur les conflits sociaux, sur leur dynamisme et leur signification, ne sont pas en contradiction avec les propositions de Georges Balandier et peuvent être tenues pour un autre versant de la sociologie dynamique. Alors que G. Balandier envisage les conflits dans leur profondeur anthropologique et invite à un détour pour en analyser les soubassements, Alain Touraine prolonge cette attention, mais en la concentrant sur les formes modernes des conflits. Le détour anthropologique ne sera pas négligé [1], mais convoqué de façon moins approfondie et seulement pour comparer à grands traits les sociétés industrielles et post-industrielles aux sociétés agraires [2].

Nous pouvons mettre au centre des travaux d'Alain Touraine, sur les conflits, l'interprétation qu'il propose du Système d'Action Historique et telle qu'il l'expose dans son ouvrage de 1973, *Production de la société*. Par cette conception dynamique du système social, A. Touraine veut insister sur la dimension historique des organisations sociales et sur les oppositions qui les traversent. Ainsi, la notion de conflit est-elle essentielle à cette conception et constitue une dimension inévitable de l'analyse comme elle l'est des relations sociales. Le Système d'Action Historique est essentiellement un « réseau d'oppositions [3] ».

Dès l'abord, A. Touraine fait de cette reconnaissance des conflits la marque de l'accès à la conscience sociologique [4].

Ainsi se trouve opposée la pensée pré-sociologique confiante dans des principes non sociaux d'explication tels que la providence, les besoins dits naturels ou le progrès, à la pensée sociologique ouverte, au contraire, à la reconnaissance de l'action sociale et des conflits.

Un mouvement d'analyse se trouve ici proposé allant dialectiquement de l'étude de conflits locaux et partiels (en France et en Amérique latine plus particulièrement) aux indications générales sur les grandes lignes des conflits dans les sociétés modernes.

1. A. Touraine, *Production de la société, op. cit.*, p. 319.
2. *Ibid.*, p. 124-126.
3. *Ibid.*, p. 131 et passim.
4. *Ibid.*, p. 7.

Dans cette perspective généralisante, c'est bien le rapport de domination qui se trouve ici majoré, plus que le rapport d'appropriation matérielle traditionnellement souligné par la vulgate marxiste. Ce rapport conflictuel autour de la propriété ne sera pas nié et pourra être repéré dans les études partielles, mais il sera tenu pour moins central qu'il ne pouvait l'être au XIXe siècle.

Le rapport de domination unit et sépare les deux classes que l'on peut désigner comme dominante et dominée[1]. Dans cette conception qui fait, en effet, de la société un système d'action et de décision, la totalité sociale se trouve traversée par un rapport de complémentarité et de conflit entre l'ensemble des groupes dirigeants et l'ensemble des groupes dominés.

Trois types d'action sont reconnus à la classe dirigeante : la gestion de l'accumulation, l'appropriation du mode de connaissance et l'imposition du modèle culturel. En tant que gestionnaire, la classe dominante décide de l'orientation des investissements économiques, technologiques ou scientifiques et donc des lignes de développement collectif. Par là, elle décide de la capacité de la société à agir sur elle-même par l'investissement des ressources accumulées[2]. Elle est, d'autre part, détentrice de l'essentiel des connaissances (scientifiques, sociales, juridiques...) qui participent au fonctionnement social et aux programmations. En cela, elle exerce son contrôle sur la production, la diffusion et l'utilisation des savoirs pratiques. Enfin, la classe dominante impose son « modèle culturel », c'est-à-dire sa représentation de la créativité sociale et de l'orientation historique.

Au centre de ce conflit, se place non l'accaparement de la propriété privée des capitaux, mais, selon le concept qui est ici proposé, l'*historicité*. A. Touraine se propose de désigner, par ce concept, l'action qu'exerce la société sur elle-même, sur ses pratiques sociales et culturelles, et l'orientation de cette action. Ainsi, cette historicité est-elle l'enjeu des rapports de classe : la classe dirigeante s'appro-

---

1. *Ibid.,* p. 30-39 et passim.
2. *Ibid.,* p. 31.

prie l'orientation sociale, elle « s'identifie à l'historicité »,
et, en réalité, identifie l'historicité à ses intérêts.

Il y a donc bien un conflit de classe dès lors qu'il y a
production, orientations et accumulation :

> « Toute société, dont une partie du produit est retirée de la
> consommation et accumulée, est dominée par un conflit de
> classe[1]. »

Mais ce conflit ne saurait être réduit à l'affrontement
entre deux classes économiquement définies luttant pour
l'appropriation du capital. Les rapports de classe ont un
enjeu : celui de l'historicité, c'est-à-dire des orientations de
l'action historique. Les rapports de classe ne se définissent
pas seulement par les places respectives dans un mode de
production :

> « Les rapports de classe ne sont pas seulement liés à des
> forces de production, à un état de l'activité économique et
> de la division technique du travail ; ils sont l'expression en
> termes d'acteurs sociaux de l'action historique elle-même,
> de la capacité de la société d'agir sur elle-même par
> l'investissement[2]... »

C'est dire que la notion de « lutte de classes » ne doit pas
être écartée, mais qu'elle doit faire l'objet d'une complète
reconsidération qui atteint la notion même de classe. On ne
saurait considérer la classe comme un ensemble figé de
places dans la production, ni comme le lieu d'une culture
particulière. Encore moins pourra-t-on dissiper la notion
de classe dans celle de stratification sociale.

Du moment où l'on considère non plus la structure
sociale, mais la dynamique sociale, dès lors que la société
est mouvement historique, historicité, les classes doivent
être considérées comme des acteurs sociaux. Plutôt que
d'étudier les classes en elles-mêmes, il faut les considérer
dans leurs relations. Plutôt aussi que d'affirmer leurs luttes,
il faut étudier leurs rapports. Ces rapports ne sont ni des

1. *Pour la sociologie, op. cit.,* p. 57.
2. *Production de la société, op. cit.,* p. 31.

rapports de concurrence, ni de simples superpositions à l'intérieur de l'ordre social, ni exactement de contradiction, mais des rapports de conflit entre une classe dirigeante qui sert l'historicité et qui l'utilise, et une classe populaire qui résiste à cette domination et conteste l'appropriation, par la classe dirigeante, de cette dynamique sociale.

Ainsi se constitue, au cœur de ce système d'action historique, une « double dialectique des classes sociales[1] ». La classe dirigeante a nécessairement deux caractères opposés et complémentaires. D'une part, elle est l'agent social de la réalisation du « modèle culturel » et collectif ; elle gère l'investissement et l'oriente. D'autre part, elle exerce une contrainte sur l'ensemble de la société, et elle se sert de la dynamique sociale pour constituer son pouvoir.

La classe dominée a donc, elle aussi, deux dimensions dans ce conflit. A la fois elle résiste à l'emprise de la domination et prend une attitude défensive de protection de son travail et de son genre de vie, et, simultanément, elle revendique au nom du modèle culturel contre l'appropriation privée dont elle est victime. Dans la mesure où elle est dominée, elle est sur la défensive et se définit par le salariat et la soumission aux impératifs de profit. Mais elle doit aussi être définie professionnellement : elle participe à l'historicité par son activité professionnelle et peut alors se faire contestataire. Il serait arbitraire de faire de la classe ouvrière une classe exclusivement définie par la domination, comme il serait arbitraire d'en faire une classe partenaire œuvrant dans une même entreprise commune.

On ne peut pas aller au-delà de ces indications générales sans aborder ici une perspective historique, car on ne saurait préjuger que les rapports de classe sont identiques à travers les configurations sociales successives.

Alain Touraine marque ici fortement les divergences entre la « société industrielle » et la « société post-industrielle ».

C'est bien dans la société industrielle que les rapports de classe sont les plus visibles et les plus déterminants ainsi que le mettait bien en relief l'analyse de Marx. En effet,

---

1. *Ibid.*, p. 146-154.

dans la société agraire, le modèle culturel et le système d'action historique étaient étroitement associés à l'organisation sociale dans une même recherche de la reproduction. Et, de même, dans la société marchande, le rapport de classe n'est pas majeur en ce que le modèle culturel étatique ne contrôle pas directement l'organisation sociale.

La société industrielle, tout au contraire, place son modèle culturel au niveau de l'ordre économique et cesse donc de vivre sur le mode religieux ou sur le mode politique. Dès lors, et comme le souligne Marx, cette société met au centre de son activité les rapports de production et le mécanisme social de l'exploitation. Est en question l'organisation de la production, et les classes opposées présentent des images divergentes de cette créativité. La bourgeoisie industrielle présente comme créateurs l'esprit d'entreprise, la concurrence, la loi du marché ; la classe ouvrière oppose à ce modèle celui de l'association opposée à la concurrence anarchique.

Dans une telle situation, se fait une « dissociation entre le lieu des rapports économiques de classes et le modèle culturel [1] ». L'opposition des intérêts apparaît concrètement sur les lieux mêmes de la production, mais, en même temps, l'enjeu des luttes entre les classes est bien l'organisation générale de la société et de la production.

De plus, une dissociation traverse ici la classe ouvrière et le mouvement ouvrier :

> « ... le mouvement ouvrier n'est-il pas constamment divisé en deux orientations principales : d'un côté, la tendance *proudhonienne,* qui privilégie l'expérience du travail et de l'opposition d'intérêts entre le travail et la propriété ; de l'autre, la tendance de la Commission du Luxembourg et de *Louis Blanc,* c'est-à-dire de l'interventionnisme étatique, de l'organisation du système de production [2] ? »

Dans une telle organisation sociale, celle de la société industrielle, l'action de la société sur elle-même n'est concevable que sous la forme d'un arrachement à l'ordre

1. *Ibid.,* p. 183.
2. *Ibid.*

social par une classe. Pour les uns, c'est bien la classe des entrepreneurs qui doit arracher la société à sa reproduction et à sa clôture. Pour les autres, pour Marx ou Proudhon, c'est bien la force de travail, la classe ouvrière qui seule peut réaliser l'action sociale et briser les mécanismes de reproduction mis en place par la bourgeoisie. Le rapport conflictuel des classes est ici fondamental.

La société post-industrielle fait apparaître une tout autre configuration sociale.

On sait que l'accumulation qui joue ici le rôle principal est celle de la créativité elle-même, sous la forme de la capacité de connaissance scientifique. Pour une vision libérale ou néo-libérale, les rapports de classe disparaîtraient dans cette nouvelle société. La société post-industrielle serait de plus en plus un ensemble d'organisations ne cessant de s'adapter aux changements de leur environnement et soucieuses de maintenir leurs avantages et de les renforcer. Société « pragmatique, libérale, compétitive [1] », tout entière orientée vers le changement, l'adaptation, et où le conflit des classes serait « remplacé par la complexité des processus politiques et des réseaux d'influence [2] ». Selon cette conception néo-libérale, la société tout entière pourrait être conçue comme un marché, l'imposition d'un modèle culturel disparaîtrait au profit d'une pratique quotidienne de concurrence et de changement.

La thèse que maintient A. Touraine s'oppose résolument à cette conception néo-libérale. Si l'on retient, en effet, que l'accumulation y prend une extension exceptionnellement élevée, que les « grands appareils de décision » étendent leur contrôle, force sera d'admettre que cette société post-industrielle est aussi un système d'action historique traversé de tensions et d'oppositions. La classe dirigeante aura pour but de renforcer les grandes organisations qui permettent d'allier la recherche technologique et la création ou la satisfaction des besoins. Quant à la classe populaire, elle aura pour but le contrôle démocratique de l'organisation sociale afin de mobiliser la connaissance au service du bien-être.

1. *Ibid.,* p. 188.
2. *Ibid.*

> « ... ce type de société est dominé plus complètement que
> tout autre par son historicité, sa capacité de se transformer,
> donc par un système d'action historique chargé d'opposi-
> tions *et par des rapports de classe qui dominent de plus en
> plus complètement la pratique sociale à mesure que la
> capacité d'action de la société sur elle-même est plus
> complète*[1] ».

Dans une telle société, les contraintes et les manipulations deviennent plus diverses et diffuses, elles atteignent
jusqu'à l'individu et son fonctionnement privé et même
biologique. La classe dirigeante ne s'appuie plus sur des
garants méta-sociaux, mais bien sur « l'affirmation directe
de sa capacité de manipulation » :

> « *Elle provoque donc pour la première fois une résistance
> globale, culturelle* et non pas économique ou politique, qui
> n'est pas la défense de groupes ou d'intérêts sociaux
> particuliers, mais la revendication de l'existant contre la
> domination technocratique[2]. »

Le rapport conflictuel des classes y revêtirait donc
clairement le caractère d'un affrontement entre acteurs
s'opposant pour le contrôle social et politique de l'historicité.

L'étude des « mouvements sociaux » devrait donc y être
privilégiée. En effet, la conception qui est ici proposée du
mouvement social fait de celui-ci un conflit non pas dirigé
vers la seule défense d'un groupe de pression, ni d'une
catégorie sociale particulière, mais bien vers le contrôle des
orientations culturelles :

> « ... un mouvement social est un type très particulier de
> lutte... c'est l'action conflictuelle collective par laquelle un
> agent de classe s'oppose à un agent de la classe opposée
> pour le contrôle social des orientations culturelles de leur
> collectivité... Un mouvement social a donc deux dimen-

1. *Ibid.*, p. 189.
2. *Ibid.*

sions : le conflit avec l'adversaire, et une visée, un projet
d'orientation culturel, sociétal [1] ».

L'une des questions qui se trouvera posée sera de savoir
si les luttes sociales apparues dans les années 1960-1980
(étudiantes, régionales, antinucléaires, féminines) furent, à
proprement parler, des mouvements sociaux et si ces
mouvements furent bien caractéristiques du nouveau type
de société. Les études et interventions feront apparaître la
complexité et, souvent, les ambiguïtés de ces mouvements.

Il y aurait donc lieu de prévoir, dans la société post-
industrielle, un considérable déplacement des conflits.
Dans la société industrielle, l'organisation industrielle était
le lieu privilégié des rapports de classe et de leurs affrontements. Or, la grande organisation moderne, dont la
puissance est liée à l'emploi de techniques incessamment
renouvelées et qui réalise une intégration beaucoup plus
efficace, n'est plus ce lieu privilégié. En revanche, elle
entre en conflit avec une demande sociale qu'elle tend à
contrôler en fonction de ses intérêts.

Se développe dès lors une nouvelle contestation qui n'est
plus celle du seul travailleur productif, mais de l'ensemble
des classes dominées contre les appareils de domination.
La revendication, qui était autrefois celle du producteur,
est appelée à devenir celle de tous ceux, consommateurs,
jeunes ou retraités, qui sont objets de cette gestion. La
contestation devient :

> « ... celle de l'être, de l'autonomie de son expérience et de
> son expression, de sa capacité de gérer ou de contrôler les
> changements qui l'affectent [2] ».

La culture devient un enjeu central des rapports de
classe.

1. A. Touraine, avec F. Dubet, Z. Hegedus, M. Wieviorka, *Crise et
Conflit, lutte étudiante* (1976), Paris, CORDES, 1977.
2. *Production de la société, op. cit.*, p. 192.

7

Les conflits
dans les organisations

La désignation des conflits et leur interprétation changent radicalement dès lors qu'on cesse d'interroger les dynamiques générales de la société pour concentrer l'étude sur les organisations et leurs tensions propres. Et la théorie des conflits est singulièrement éclairante des oppositions de ces paradigmes[1]. En effet, si, dans les analyses de Pierre Bourdieu, Georges Balandier, Alain Touraine, le conflit essentiel se situe au niveau global et oppose les classes sociales dans leur ensemble, les conflits qui font objet des analyses de Michel Crozier sont, en premier lieu, ceux que l'on repère dans les organisations, et leur dynamique est à cerner dans l'ensemble des constructions organisationnelles.

On sait qu'il ne s'agit pas là seulement d'un choix d'objets[2]. Comme le souligne amplement Michel Crozier, ce sont les organisations, qu'elles soient industrielles ou administratives, qui caractérisent notre société contemporaine. Et, dès lors, les conflits au sein de ces organisations peuvent être considérés comme les conflits majeurs de notre temps et susceptibles d'éclairer les conflits généraux et même les conflits considérés, peut-être à tort, comme politiques.

La théorie des conflits va permettre de préciser considérablement l'approche fonctionnaliste et stratégique telle

---

1. Selon l'heureux vocable de Georges Lapassade et René Lourau, le conflit est bien un « analyseur » privilégié des rapports sociaux, mais aussi des théorisations.
2. Cf. *infra*, ch. 3.

que Michel Crozier et ses collaborateurs la conçoivent. Elle va permettre de préciser comment y sont repensés le fonctionnalisme et le systémisme.

Plusieurs orientations sont en effet possibles à partir de ces cadres théoriques et concernant particulièrement la place reconnue aux tensions et conflits. Ce serait l'une des possibilités d'un fonctionnalisme que de diminuer à l'extrême l'importance et les éventuelles conséquences des conflits sociaux ou de les réduire à des phénomènes dysfonctionnels. Et, de même, le recours à un certain systémisme appliqué aux organisations pourrait conduire, à la limite, à ne faire des conflits que des illusions, de faux conflits liés à l'insuffisance provisoire des contrôles.

La réponse exacte et la formulation précise des analyses des conflits importent donc pour éclairer comment sont comprises ici les approches fonctionnaliste, systémique et stratégique.

L'analyse des conflits telle qu'elle est présentée et interprétée dans l'étude du « monopole industriel [1] » nous servira ici de point de départ.

On sait que ce système d'organisation humaine du travail est caractérisé par des distinctions très rigides des différents statuts et par une rigoureuse hiérarchisation de ces statuts depuis les ouvriers d'entretien jusqu'aux responsables de la direction. De plus, du fait de la nature du travail, une pression permanente est exercée pour que les tâches soient journellement exécutées. De cette double pression résulte une particulière faiblesse des rapports interpersonnels : les échanges sont limités, l'intérêt porté au travail aussi faible qu'il est possible, les syndicats ont peu d'influence et ne sont pas estimés [2].

Dans un tel système d'organisation dénué de relations sociales et positives entre les agents, ne subsistent guère, pour assurer le fonctionnement du travail, que des rapports formels, des ordres, des directives et donc des rapports de pouvoir.

C'est cette dimension de l'organisation du travail, celle

1. *Le Phénomène bureaucratique, op. cit.*
2. *Ibid.,* p. 79-94.

des rapports hiérarchisés de pouvoir, que l'analyse met en relief et à partir de laquelle vont être décrits et interprétés les rapports de conflit dans l'organisation.

Michel Crozier avertit que deux erreurs complémentaires seraient à éviter qui conduisent, l'une et l'autre, à ignorer l'importance des rapports de pouvoir au sein des organisations. La première tendance (« que l'on peut identifier avec le rationalisme classique [1] ») postule que l'on peut coordonner rationnellement les activités humaines au sein d'une organisation et obtenir les conformités indispensables en utilisant seulement les stimulants économiques ou idéologiques et en ignorant résolument les relations humaines. Dans cette orientation de pensée, il serait inutile de s'attarder sur les relations de pouvoir et sur les conflits qui leur sont inhérents.

Et, de même, si l'on croit que l'on peut créer une parfaite adéquation entre les exigences de l'entreprise et la satisfaction individuelle de ses membres en recourant à un système « permissif » de commandement et en créant un parfait climat d'entente au sein de l'organisation, on devra s'attacher seulement à faire disparaître l'appareil de domination. On attendra de ce dépérissement de l'appareil de domination l'émergence d'une organisation non conflictuelle des rapports humains.

Or ces deux simplifications sont toutes deux à écarter et elles désignent l'une et l'autre deux types partiels de la rationalité.

> « Il y a calcul rationnel à tous les niveaux... et il y a limitation et contrainte d'ordre affectif dans toutes les décisions, même les plus techniques. Une vue réaliste du fonctionnement des organisations n'est possible que si l'on écarte à la fois les deux tentations opposées de simplification. L'homme doit faire face, en même temps et à tous les niveaux, aux exigences d'une rationalité utilitaire, indispensable à la réalisation de ses buts collectifs, et à la résistance des moyens humains qu'il doit aussi nécessairement emprunter [2]. »

1. *Ibid.*, p. 200.
2. *Ibid.*, p. 201.

Bureaucratie

Les recherches sur les bureaucraties illustrent parfaitement l'importance historique que peuvent prendre les travaux sociologiques lorsqu'ils abordent un phénomène crucial des sociétés modernes.

Max Weber avait, le premier, défini clairement la bureaucratie comme la forme d'organisation — où l'individu n'est pas propriétaire de sa fonction et ne peut la transmettre — où l'activité obéit à des règles formelles — où les postes sont rigoureusement définis et spécialisés — où l'organisation est hiérarchisée et les emplois assurés par des fonctionnaires, c'est-à-dire des spécialistes qui y accomplissent leur carrière et s'y consacrent à temps plein. Max Weber fait du processus de bureaucratisation l'un des traits essentiels des sociétés industrielles et de leur rationalisation.

Les travaux ultérieurs, qui se sont surtout développés aux États-Unis après les années 1920, ont considérablement remis en cause et complexifié le modèle weberien, souligné l'étendue des *dysfonctions* (Merton, 1957) et les éventuelles contradictions du fonctionnement bureaucratique (March et Simon, 1969), l'importance des résistances individuelles ou des adaptations aux rôles et aux règles formelles.

Il conviendrait donc de reconnaître les conséquences et les différentes dimensions des relations de pouvoir qui traversent l'entreprise et qui soutiennent les mécanismes de décision. Mais, souligner cette dimension des relations de pouvoir, c'est considérer les effets de ces relations sur les membres de l'organisation qui sont aussi détenteurs d'une marge de liberté. Ce degré de liberté est, certes, limité et les « exécutants » ont une faible marge d'initiative, mais leur conduite reste, néanmoins, une « conduite libre et rationnelle, impliquant des possibilités d'adaptation et d'invention [1] ».

Cette marge de liberté va se vérifier tant du côté des exécutants que du côté des dirigeants.

1. *Ibid.*, p. 202.

Ces recherches concernent toutes les organisations, industrielles, scolaires, médicales ou commerciales. Mais elles touchent aussi à l'administration publique et donc à l'organisation même de l'État. En France particulièrement, où l'étatisation a pris, depuis le XVIIe siècle une extension considérable, une sociologie de la bureaucratie conduit nécessairement à une sociologie de l'État et du système de pouvoir. Plus encore, dans les pays du bloc soviétique, une sociologie de la bureaucratie n'aurait pas manqué de se développer en sociologie critique de l'État ; elle n'a pu connaître quelque développement que dans les foyers de résistance, par exemple en Pologne après 1965 (Modzelewski et Kuron, 1969).

On voit là un exemple clair de l'apport éventuel des informations sociologiques aux choix et aux décisions politiques. En effet, l'étude des différentes bureaucraties montre bien que plusieurs modèles en sont possibles, depuis la bureaucratie centralisée, hautement formalisée et planifiée que l'on peut qualifier de « mécaniste » (Mintzberg, 1982) jusqu'au modèle décentralisé, ouvert au partage des responsabilités. La sociologie ne dresse pas nécessairement une caricature des fonctionnements bureaucratiques ; elle souligne les possibilités de choix pour des politiques qui seraient soucieuses d'une information fondée.

1. L'enquête sur le monopole industriel d'État conduit à distinguer trois catégories professionnelles parmi les exécutants : les ouvriers(ères) de production, les chefs d'atelier et, d'autre part, les ouvriers d'entretien (ou ajusteurs). L'étude des tensions, dites et non dites, entre ces trois catégories va confirmer que, dans ce système bureaucratisé aux règles impersonnelles dont sont absentes les possibilités de promotion et d'initiative, les conflits vont dépendre du système, mais s'expliquer aussi par les marges de liberté que vont maintenir les différents acteurs. On remarque successivement que :

— Le régime bureaucratique, « combinaison d'un système de règles impersonnelles, d'une absence totale de possibilités de promotion et de l'influence du règlement d'ancienneté », conduit à affaiblir considérablement la

chaîne de commandement hiérarchique. Mais, simultanément, ce système permet de préserver l'indépendance
personnelle de chaque subordonné face à ses supérieurs.

— Chaque catégorie professionnelle étant transformée
en une sorte de caste, la lutte des différentes catégories est
à la fois « fatale et sans issue [1] ». Au sein de chaque
catégorie, chacun subit une considérable pression de la part
de ses pairs : « La pression du groupe remplace d'une
certaine manière la pression hiérarchique qui disparaît ou,
du moins, s'amenuise beaucoup [2]. »

— Ainsi, les ouvriers de production, qui sont en relation
permanente avec leur chef d'atelier, minimisent les conflits
qui pourraient surgir entre eux et leur propre chef d'atelier.
Ces relations sont, dans l'ensemble, cordiales et tolérantes ;
les ouvriers ne sont guère engagés dans ces relations. Mais,
ce faisant, ils refusent toute importance au chef d'atelier et
lui interdisent toute initiative. Toute tentative de la part
des chefs d'atelier pour élargir leur rôle entraîne une
réaction de la part des ouvriers de production et le rappel
des normes à respecter dans ces relations.

— Entre les ouvriers de production et les ouvriers
d'entretien, les relations sont par contre difficiles et
empreintes d'une tension permanente. Les ouvriers de
production sont, en fait, dépendants des ouvriers d'entretien pour la poursuite de leur travail ; ils ont à leur égard
des sentiments d'hostilité, mais se trouvent alors dans une
situation contradictoire :

> « Les ouvriers de production, de leur côté, acceptent mal
> leur situation de dépendance, mais ils ne peuvent pas
> exprimer leur hostilité ouvertement parce qu'ils ont besoin
> individuellement de la bonne volonté des ouvriers d'entre-
> tien dans l'atelier et parce qu'en même temps ils savent
> que, sur le plan collectif, ils ne peuvent garder leurs
> privilèges et consolider une situation qui leur a semblé
> jusqu'à présent très avantageuse que s'ils maintiennent un
> front commun avec l'autre groupe [3]. »

1. *Ibid.*, p. 147.
2. *Ibid.*
3. *Ibid.*, p. 146.

— Enfin, les ouvriers d'entretien, dont les interventions sont indispensables, ont, en quelque sorte, le « beau rôle » dans ces relations. Mais, cependant, leur pouvoir n'est pas un pouvoir reconnu, légitime, et conserve un caractère précaire. Ils manifestent, à l'égard des ouvriers de production, une agressivité que l'on peut interpréter comme un moyen pour renforcer la solidarité de leur groupe, pour éviter tout compromis individuel et se protéger ainsi de toute attaque éventuelle. S'ils se différencient encore des ouvriers de production dans l'agressivité qu'ils manifestent à l'égard des chefs d'atelier, ils rejoignent, néanmoins, ces ouvriers de production dans leur commune hostilité contre la direction et surtout contre le directeur adjoint.

2. D'autres conflits apparaissent au sein du groupe de direction qui s'analysent aussi en termes de relations de pouvoir. Cette équipe de direction comprend quatre membres : un directeur qui est chargé de la coordination de toutes les activités de l'usine et du secteur des ventes ; un directeur adjoint chargé de la fabrication ; un directeur technique chargé de l'entretien des installations ; enfin, un contrôleur qui a en charge les achats, la comptabilité et les personnels. Les relations entre ces quatre fonctions sont déterminées par des règlements précis qui sont définis par les statuts qui laissent, néanmoins, des ambiguïtés au sein desquelles sont possibles des marges de manœuvre.

Michel Crozier détaille ces types de conflit qui montrent combien les tensions sont largement déterminées par la structure bureaucratique de l'organisation et, cependant, utilisées par les différents acteurs pour assurer la protection de leurs propres objectifs [1].

— Ainsi, voit-on que, entre le directeur et le contrôleur, les conflits restent rares. En effet, si la subordination suscite quelque sentiment de frustration, la séparation des fonctions est telle qu'elle ne favorise guère l'émergence de conflits ouverts. Le rôle des contrôleurs est seulement de s'assurer de la légalité des décisions du directeur, et non de leurs contenus. Leur pouvoir de négociation avec le

1. *Ibid.,* p. 149-189.

directeur est donc trop faible pour que les conflits soient possibles. Les contrôleurs, dont l'engagement dans la vie de l'entreprise reste réduit, tendent donc à réagir en « diminuant leur mise, c'est-à-dire en restreignant leur participation [1] ». Conscients qu'ils n'ont pas de chance de réussir contre leur directeur, ils évitent les occasions de conflit.

— Au contraire, entre le directeur et le directeur adjoint, les conflits sont fréquents et affectent profondément les deux protagonistes. C'est que le directeur adjoint a la charge des problèmes de fabrication qui sont la partie la plus difficile et la plus vivante parmi les problèmes de l'usine, mais reste cependant sous la tutelle du directeur. Ce dernier doit assurer la formation de son adjoint et lui abandonner, théoriquement, plus de responsabilités à mesure que cette formation progresse. Dans une telle situation ambiguë, les conflits naissent comme naturellement :

> « Les directeurs adjoints vont se plaindre d'être maintenus éternellement en tutelle et les directeurs vont déclarer que les directeurs adjoints sont incapables d'assumer leurs responsabilités [2]. »

L'attitude des directeurs adjoints face à cette situation n'est, certes pas, totalement identique chez tous. Elle évolue aussi avec le temps et l'ancienneté dans le poste. En règle générale, néanmoins, les directeurs adjoints, qui sont dans une situation provisoire et dont les enjeux dans le poste ne sont pas très considérables, conservent une grande liberté d'esprit, préservent leur amour-propre et leur dignité personnelle.

Les directeurs, par contre, dont la fonction est théoriquement éminente, mais pratiquement très limitée, réagissent diversement à cette situation ambiguë. Certains qui ont pu, grâce à des circonstances exceptionnelles, apporter des changements spectaculaires, expriment une certaine

1. *Ibid.*, p. 158.
2. *Ibid.*, p. 159.

satisfaction d'occuper ce poste ; d'autres choisissent de se masquer les limites de leur fonction ; d'autres enfin, les plus insatisfaits, nient la possibilité d'y réussir.

— Les conflits les plus vifs se situent entre les directeurs adjoints et les ingénieurs techniques, conflits qui sont aussi entre le corps des ingénieurs polytechniciens et le corps des techniciens [1]. Au cours des interviews, les uns et les autres expriment avec irritation leurs griefs.

Les directeurs adjoints ne cessent de réaffirmer leur position de supériorité hiérarchique et se plaignent de la résistance des ingénieurs techniques. Certains vont jusqu'à regretter l'existence du corps des techniciens qu'ils jugent inutile.

Quant aux ingénieurs techniques, ils se montrent unanimement critiques et agressifs à l'égard des directeurs adjoints. Ils leur reprochent, comme aux polytechniciens en général, leur incompétence ; ils tendent à considérer le pouvoir des polytechniciens comme une sorte de conspiration de caste dont ils seraient les victimes.

Ces différents conflits sont donc bien, selon cette analyse, liés à la nature du système d'organisation et structurés selon les relations de pouvoir qui sont instituées. Par exemple, les ingénieurs techniques ont en charge les problèmes vitaux que sont la réparation, l'entretien, les travaux d'entrepreneurs ; ils sont donc, vis-à-vis de la direction, en position de force, en particulier grâce à leur compétence dans le domaine de l'entretien. Le programme de travail est si nettement rationalisé que seul l'entretien peut créer difficulté. Or c'est précisément dans ce domaine que les directeurs adjoints sont les plus incompétents.

Dans ce jeu de pouvoir, le directeur technique peut s'appuyer sur le groupe des ouvriers d'entretien, alors que le directeur adjoint ne peut trouver un appui comparable auprès des chefs d'atelier dont l'autorité est faible. Dès lors, le directeur technique peut apporter son soutien aux ouvriers d'entretien qui, en échange, rendront sa situation « inexpugnable [2] ».

1. *Ibid.*, p. 161.
2. *Ibid.*, p. 167.

Sociologie et psychologies sociales

L'École de Durkheim, soucieuse d'affirmer l'autonomie de la sociologie, s'est efforcée de dissiper les confusions éventuelles entre l'approche sociologique et l'approche psychologique. Elle a ignoré ou critiqué les tentatives de Gabriel Tarde (1890) et de Gustave Le Bon (1895) et défavorisé ainsi, en France, le développement des psychologies sociales. Aux États-Unis, au contraire, dès les années 1930, la psychologie sociale, stimulée par la demande des entreprises industrielles (Elton Mayo, 1933), a connu un développement considérable.

En France et dans les pays francophones, depuis 1950, les psychologies sociales connaissent des extensions très inégales et établissent des rapports complexes avec les sociologies.

Faute de moyens et de cadres institutionnels, la psychologie sociale expérimentale, malgré de brillantes exceptions (Doise, 1979, 1984), ne connaît pas le développement que l'on pourrait espérer.

L'étude des attitudes, des sensibilités sociales, donne lieu, au contraire, à une considérable production attentive à décrire et à mieux comprendre, par exemple, les rumeurs (Morin, 1969 ; Rouquette, 1975), les peurs collectives (Jeudy, 1979), la vitalité des groupes naturels (Maffesoli, 1988) ou des minorités

En face de cette situation, les directeurs adjoints réagiront de différentes manières, les uns choisissent la voie modérée de la tolérance et de l'accommodement prudent, les autres refusent cette attitude et maintiennent une « guérilla perpétuelle[1] » dans laquelle chaque partie cherche uniquement à renforcer sa position et à affaiblir celle de son adversaire.

Ces conclusions d'enquête conduisent à deux lignes de réflexion qui vont, l'une et l'autre, être poursuivies. Un ensemble de ces conclusions mène à une réflexion générale sur la théorie des organisations et ce sera l'objet de

1. *Ibid.*, p. 168.

(Moscovici, 1979), les attitudes individualistes (Lipovetsky, 1983)...

Les liens que ces travaux entretiennent avec les sociologies sont multiples, depuis les liens directs jusqu'aux plus distendus, en des ouvrages qui s'inscrivent dans la riche tradition de l'essai à caractère social.

La psychologie des petits groupes, inspirée d'une approche psychanalytique, a constitué un lieu de recherches et d'applications originales et fécondes (Anzieu, 1975 ; Kaës, 1976).

La psychologie sociale clinique constitue un lieu éminent de convergence avec les études sociologiques. Son objet étant l'observation intensive des micro-milieux et des institutions, dans une perspective qui se veut à la fois psychologique et sociologique, s'offre particulièrement au dialogue de disciplines. Tout un ensemble de recherches sur la dynamique des groupes (Pagès, 1968), les relations de pouvoir (Barus-Michel, 1987), ou la sexualité, s'enrichissent de ces croisements de disciplines. L'étude des conflits psychiques engendrés par la mobilité sociale, par exemple, illustre bien la fécondité d'une approche résolument duelle, de sociologie et de psychologie sociale (Gaulejac, 1987). De nombreux travaux sur les identités sociales et les identifications, sur les conflits dans les institutions, s'inscrivent dans ces entrecroisements de disciplines.

l'ouvrage de 1977, *L'Acteur et le Système*[1]. Une autre ligne de réflexion conduit à étendre à l'appareil administratif français, dans son ensemble, les conclusions concernant les phénomènes bureaucratiques, et ce sera l'objet des ouvrages successifs de 1970, 1979 et 1987 : *La Société bloquée* (1970), *On ne change pas une société par décret* (1979), *État modeste, État moderne* (1987).

Les problèmes concernant la nature, le déroulement et les séquences des conflits vont être repris selon des optiques quelque peu différentes dans ces deux voies de réflexion. A très grands traits, on peut suggérer que l'élargissement de l'enquête vers une théorie générale des organisations tend à gommer l'étendue et l'importance des

---

1. M. Crozier, E. Friedberg, *L'Acteur et le Système, op. cit.*

conflits au profit des stratégies individuelles. Et, par contre, les analyses des blocages de la société française et, particulièrement, de l'administration française conduisent à désigner des types de conflits diffus et de dysfonctions au niveau de l'ensemble social.

M. Crozier et E. Friedberg, dans *L'Acteur et le Système,* généralisent les analyses antérieures en ce qui concerne les organisations et les relations de pouvoir qui leur sont inhérentes. Écartant à nouveau les représentations scientistes et technocratiques qui tendent à occulter les rapports de pouvoir, les auteurs soulignent la permanence de ces rapports et la diversité de leurs formes. La question inévitable, en effet, dans toute entreprise collective, est celle de l'intégration des comportements des acteurs qui, en fait, poursuivent des objectifs divergents.

L'intégration des comportements dans ces « construits sociaux » que sont les organisations ne peut donc se faire qu'à travers l'existence de relations de pouvoir, mais ces relations de pouvoir et de dépendance sont bien des « constructions » jamais achevées et toujours en tension. En ce sens, les contestations, les contraintes comme les conflits sont consubstantiels aux organisations.

L'attention des auteurs, dans ces fonctionnements des organisations, se porte particulièrement sur les stratégies des acteurs au sein de ces relations de pouvoir. Au sein, en effet, de ces *construits d'action collective,* les participants vont recourir à différentes stratégies pour défendre leurs objectifs ou accroître leurs avantages. Ils recourront soit à des stratégies offensives, si cela leur est possible, soit à des stratégies défensives. Offensivement, l'acteur s'efforcera de contraindre les autres membres de l'organisation pour satisfaire ses propres exigences ; défensivement, il s'efforcera d'échapper à leur contrainte par la protection systématique de sa liberté et de sa marge de manœuvre [1]. Les relations de pouvoir ne se réduisent pas aux seules relations de domination, elles sont éminemment relationnelles, et c'est au travers de multiples tensions, offensives ou défensives, qu'elles se construisent.

---

1. *Ibid.,* p. 79.

Deux dimensions complémentaires sont à souligner pour éclairer ces stratégies d'acteur. En premier lieu, ces stratégies ne sont pas arbitraires et sans règles. Ces *construits d'action collective* instituent des règles, plus ou moins formalisées, plus ou moins conscientes, qui indiquent la gamme des stratégies possibles. En ce sens, l'organisation, avec ses règles et ses normes, construit les possibles. Mais, en second lieu, ces stratégies conservent leur marge de liberté, et les acteurs vont choisir leurs comportements à partir de cette marge de liberté. Les règles ne déterminent pas complètement ces choix, elles restent, dans une mesure variable, ouvertes à des choix différents.

On verra, en particulier, les acteurs utiliser les zones d'incertitude et tenter, dans certaines circonstances, de maîtriser telle ou telle partie de cette zone d'incertitude. On le voit, par exemple, dans le cas des relations entre les différents acteurs du « monopole industriel » précédemment examiné. Les ouvriers d'entretien sont, en fait, les véritables patrons des ateliers parce que leurs interventions sont indispensables, irremplaçables, et que leurs comportements risquent à tout moment d'échapper au contrôle des autres acteurs. Ils dessinent ainsi une inquiétante zone d'incertitude pour leurs partenaires, et vont donc en user. A l'égard des chefs d'atelier, ils entretiennent une attitude critique et agressive, invalidant ainsi toute tentative venue des chefs d'atelier de contrôler leurs interventions. Leur agressivité constitue une forme de stratégie visant à tenir à distance les chefs d'atelier et à empêcher ces derniers de réduire leur marge d'initiative.

A l'égard des ouvriers de production, ces ouvriers d'entretien usent d'une stratégie moins agressive, mais ils parviennent néanmoins à maintenir leur zone d'incertitude et imposent aux ouvriers de production des comportements apparemment conciliants, alors même que ces derniers sont bien conscients du pouvoir qu'exercent sur eux les ouvriers d'entretien. Le renouvellement des bonnes relations est aussi une façon de peser sur les ouvriers d'entretien pour les empêcher d'abuser de leur situation dominante[1].

1. *Ibid.*, p. 53.

Plutôt donc que de conflits s'agit-il bien, plus exactement, de repérer des stratégies d'acteurs, stratégies visant à
défendre les avantages ou à les accroître.

Est caractéristique de ce glissement l'importance donnée
au concept de jeu pour exprimer la caractéristique essentielle de l'action organisée :

> « Le jeu pour nous est beaucoup plus qu'une image, c'est
> un mécanisme concret grâce auquel les hommes structurent
> leurs relations de pouvoir et les régularisent tout en leur
> laissant — en se laissant — leur liberté [1]. »

Une telle conception majore fortement la part d'activité
des différents acteurs et, sans nier que les marges de liberté
sont variables selon les acteurs et selon les groupes, elle
n'est pas sans minorer les contraintes, et, dans une certaine
mesure, l'intensité des conflits.

Appliquées au système social français, les analyses du
phénomène bureaucratique concernant les relations de
pouvoir conduisent à suggérer l'image d'une « société
bloquée [2] ». Cette société, héritage d'une longue histoire
d'une centralisation étatique, serait, en particulier, caracté-
risée par un système de pouvoir autoritaire et fortement
centralisé :

> « Le poids de la centralisation bureaucratique, l'impact
> d'une longue tradition de commandement militaire, le
> développement d'organisations industrielles qui ont adopté
> le modèle d'organisation que leur offrait l'État ou l'Armée
> nous ont habitués à un modèle général de centralisation
> que tempèrent seulement l'anarchie des privilèges et les
> bons sentiments du paternalisme. Un tel système s'accom-
> pagne naturellement de l'existence d'un fossé entre diri-
> geants et exécutants, d'un style rigide de relations entre
> groupes humains, d'un modèle contraignant de jeu fondé

---

1. *Ibid.*, p. 97.
2. Michel Crozier, *La Société bloquée*, Paris, Éd. du Seuil, 1970.

sur la défense et la protection et d'une passion générale de tous les individus pour la sécurité[1]. »

Cette citation synthétise une longue liste de caractéristiques dont Michel Crozier et ses collaborateurs, ainsi que des analystes proches de ces préoccupations, ont fait le diagnostic. Sans prétendre ici résumer des travaux nombreux et relativement convergents, nous retiendrons, parmi ces études, celles concernant l'administration française. L'un des thèmes de cette critique consiste à souligner, dans l'ensemble de la société française, le rôle déterminant de l'administration dans le « blocage » de la société française. L'administration apparaît, dans cette perspective, comme un vaste système bureaucratisé comportant tous les traits du « phénomène bureaucratique » : centralisation extrême des décisions, distance entre les instances hiérarchiques, absence de processus de consultation ou de participation, passivité et résistance des échelons inférieurs, incapacité du système à s'adapter aux demandes sociales, gaspillage des énergies.

Dans l'article rédigé avec Jean-Claude Thœnig, en 1976, les auteurs soulignent « *l'importance du système politico-administratif territorial* » dans l'ensemble de cet édifice bureaucratique. L'enquête menée dans trois départements fait apparaître, tout d'abord, l'isolement des différents services administratifs, collectivités et associations (« ... conseils généraux, préfectures, directions des services extérieurs, municipalités, chambres de commerce, d'agriculture, de métiers, fédérations de syndicats d'employeurs, de travailleurs, d'agriculteurs[2]...). Les questionnaires et les entretiens avec les différents acteurs montrent l'absence de prises de décisions communes et la vive conscience qu'en ont les responsables. Les élus locaux (maires, conseillers généraux) d'une part, et les fonctionnaires qui dirigent les services extérieurs de l'administra-

---

1. *Ibid.*, p. 89.
2. M. Crozier et J.-C. Thœnig, « L'importance du système politico-administratif territorial », *in* Alain Peyrefitte (présentés par...), *Décentraliser les responsabilités : pourquoi ? comment ?*, Paris, La Documentation française, coll. « J'ai lu », 1976.

tion de l'État (préfets, sous-préfets, directeurs de services, percepteurs) d'autre part, constituent deux ensembles distincts, bureaucratiquement séparés.

Dans un tel « système » vont néanmoins se réaliser, malgré les cloisonnements réciproques, des interdépendances de fait, mais qui vont se dérouler comme en marge du système. Ces types d'interdépendance et de complicité obéissent à des schémas complexes sans rapport direct avec le droit administratif et constitutionnel prescrit. M. Crozier et J.-C. Thœnig distinguent ici trois modèles très différents de ces interdépendances (« rural », « cumulant », et « de grande ville »), en prenant pour point de référence la figure du maire :

— dans le *type rural*, le maire est la seule personne susceptible de réaliser les intégrations et les coordinations dans la commune dont il a la charge. Les catégories d'intérêts qui peuvent être représentées dans le conseil municipal ne sont pas en mesure de réaliser, sans son intervention, les compromis. L'intérêt général est défini et imposé par le maire, en dehors d'elles. Mais, en réalité, ce maire si puissant est désarmé lorsqu'il veut agir, réaliser les travaux dont la commune a besoin. Il ne dispose ni des moyens financiers suffisants ni des expertises nécessaires. Il doit, pour les obtenir, se mettre en rapport avec les techniciens de l'Administration, avec le subdivisionnaire des Ponts et Chaussées, par exemple. Les fonctionnaires locaux de l'Administration ne sont pas indifférents aux pressions et demandes des notables, et il se réalise ainsi un type de complicité entre les fonctionnaires locaux et les maires. En fait, dans ce modèle « rural », les processus de pouvoir et de décision ne sont ni hiérarchiques, ni démocratiques, ni contractuels, c'est un système « en zigzags »[1], entre la filière des élus et la filière des fonctionnaires ;

— le *type cumulant* correspond au cas où un élu, et particulièrement un maire, cumule plusieurs mandats. Un maire, conseiller général et homme politique, peut cumuler trois ou quatre mandats dont les rôles communiquent théoriquement mal. L'homme politique placé dans une

1. *Ibid.*, p. 68-69.

telle situation détient une position particulièrement favorable : il peut négocier avec les représentants locaux, les directeurs départementaux et jusqu'au ministre. Il réalise, en fait, ces interdépendances avec l'Administration, grâce à la pluralité de ses mandats ;

— le *type maire d'une grande ville* constitue une troisième figure. Il détient une base communale puissante où il joue un rôle intégrateur. Mais il accède, en raison de l'importance de sa ville, directement au pouvoir central parisien et bénéficie, de ce fait, d'une situation exceptionnelle dans un système où les communications sont remplies d'embûches. Fort de sa puissance, il peut négocier avec les services administratifs locaux comme avec les directions départementales.

Ces brèves remarques concernant la gestion des affaires publiques au niveau local et départemental montrent combien ce système génère de difficultés et de confusion. Plutôt que d'un déséquilibre si souvent souligné entre la capitale et les provinces, on constate plutôt une diffusion du pouvoir, une confusion des responsabilités entre l'Administration et les notables locaux.

Le résultat de tout ce système est bien que les décisions ne sont pas prises par les citoyens et en réponse à des intérêts locaux, mais par des instances incessamment extérieures à la population qui se trouve elle-même cantonnée dans la passivité et l'apathie [1].

Au terme de ces indications, quelles caractéristiques sont attribuées aux types de conflits dans ce système bureaucratique repéré au niveau national ? La notion de conflit fait place à l'étude d'un vaste dysfonctionnement où se déroulent les multiples concurrences, pressions, mainmises, influences et contre-influences, engagées et renouvelées par le « système » dans son ensemble.

Un aspect mérite d'être souligné dans ce repérage des multiples pressions et concurrences dans un tel système : c'est bien l'importance généralisée de l'évitement des conflits. Dans un tel système, chaque unité, chaque groupe se protège et est protégé contre les face-à-face et les

1. *Ibid.*, p. 77.

communications. A la fois le jeu unit tous les joueurs, mais il multiplie aussi les évitements et les non-communications. Tout se passe comme si les conflits étaient une si grande menace qu'il convenait de les éviter et de s'en protéger en permanence.

8

Agression
et systèmes d'interaction

La réflexion sur les conflits sociaux est, pour l'individualisme méthodologique, une réflexion cruciale et un point significatif de discussion contre les paradigmes dont nous avons fait jusqu'ici l'inventaire.

La question du conflit social se repose, en effet, dans des termes complètement différents dès lors que l'on accepte le principe de l'individualisme méthodologique qui fait des individus, des acteurs individuels, les « atomes logiques » de l'analyse. Dans une telle perspective seront particulièrement pris en compte les comportements individuels, les choix opérés par les individus dans leur situation, leurs réactions aux contraintes définies par le système où ils sont placés.

C'est le postulat de l'individualisme méthodologique que d'aller aussi loin que possible dans cette direction, dans l'étude des comportements, des choix, des prises de risque, pour en suivre la composition, l'agrégation et les émergences. Un tel postulat conduit à une tout autre attitude épistémologique en face des conflits sociaux. Alors que le structuralisme génétique se donne pour objet la distribution en classes de l'espace social et s'interroge sur les stratégies distinctives des agents des différentes classes, alors qu'une sociologie dynamique se donnera pour objet le changement social (l'« historicité ») et l'affrontement général des classes dominantes et dominées pour la maîtrise des investissements, l'individualisme méthodologique récuse ces démarches en leur principe pour leur opposer une interrogation préalable sur les comportements individuels et sur les processus d'émergence de ces conflits.

Au point de départ de cette réflexion se place donc une critique des modèles que l'on pourrait qualifier de « conflictualistes » pour les opposer sur ce point au paradigme individualiste.

Dans le *Dictionnaire critique de la sociologie*, R. Boudon et F. Bourricaud émettent un doute sur l'importance excessive donnée aux conflits dans une large tradition sociologique. En raison même de l'importance historique des conflits et de la fascination qu'ils exercent, en raison aussi des imageries qu'ils suscitent, toute une inflation s'opérerait dans beaucoup de travaux sociologiques sans que soit suffisamment critiquées les raisons de cette inflation [1].

Cette critique initiale reprend la critique principielle contre les entités prises, à tort, comme des unités d'action et donc d'analyse. On sait (cf. *supra*, ch. 4) qu'il s'agit là d'une récusation initiale contre toute théorie sociologique faisant des « agrégats » les unités élémentaires de l'analyse. Seront particulièrement critiquées ici les théories qui transforment ces agrégats (classes, groupes, nations) en sujets actifs, porteurs de stratégie, de volonté commune, et dont les comportements seraient l'explication du déroulement des conflits. Est particulièrement visée dans cette récusation la vulgate marxiste faisant de la lutte des classes le moteur de l'histoire. Cette imagerie reposerait sur deux erreurs : en premier lieu, s'il y a bien dans l'histoire des phénomènes de substitution de classes, ces processus de remplacement de classes ne prennent pas toujours des formes de luttes [2]. De plus, lorsqu'il se produit des phénomènes d'opposition, les conflits ne prennent pas le caractère d'affrontement direct [3].

Une telle conception, supposant l'existence d'une totalité sociale déchirée entre deux entités, tombe exemplairement sous le coup de la critique des visions holistiques (ou totalistes). Celles-ci supposent que les situations, les struc-

---

1. *Dictionnaire critique de la sociologie*, *op. cit.*, art. « Conflits sociaux ».
2. *Ibid.*, p. 86.
3. *Ibid.*

tures déterminent complètement les agents et établissent ainsi des schèmes de causalité où les comportements sont l'effet mécanique des conditions. Elles laissent entendre que les agents sont comme des êtres sans connaissance ni choix que les structures manipuleraient comme des marionnettes.

Cette critique n'exclut pas, néanmoins, que l'on puisse reconnaître l'existence d'organisations ou d'institutions susceptibles de prendre des décisions collectives. En de tels cas, l'assimilation d'un groupe à un individu est justifiable :

> « ... l'assimilation d'un groupe à un individu n'est légitime que dans le cas où un groupe est organisé et explicitement muni d'institutions lui permettant d'émettre des décisions collectives [1] ».

Ce sera le cas, par exemple, dans des conflits politico-militaires où l'on pourra dire que tel État-nation prend telle décision, entendant par là un acteur non individuel mais polycéphale muni d'un instrument de décision qu'est son gouvernement. Il restera alors à comprendre comment un tel acteur recourt à une stratégie dans une situation particulière.

L'individualisme méthodologique reformule les questions au sujet des conflits sociaux, et l'on peut distinguer trois types d'interrogations. En premier lieu, il conviendra de s'interroger sur la genèse des conflits en reprenant pour point de départ l'examen des comportements individuels, et en interrogeant les processus qui rendront compte des émergences. En deuxième lieu, il conviendra de s'attarder sur les types de relations, sur les systèmes d'interaction où les acteurs sont engagés. En troisième lieu, on aura à étudier les stratégies des acteurs dans ces systèmes d'interaction.

1. L'étude de la genèse des conflits repose la question de l'émergence de l'action collective. Elle renouvelle aussi la critique du déterminisme des conflits. Là encore, est mise

---

1. *La Logique du social, op. cit.*, p. 82.

en doute l'interprétation commune de la détermination économique des conflits. La vulgate marxiste a renouvelé l'illusion selon laquelle les conflits sociaux découlaient comme mécaniquement de la divergence des intérêts économiques. Selon ce schéma, les oppositions d'intérêts engendreraient les conflits sociaux comme par un redoublement nécessaire. Le fait qu'il n'en soit rien, et que, précisément, on constate que des individus, partageant les mêmes difficultés économiques, souhaitant une action commune pour y remédier, ne soient pas en mesure d'organiser une telle action, oblige à rejeter cette affirmation. R. Boudon reprend ici la critique de M. Olson comme une réfutation exemplaire de cette postulation à caractère déterministe [1].

La question de la genèse des conflits serait donc à reposer en termes de comportements individuels : elle conduit à s'interroger sur les attitudes, représentations, conduites des agents pour expliquer la mise en place d'un rapport conflictuel.

L'exemple de Robert K. Merton sur le racisme des ouvriers américains à l'égard des Noirs, au lendemain de la Première Guerre mondiale, peut ici servir d'exemple. Ce conflit, tel qu'il apparaît aux yeux des ouvriers blancs, est provoqué par le fait que les ouvriers noirs venus du Sud, peu qualifiés et ignorants de la discipline traditionnelle des syndicats, constituent une proie facile pour les employeurs désireux de résister aux pressions syndicales. Les ouvriers noirs sont donc des briseurs de grève, et il est donc nécessaire de les exclure des syndicats. Le conflit, à caractère économique, se situerait donc entre des ouvriers syndiqués légitimement soucieux de défendre leurs niveaux de vie et des intrus briseurs de grève [2].

L'analyse en termes de genèse à partir des comportements individuels conduit à de tout autres conclusions. On partira du fait que ces ouvriers noirs, ne pouvant trouver d'emploi dans les régions du Sud des États-Unis, venaient dans les zones industrielles du Nord pour y trouver du

1. *Ibid.*, p. 152, n. 2.
2. *Ibid.*, p. 77-80.

travail. Dans cette situation, ils constituaient une armée de réserve pour des employeurs désireux de pouvoir faire appel à d'éventuels briseurs de grève. Les syndicats ouvriers, en face de cette menace, excluaient ces briseurs de grève pour conserver leur discipline et leur cohésion. Dès lors, exclus des syndicats, les ouvriers noirs étaient amenés, pour trouver l'emploi dont ils avaient besoin, à se conduire en briseurs de grève. Se trouvait ainsi renforcée l'opinion des ouvriers blancs selon laquelle les Noirs étaient de mauvais syndicalistes et qu'il était nécessaire de les exclure des syndicats.

Ainsi peut s'analyser le « racisme » des syndicats ouvriers à l'égard des Noirs :

> « Le racisme des ouvriers blancs est analysé par Merton comme résultant d'une structure que les cybernéticiens connaissent bien : les systèmes avec amplificateur de déviation... Les préjugés de certains Blancs conduisent les Noirs à prendre des décisions qui viennent alimenter les préjugés des Blancs et leur donner un " fondement " réel[1]. »

Il s'agit bien, dans cet exemple, d'étudier un fait singulier (le racisme des ouvriers américains au lendemain de la guerre de 14-18) et d'en suivre la genèse. Une tentation serait de répondre simplement que les intérêts des ouvriers blancs s'opposaient aux intérêts des ouvriers noirs, et que le conflit social ne faisait que doubler le conflit d'intérêts. Le souci de comprendre la logique des comportements individuels permet, au contraire, de proposer un schéma plus explicatif et permettant, en particulier, de faire d'attitudes hostiles un principe insuffisant d'explication. Les changements institutionnels liés au New Deal, en interdisant aux employeurs de remplacer les grévistes à leur guise, entraîneront un changement du système de relations, et les Noirs seront alors en position de démontrer qu'ils n'ont pas une propension particulière à se comporter en briseurs de grève[2].

1. *Ibid.*, p. 79-80.
2. *Ibid.*, p. 79.

2. Dans cet exemple du racisme des syndicalistes américains, on est donc conduit à souligner la « structure du système d'interaction » et l'importance de ses transformations pour la modification ou la disparition d'un conflit social. Analyser un conflit social suppose, en effet, que l'on analyse le système d'interaction où il se déroule. L'explication passe, ici, par la construction d'un modèle exprimant les propriétés du système d'interaction sous-jacent aux phénomènes à expliquer. Ce serait le but général du travail d'explication que de construire ces modèles d'interaction.

R. Boudon propose de distinguer deux types de systèmes qui vont conduire à deux types de conflits : les systèmes fonctionnels et les systèmes d'interdépendance. Les conflits surgissant au sein de relations de travail, par exemple, dans une entreprise, caractériseront des systèmes fonctionnels. Pour ceux, au contraire, surgissant entre des individus ou des groupes hors de règles instituées, ils caractériseront des systèmes d'interdépendance. La distinction entre ces deux systèmes n'est pas toujours claire dans les cas concrets, elle doit être tenue pour idéal-typique [1].

Dans l'analyse des systèmes fonctionnels, la notion de rôle doit être soulignée. En de telles interactions, les acteurs sont unis, « liés » entre eux par des rôles :

> « ... les acteurs sont... liés entre eux par des *rôles* définis (au moins partiellement) de l'extérieur et considérés par eux comme des données [2] ».

Ainsi, dans des relations de travail, dans une entreprise, les agents occupent des places définies, ont à remplir des fonctions précises ; ils entrent au sein d'un système de relations de rôles. Ces rôles peuvent être fortement définis de l'extérieur, par exemple dans une organisation bureaucratisée ; ils peuvent avoir été définis de l'intérieur, comme par exemple le rôle de leader dans une bande de jeunes. Mais, dans les deux cas, que le rôle soit défini de l'extérieur

---

1. *Ibid.*, p. 87.
2. *Ibid.*, p. 86.

(par les statuts) ou de l'intérieur, de façon endogène, la notion de rôle est « indispensable à l'analyse » :

> « On le voit immédiatement, si on considère les unités de l'analyse : le directeur, le directeur adjoint, le chef de bande. Ces mots suggèrent immédiatement que les individus qui constituent les éléments de l'analyse occupent des positions dans un système de division du travail ou, si l'on préfère cette expression, dans un système *fonctionnel*[1]. »

Le fait que ces acteurs soient liés par un système de rôles n'exclut pas que des conflits s'y manifestent. Mais ces conflits ou tensions vont devoir se dérouler au sein du système et vont recevoir de ce fait des caractères spécifiques.

La présentation que fait R. Boudon des analyses de M. Crozier (dans *Le Phénomène bureaucratique*) montre bien ce qui va se trouver, plus particulièrement, souligné dans cette conception des interactions propres à un système fonctionnel.

Les relations entre le directeur et le contrôleur financier sont prises ici comme exemple. On sait (cf. chapitre précédent) que le contrôleur est théoriquement sous les ordres du directeur : en tant que responsable financier, il doit contresigner toutes les opérations importantes décidées par le directeur. Mais, quelle que soit la formalisation des rôles, elle laisse aux deux acteurs une certaine « marge de manœuvre ». Chacun des deux partenaires peut se comporter à l'égard de l'autre, soit de « manière coopérative », soit de manière « agressive ». Le directeur peut ne tenir l'intervention du contrôleur que pour une simple formalité (« attitude agressive »), il peut, au contraire, lui demander conseil, l'associer ainsi aux décisions qu'il prend (« attitude coopérative »). De son côté, le contrôleur peut, soit se montrer « tatillon et interventionniste » (attitude agressive) ou, au contraire, prendre une attitude de « subalterne docile ». Il s'agit là de positions extrêmes et simplifiées, mais qui indiquent les pôles entre lesquels se définit la marge de liberté des acteurs.

1. *Ibid.*

Il y a donc bien conflit autour de la répartition du pouvoir et, par là, un enjeu. Mais, si cette situation peut être formalisée dans le langage de la théorie des jeux, il n'y a précisément enjeu qu'en raison de la variance des rôles. Les tensions et conflits révèlent que les acteurs en présence cherchent à profiter de la marge de liberté qu'ils détiennent pour interpréter leur rôle de la manière la plus conforme à leurs intérêts. La structure d'interaction imposée par le règlement officiel est telle que les acteurs ont une certaine liberté d'interprétation et qu'ils auront à choisir entre différentes stratégies personnelles.

3. L'examen du second type d'interaction, les systèmes d'interdépendance, conduit à d'autres analyses concernant les conflits et les tensions sociales.

La distinction entre les systèmes fonctionnels et les systèmes d'interdépendance se fonde, en particulier, sur le fait que, dans les systèmes d'interdépendance, les relations entre les individus n'ont pas la forme de relations de rôles [1]. Ainsi les candidats qui se présentent à un concours sont bien en relation, mais ne remplissent pas de rôles : ils s'opposent dans un rapport de concurrence. De même, dans un conflit militaire, les participants peuvent jouer un rôle au sein de leur propre organisation militaire, mais ils ne se sont pas engagés dans une relation de rôle avec leurs ennemis. L'exemple du racisme des ouvriers américains blancs, tel qu'il est analysé par Robert K. Merton, en fournissait un autre exemple : ouvriers blancs et ouvriers noirs ne sont pas en relation de rôles réciproques, ils sont néanmoins engagés dans un système d'interdépendance, système qui contraint beaucoup d'ouvriers noirs à se comporter en briseurs de grève.

L'étude des conflits au sein de ces systèmes d'interdépendance conduit donc à examiner comment se déroulent les conflits, alors précisément que les agents ne sont pas en rapports réciproques de rôles.

A nouveau, R. Boudon réitère le principe de l'individualisme méthodologique appelant à repenser le déroulement

1. *Ibid.*, p. 87.

des conflits en supposant l'autonomie des agents et en recherchant les explications à partir des comportements des agents.

L'épisode historique des décisions du gouvernement anglais à la veille de la guerre de 1914 peut fournir un exemple illustratif. On sait que le Cabinet anglais était divisé en deux tendances opposées :

> « Deux tendances s'opposaient dans le groupe de décision. La première... souhaitait que la Grande-Bretagne s'engageât dans un mouvement diplomatique destiné à convaincre l'Allemagne que le gouvernement britannique était déterminé à soutenir militairement son allié français en cas d'agression allemande. L'autre tendance, principalement représentée par Sir Edward Grey, pensait, au contraire, qu'un mouvement de ce type, non seulement ne réduirait pas les chances de guerre, mais fermait les portes de la négociation. Finalement, Grey choisit la voie de la négociation[1]. »

Un tel épisode peut être étudié à partir de l'examen du système d'interdépendance dans lequel se trouvent engagés les acteurs en présence. Ce système peut être considéré comme une combinaison de structures d'interactions simples dans laquelle les acteurs ont le choix entre plusieurs stratégies.

Chacun des deux acteurs en présence a le choix entre l'agressivité et la bienveillance (« être agressif » ou « être coopératif »). Et, comme les acteurs jouent simultanément, ayant chacun deux stratégies possibles, le système d'interaction détermine quatre situations possibles selon les choix stratégiques des deux acteurs.

On voit, dans ce système, les raisons du choix du Cabinet anglais pour la coopération et non pour la menace. Lord Grey pensait, en effet, que les préférences allemandes allaient vers la coopération. Il n'était donc pas souhaitable, à ses yeux, de manifester une attitude de fermeté. En adoptant un comportement agressif, le gouvernement anglais aurait, en effet, risqué de pousser le gouvernement

---

1. *Ibid.*, p. 64-65.

Histoire et sociologie

Les divisions institutionnelles qui séparent la recherche historique et la recherche sociologique ne doivent pas faire oublier les relations multiples et les entrecroisements qui ne cessent de s'établir entre l'histoire et la sociologie. Cette situation s'est instaurée dès les débuts de la sociologie : les fondateurs, Marx, Weber, n'ont cessé de réfléchir sur l'histoire et d'enrichir leurs travaux de la connaissance des œuvres historiques.

Ces rapports sont, néanmoins, différents selon les types de problématiques, historiques et sociologiques.

Ainsi, la production historique traditionnellement attachée à la restitution du particulier, de la vie des grands hommes, par exemple, fait peu appel aux problématiques sociologiques ou évite d'y recourir. Au contraire, l'*École des Annales* (fondée en 1929 par Lucien Febvre et Marc Bloch), soucieuse d'histoire sociale et de la « longue durée » plus que du particulier, choisissait de s'ouvrir aux problématiques sociologiques. De même, les travaux historiques interrogeant des mouvements sociaux (Le Roy Ladurie, 1979), des diffusions culturelles (Mandrou, 1985), des mentalités et leurs évolutions (Vovelle, 1982), ne se distinguent souvent des problématiques sociologiques que par leur objet (passé) et non par leurs méthodes.

allemand à manifester le même comportement : il n'était donc pas habile d'adopter une politique de fermeté.

Cet exemple fait bien apparaître l'intérêt des modèles tirés de la théorie des jeux pour l'analyse du déroulement des conflits ou, plutôt, pour l'analyse des stratégies conflictuelles dans ces systèmes d'interdépendance. En effet, les acteurs ont bien, en face d'eux, plusieurs stratégies possibles, en nombre limité, et vont choisir l'une d'entre elles pour tenter de créer la situation la plus favorable. On retrouve, d'autre part, une application du principe général de l'individualisme méthodologique puisque c'est bien à partir des comportements et des choix individuels qu'est interprété cet épisode de la diplomatie anglaise.

Toute une production échappe au clivage entre les deux disciplines et transgresse complètement les frontières. C'est le cas de la *démographie historique* qui recourt autant aux méthodes démographiques qu'aux traitements d'archives. De même, les travaux exemplaires de Norbert Elias sur la cour de Louis XIV (Elias, 1974), ou de Théodore Zeldin sur les passions françaises, illustrent la possibilité de concilier de façon fructueuse les deux disciplines (Zeldin, 1978-1981).

Dans la production sociologique contemporaine, le recours aux travaux historiques s'opère différemment selon les problématiques. Se nouent ainsi des affinités spécifiques. Ainsi, une sociologie des organisations, attentive aux structures et aux fonctionnements, se concentre sur les phénomènes repérables dans le présent et tirerait peu de profit des détours historiques. Une sociologie des classes et des reproductions sociales, au contraire, tiendra compte des évolutions passées et élargira son champ d'observation à l'histoire contemporaine pour interpréter le présent. Enfin, une sociologie de l'action pourra s'interroger sur toute situation historique, utilisera les travaux historiques qui analysent précisément les comportements d'acteurs, leurs choix et leurs décisions.

Les échanges ne se situent donc pas exactement entre deux disciplines, mais entre les différentes histoires et les différentes sociologies, selon leurs spécificités.

De plus, pour comprendre les choix stratégiques du gouvernement, l'accent est mis sur l'interprétation que les acteurs ont de la situation. Ainsi, le choix de Lord Grey s'explique par la représentation qu'il se faisait de la situation et, précisément, par son interprétation des attitudes et des craintes du gouvernement allemand. Et, de même, est-il essentiel de noter que le gouvernement allemand interprétera le choix anglais exactement à l'inverse de ce qu'attendait Lord Grey : non comme un signe de conciliation, mais comme une preuve de faiblesse. Ayant une tout autre représentation de la situation, et une autre perception de l'adversaire, le gouvernement allemand interpréta le choix anglais pour ce qu'il n'était pas :

« En réalité, l'Allemagne interpréta le mouvement britannique non comme la manifestation d'un esprit de conciliation, mais comme une preuve de faiblesse. Pourquoi ce décalage entre les intentions anglaises et leur *perception* par les Allemands ? Le *contresens* provenait non pas d'on ne sait quelle *morgue* des Allemands, mais de ce que l'Allemagne n'avait pas la structure de préférences que Grey lui supposait [1]. »

Il convient donc bien, dans l'explication du déroulement des conflits au sein des systèmes d'interdépendance, de ne pas négliger les représentations des acteurs et les interprétations qu'ils se font de leur adversaire.

L'examen des systèmes d'interdépendance reconduit à la question essentielle pour l'individualisme méthodologique : celle de l'« agrégation » des conduites individuelles ou de l'engendrement des phénomènes collectifs. L'exemple devenu classique des paniques financières illustre à la fois ces « effets d'agrégation », ou « effets émergents », et l'émergence d'une situation de tension, de panique :

« Un exemple classique d'effet d'amplification est celui des paniques financières comme celles qu'on a vu se développer au moment de la grande crise des années 30. Une rumeur se répand sur une *possible* insolvabilité des banques. Chacun des clients, en particulier, se présente alors au guichet pour retirer ses avoirs avant que la banque ne fasse faillite. L'agrégation de ces actions individuelles a évidemment l'effet de mettre *réellement* la banque en état d'insolvabilité. La *croyance* en la véracité de la rumeur a pour conséquence d'en provoquer la réalisation. Bien entendu, ce résultat n'a, en tant que tel, été recherché par aucun des agents [2]. »

Appliquée au problème des conflits et de leur interprétation, cette théorie de l'émergence conduit à multiplier les types d'émergence. En effet, cette agrégation des conduites

1. *Ibid.*, p. 69.
2. *Ibid.*, p. 119.

individuelles conduit à des « effets » non prévus éminemment divers dont les conflits sont l'un des cas. Dans l'exemple de la panique financière, on voit « émerger » une situation anomique de l'agrégation des comportements individuels. Mais bien d'autres cas de figure peuvent être repérés.

Ainsi, l'exemple déjà cité du « racisme » des ouvriers américains blancs, dans les années 1930, offre l'illustration d'un processus d'*amplification,* ou de renforcement d'une situation de tension. Les ouvriers blancs n'avaient pas, selon l'analyse de Robert K. Merton, l'intention d'exclure les Noirs du marché du travail. Ils n'avaient pas non plus le projet de contribuer au renforcement du racisme :

> « Simplement, ils ne croyaient pas que les Noirs puissent faire preuve de loyauté syndicale et répugnaient par conséquent à les admettre, au nom d'intérêts syndicaux qu'on ne peut considérer ni comme illégitimes ni comme mal compris. Le système d'interdépendance crée ici un effet d'*overshooting :* les effets locaux des actions individuelles sont *amplifiés* au niveau global par l'interdépendance avec les agents[1]. »

Dans ce cas, l'agrégation des conduites des différents agents (ouvriers blancs, responsables syndicaux, ouvriers noirs et patrons) crée un effet de renforcement, un passage insensible de la méfiance à la discrimination raciale, effet en spirale qui n'était pas voulu par les différents acteurs.

Mais, en d'autres cas, le processus d'émergence va se traduire par des phénomènes parfaitement différents, tels des phénomènes de coopération ou de cessation des conflits. Bien des exemples illustrent ce type particulier d'effet où l'aggravation du conflit et son développement se traduisent, du fait de la situation d'interdépendance des agents, par la cessation du conflit initial.

Ce passage du conflit à sa cessation se repère dans les mises en place de coopération implicite ou formalisée. C'est le cas, parfois, des conflits syndicaux où le déroulement des initiatives des organisations syndicales conduit,

1. *Ibid.*, p. 118-119.

en fait, à des élévations de productivité, donnant à l'observateur extérieur l'image d'une entente entre syndicalistes et industriels, alors que les organisations syndicales poursuivent leurs propres objectifs : augmentation des salaires, améliorations des conditions de travail...

Plus généralement, ce passage du conflit aux diverses modalités de coopération se repère dans l'histoire des conflits syndicaux où l'établissement de système d'interdépendance à travers les conflits a progressivement fait place à des institutionnalisations des conflits. En ce cas, les effets émergents ont pris la forme d'effets de stabilisation[1].

En différents articles et ouvrages, Raymond Boudon s'est proposé d'élargir ces analyses au niveau plus général des considérations sur les changements sociaux et sur les différentes théories du changement[2].

S'agissant, par exemple, des phénomènes de violence collective, il peut paraître évident qu'il existe une « loi conditionnelle » entre le mécontentement collectif et l'apparition d'actes de violence collective :

> « N'est-il pas " évident " par exemple que la violence collective doive être plus fréquente lorsque le mécontentement collectif est plus grand[3] ? »

Or, si l'on en croit les travaux de D. Snyde et C. Tilly portant sur cent trente ans d'histoire française (1830-1960) et qui se sont efforcés de recourir à des variables objectives pour mesurer la dureté des conditions d'existence, on constate, contrairement à ce que l'on pourrait attendre, que la violence collective ne varie pas, au cours de cette période, en fonction de la difficulté des conditions d'existence. On ne peut donc pas, d'après cette étude, établir de loi de succession entre les causes du mécontentement et les manifestations du mécontentement.

---

1. *Ibid.*, p. 131.
2. *La Place du désordre, critique des théories du changement social*, Paris, Presses universitaires de France, 1984.
3. *Ibid.*, p. 82.

C'est que le mécontentement et l'expression du mécontentement ne sont pas liés au niveau collectif, car le mécontentement collectif n'est pas la somme des mécontentements individuels :

> « ... le mécontentement collectif n'est pas une simple *sommation* des mécontentements individuels[1] ».

Pour que la violence collective surgisse, il ne suffit pas que le mécontentement soit intense, il faut, de plus, que bien d'autres conditions soient remplies : il faut que des organisateurs jugent utile, pour leur crédit politique, d'assumer la protestation ; il faut que les individus susceptibles d'y participer estiment supportables les coûts de cette participation, etc.

L'analyse d'un conflit renvoie donc, selon les principes de l'individualisme méthodologique, à l'analyse de toute la situation des acteurs, de leur motivation et des choix devant lesquels ils sont placés pour comprendre et expliquer la genèse du conflit social.

Il serait donc particulièrement illusoire de faire des conflits, et, par exemple, de la lutte des classes, une sorte de loi de l'histoire. Bien des changements sociaux s'opèrent et se sont opérés sans lutte de classes et, d'autre part, il peut se faire que bien des conditions paraissent réunies pour l'émergence d'un conflit et que celui-ci, pour des raisons qui sont néanmoins compréhensibles, ne surgisse pas. Il n'y aurait donc pas à majorer systématiquement le rôle de la violence en histoire[2].

1. *Ibid.*, p. 84.
2. *Ibid.*, p. 195.

TROISIÈME PARTIE

Repenser le symbolique

S'il convenait de souligner une originalité de la sociologie française des années 1945-1990, on serait tenté de dire que cette sociologie s'est particulièrement attachée à repenser tout ce qui concerne les systèmes symboliques entendus au sens le plus large. Beaucoup plus qu'autrefois, ces sociologies ont été attentives à tout ce qui concerne les langages, les systèmes de représentations, les signes, les croyances, les idéologies.

Sans doute cette préoccupation n'était pas absente de la tradition sociologique, qu'il s'agisse de Marx, de Weber ou de Durkheim. Mais, il est caractéristique que les éléments qui furent retenus de cette tradition, furent précisément ceux qui concernaient l'analyse du symbolique. Ainsi, par exemple, le structuro-marxisme ne s'intéressa que médiocrement aux analyses économiques du capitalisme, mais s'intéressa amplement aux indications de Marx sur les idéologies et sur les conditions intellectuelles de la production de la science. Cette importance donnée aux systèmes symboliques était partie prenante d'un ample mouvement intellectuel manifeste en des domaines aussi différents que la linguistique, la sémiologie, la psychanalyse.

On peut aussi souligner que cette attention particulière, apportée à tout ce qui concerne les systèmes symboliques, est contemporaine d'une extension massive des moyens de communication, des productions d'informations et de connaissances, et donc des effets multipliés des messages et des signes. Les théories sociologiques que nous étudions ici partent d'un même constat à ce sujet, mais vont proposer des modes d'approche et des interprétations bien différents de ces mêmes problèmes.

9

Les champs symboliques

Une part considérable de l'œuvre de Pierre Bourdieu est consacrée à la sociologie de la culture et, plus exactement, à l'analyse des pratiques symboliques. Qu'il s'agisse des travaux sur les étudiants, sur les pratiques artistiques, sur la distinction ou l'Université, ce sont bien les pratiques culturelles dans leurs multiples dimensions qui se trouvent particulièrement étudiées.

L'importance centrale apportée aux pratiques symboliques répond, peut-on dire, à des intuitions fondamentales qui parcourent l'ensemble de ces travaux. C'est tout d'abord l'intuition que les rapports de classe ne sont pas seulement des rapports économiques, mais simultanément des rapports de force et des rapports de sens.

Cette intuition centrale inclut toute une critique à l'égard d'une conception marxiste des classes sociales. En plaçant, au point de départ de toute analyse des rapports de classe, que ces rapports sont simultanément de force et de sens, P. Bourdieu écarte la dichotomie marxiste de l'économique et de l'idéologique, et la problématique orthodoxe de la « dernière instance » suspecte de reconduire toujours à l'économisme. S'il est accordé que la classe sociale a, certes, une base économique, il est vigoureusement postulé qu'elle ne saurait être réduite à un ensemble de rapports économiques. L'analyse structurale des rapports de classe suppose d'étudier simultanément les rapports économiques et les pratiques culturelles, en supposant qu'elles sont intimement liées, et que se reproduisent incessamment des formes d'intériorisation de l'extériorité et des formes d'extériorisation des subjectivités.

A cette intuition fondamentale, il faut ajouter son

corollaire selon lequel l'analyse des rapports symboliques, des échanges symboliques par exemple, fait apparaître des liens qui sont constitutifs de la reproduction des rapports de classe. On verra, en particulier, que les « inculcations » et les pratiques distinctives participent à l'entretien des inégalités et des autorités. L'un des points importants de ces analyses sera constitué par l'analyse des différentes formes de la violence symbolique.

Enfin, une difficulté supplémentaire est à ajouter et qui concerne la conscience que les agents peuvent prendre des significations de leurs pratiques. La structure de classes conduit chacun à percevoir l'espace social à partir de sa place, à partir de son point de vue, et à prendre ainsi une vue limitée et déformante des rapports sociaux. Il est donc utile de poser le postulat de la « non-conscience [1] » qui est au principe même de la sociologie et qui pose pour postulat la détermination non consciente des conduites et des expressions.

C'est dire aussi que, du point de vue méthodologique, la description des opinions ou des jugements ne saurait constituer qu'un moment (éventuellement trompeur si l'on entérinait les illusions des agents) de la recherche. Il conviendra, tout au contraire, de restituer les liens entre les subjectivités et l'objectivité des rapports sociaux :

> « ... la description de la subjectivité objectivée renvoie à la description de l'intériorisation de l'objectivité [2] »...

1. *Le « capital symbolique ».*

Les travaux de P. Bourdieu consacrés à la culture de l'ancienne Kabylie peuvent être tenus comme une introduction à la création de sa problématique concernant les pratiques symboliques.

Cette société agraire a justement attiré l'attention des observateurs par la richesse de ses manifestations rituelles (fêtes, cérémonies, échanges de dons, de visites, de politesses, de mariages), par la complexité des codes d'honneur

---

1. *Le Métier de sociologue*, op. cit., p. 38.
2. *Un art moyen*, op. cit., p. 20.

et la ritualisation des travaux agricoles. Une représentation purement objective et structuraliste du système social forme un moment utile de la recherche, mais ne permettrait pas de comprendre son fonctionnement quotidien. De même, une représentation purement phénoménologique des rituels permettra d'en décrire la richesse, mais ne pourra analyser les rapports entre les représentations subjectives des agents et leurs rapports objectifs. Un subjectivisme ethnologique risque de ne dresser que l'image mystérieuse d'un monde social enchanté.

Une véritable compréhension des pratiques sociales, insiste P. Bourdieu, exige un double mouvement qui conduit au-delà de l'objectivisme comme au-delà du subjectivisme et qui prend pleinement en compte les pratiques rituelles, les catégories sociales de perception et d'action, qui font partie de l'objectivité. L'échange de dons, la morale de l'honneur, ont leur efficacité réelle et font, à ce titre, partie de la réalité kabyle. La reproduction des fêtes et cérémonies participe à l'entretien du groupe et n'est pas moins indispensable à son existence que la reproduction de ses fondements économiques.

Cet exemple permet de préciser le sens du concept de « capital symbolique ». En effet, dans cette société, apparemment régie par les règles de l'honneur, l'accumulation du prestige par l'extension des parentés, des relations sociales, ou par l'appropriation du sol, est aussi partie constituante des rapports économiques. L'homme d'honneur, chargé d'estime et de respectabilité, possède un véritable crédit dont il pourra faire usage dans les transactions économiques au sein de son groupe. La famille qui s'attache, par les fêtes et les cérémonies, un nombre élevé de relations sociales, pourra faire appel à ces relations au moment précipité de la moisson[1]. Le prestige acquis, l'honneur collectif de la famille ont ainsi une valeur tant dans la circulation des biens que dans leur production.

Le concept de « capital symbolique » devra donc être retenu pour signifier que les multiples manifestations du code de l'honneur et des règles de bonne conduite ne sont

---

1. P. Bourdieu, *Le Sens pratique, op. cit.*, p. 202.

pas seulement des exigences du contrôle social, mais qu'elles sont constitutives d'avantages sociaux aux conséquences effectives. Aussi bien s'agit-il d'accumuler ces biens de prestige, à la fois pour eux-mêmes et pour les intérêts qui en sont tirés.

Dans les sociétés occidentales où les capitaux, économique et symbolique, sont reconnus dans leur distinction relative, les biens symboliques font l'objet d'une production spécialisée dont il importera de dégager les caractères.

2. *L'analyse du champ de production symbolique.*

L'un des procédés d'objectivation, permettant d'échapper aux opinions et aux idéologies des producteurs de biens symboliques, est de reconstituer le champ de production des biens symboliques. Par « champ de production symbolique », P. Bourdieu entend l'ensemble des agents producteurs (par exemple, artistes et écrivains pour le champ des biens artistiques) en tant qu'ils sont placés dans un système relativement autonome de places, de relations et de concurrence, et en tant qu'ils sont engagés dans une même compétition pour la conquête du prestige et de l'autorité.

Dans le domaine de l'art, par exemple, un tel champ de production s'est progressivement autonomisé à partir de la Renaissance et à mesure du relâchement des liens antérieurs, religieux ou politiques, extérieurs au domaine de l'art. La théorie romantique de l'art pour l'art a bien confirmé cette autonomie, en proclamant l'indépendance irréductible de l'artiste par rapport au producteur de biens matériels, comme par rapport au mécène ou au bourgeois tenu pour un « philistin [1] ». Cette idéologie romantique a été particulièrement efficace pour affirmer l'indépendance de ce champ de production contre les autorités extérieures et pour ériger une instance de légitimation propre.

Le bien symbolique (une peinture, un roman, une pièce de théâtre), s'il est un bien économique, est une réalité « à

---

1. P. Bourdieu, « Le marché des biens symboliques », *L'Année sociologique*, 1971, n° 22, p. 53.

double face [1] », à la fois marchandise et signification, dont la valeur marchande et la valeur symbolique sont relativement indépendantes. Ainsi la production des biens artistiques n'obéit pas exclusivement aux lois du marché économique.

Le champ de production restreinte, comme celui de l'art, a bien les caractéristiques d'un champ relativement autonome : exclusion des non-producteurs, dialectique de la distinction interne, production d'une légitimité particulière. Une lutte incessante s'y déroule pour être reconnu comme « artiste », comme producteur au sein des producteurs légitimes. Les concurrences ne cessent d'opposer les producteurs pour la conquête du prestige auprès des pairs. De même, s'y constituent des autorités légitimes qui ont autorité au sein du champ, même si, par une stratégie de conversion, elles peuvent transférer les avantages de leur position sur un autre champ (artiste acquérant une position économique par exemple).

Ces indications concernant le champ de production symbolique doivent être complétées par une réflexion sur le champ de grande production, et de grande consommation, qui a des caractéristiques différentes. Ce champ de grande consommation obéit à d'autres contraintes structurelles que le champ de la création symbolique. En effet, cette production qui exige des capitaux économiques importants fait intervenir des préoccupations de rentabilité qui introduisent un pouvoir de contrôle et de censure à l'égard des créateurs.

L'exigence de rentabilité conduit à viser un large public et donc à atteindre un consommateur « moyen ». Les conditions sociales de cette production vont pousser à choisir les procédés techniques et les effets esthétiques immédiatement accessibles à un grand public. Elles imposeront d'écarter tous les thèmes pouvant prêter à controverse ou susceptibles de choquer telle ou telle fraction du public. La logique de cette production mène à majorer les lieux communs, les symboles et les thèmes euphorisants et stéréotypés. L'organisation de la grande production par de

1. *Ibid.*, p. 52.

vastes entreprises industrielles et bureaucratiques engendre une tendance générale à l'autocensure et à la production d'un « art moyen » destiné au public le plus large[1].

Néanmoins, cette tendance est contrecarrée par l'exigence, pour une rentabilité maximale, de répondre à la segmentation du marché par une certaine diversité de la production culturelle.

Dans ce marché élargi et relativement diversifié, interviennent, comme dans un champ restreint, mais de tout autre manière, des légitimations et des consécrations. Alors que les légitimations du champ de production restreint tendent à l'unité, les instances de légitimation du champ symbolique élargi tendent à se diversifier et à se concurrencer. Aux frontières du champ restreint et du champ de grande production, se situent les instances plus ou moins institutionnalisées que sont les cénacles, cercles de critiques, salons ou groupuscules, groupés autour d'une maison d'édition, d'une revue, d'un journal littéraire ou artistique[2]. Se situent aussi les instances plus institutionnalisées que sont les académies, les musées, les sociétés savantes qui consacrent, par leurs choix et leurs sanctions symboliques, un genre d'œuvres et un « type d'homme cultivé[3] ».

Mais l'instance de consécration par excellence est bien l'école, le système d'enseignement dans son ensemble, et particulièrement l'institution universitaire.

3. *L'école et la violence symbolique.*

L'examen critique du système d'enseignement revêt, dans l'œuvre de P. Bourdieu, une place centrale. En effet, ce système d'enseignement est envisagé comme le lieu — non de transmission des connaissances scientifiques, lieu de transmission qui serait socialement neutre — mais comme lieu de transmission de la culture légitime. L'examen du système d'enseignement va donc conduire à étudier le lieu de consécration culturelle par excellence, lieu d'imposition

1. *Ibid.*, p. 82.
2. *Ibid.*, p. 69.
3. *Ibid.*

de l'arbitraire culturel, lieu aussi de production des dispositions culturelles, inégalitaires et donc, par là, de reproduction de l'ordre établi.

L'ouvrage *La Reproduction* prend pour point de départ
de cette analyse la critique des concepts de communication
dans le rapport pédagogique. Contrairement à l'illusion
pédagogique, selon laquelle cette communication se limiterait à la simple transmission d'un savoir, P. Bourdieu met
l'accent sur le fait que toute action pédagogique est
simultanément imposition d'une culture, nécessairement
arbitraire. Toute culture sélectionne en effet des significations non universelles :

> « La sélection de significations qui définit objectivement la
> culture d'un groupe ou d'une classe comme système
> symbolique est *arbitraire* en tant que la structure et les
> fonctions de cette culture ne peuvent être déduites d'aucun
> principe universel, physique, biologique ou spirituel,
> n'étant unies par aucune espèce de relation interne à la
> " nature des choses " ou à une " nature humaine "[1]. »

Le rapport pédagogique est donc (et ne peut éviter
d'être) un acte d'imposition ou d'inculcation de cet arbitraire culturel, qui est aussi conforme à l'ordre culturel de
la classe dominante.

De même, encore, on peut prévoir que le travail
prolongé d'inculcation produira l'intériorisation des principes de l'arbitraire culturel sous la forme d'un habitus
durable et transposable[2].

A cette interprétation des fonctions sociales du système
d'enseignement s'oppose radicalement l'idéologie égali-
taire propre, en France, à la majorité des enseignants et
selon laquelle l'école serait précisément le lieu de l'égalité
des chances. Selon cette idéologie, l'école serait ce lieu
social exceptionnel, chargé d'assurer à tous les élèves cette
égalité et à corriger, éventuellement, les inégalités extérieures à l'école.

Or, cette idéologie, qui affirme l'indépendance de l'auto-

---

1. *La Reproduction, op. cit.,* p. 22.
2. *Ibid.,* p. 51.

rité pédagogique par rapport à l'ordre social, est précisément conforme aux exigences fonctionnelles du système d'enseignement. En effet, pour exercer tous ses effets, l'autorité pédagogique doit apparaître comme indépendante et détentrice, à tout le moins, d'une autonomie relative :

> « L'action pédagogique implique nécessairement comme condition sociale d'exercice *l'autorité pédagogique* et l'*autonomie relative* de l'instance chargée de l'exercer[1]. »

Mais l'idéologie de l'égalité des chances qui répond à l'idéal petit-bourgeois de l'équité formelle est fonctionnellement imposée par les rapports de force et rend possible l'inculcation de l'arbitraire qui ne peut être exercée sans être voilée.

Cette place privilégiée du système d'enseignement dans la reproduction sociale se manifeste bien dans la sélection, positive et négative, qu'il réalise. Le capital linguistique étant différent selon les classes sociales depuis la langue bourgeoise jusqu'à la langue populaire, une sélection positive va s'exercer en faveur de ceux qui sont détenteurs des moyens linguistiques imposés par l'école et qui se trouvent être largement ceux de la langue bourgeoise[2].

La langue bourgeoise communique un certain rapport au langage, une certaine tendance à l'abstraction et au formalisme, à l'intellectualisme et à la modération des euphémismes, toutes caractéristiques qui feront partie des normes linguistiques de l'école. La langue populaire se manifeste, au contraire, par une tendance à majorer le cas particulier, par une certaine tendance à la gouaillerie et la gaillardise, peu conformes à la maîtrise symbolique exigée par l'école. Ainsi s'opèrent, négativement, des mécanismes d'exclusion portant sur ceux que leurs conditions sociales d'acquisition et d'utilisation du langage éloignent des normes linguistiques de l'école.

On trouve là un excellent exemple de cette violence

1. *Ibid.*, p. 26.
2. *Ibid.*, p. 144.

cachée que P. Bourdieu désigne par le terme de *violence symbolique*.

Cette violence symbolique, dans les sociétés traditionnelles, entretient les rapports de domination sous une forme douce, méconnue comme telle, par tout le réseau de la confiance, de la fidélité personnelle, de l'hospitalité, du don, de la piété, et par toutes les vertus qu'honore la morale de l'honneur. La violence symbolique s'inscrit alors dans un cercle étroit de relations sociales, villageoises et familiales [1].

On ne saurait comparer terme à terme cette violence symbolique des sociétés traditionnelles à celle des sociétés dites développées. La violence symbolique exercée par l'école, loin de se développer dans un cercle restreint, concerne toutes les classes sociales et leurs rapports. Mais elle a des caractères et des effets partiellement comparables.

L'action pédagogique peut être qualifiée de violence, en ce sens qu'elle impose, par un pouvoir autoritaire, un arbitraire culturel :

> « Toute *action pédagogique* est objectivement une violence symbolique en tant qu'imposition, par un pouvoir arbitraire, d'un arbitraire culturel [2]. »

Le système d'enseignement sélectionne des significations, en élimine d'autres, conformément à la culture des groupes ou classes dominants, et vient ainsi conforter — par cette violence symbolique — les rapports de force existants. Le pouvoir de violence symbolique ajoute ainsi sa force propre aux rapports de force existants.

4. *Les idéologies.*

Ces analyses qui font apparaître différentes dimensions et fonctions des dissimulations, des occultations, font une large part à l'analyse des idéologies. P. Bourdieu rappelle à ce sujet la leçon de Marx qui, écrit-il, s'interroge

1. *Le Sens pratique, op. cit.*, p. 216-217.
2. *La Reproduction, op. cit.*, p. 19.

L. Althusser et les sciences sociales

De nombreuses interprétations de l'œuvre de Marx ont insisté sur sa philosophie de l'histoire, sur sa signification politique ou sur la seule théorie économique. Rompant avec ces différentes lectures, Louis Althusser s'est attaché à démontrer le caractère essentiellement scientifique de l'œuvre de Marx et à en souligner la portée épistémologique. En ce sens, est-il conduit à marquer très fortement la distance entre les œuvres de jeunesse (les *Manuscrits* de 1842, 1843, 1844) et la problématique du capital : l'*Idéologie allemande* (1845) effectuant la coupure entre les écrits « anthropologiques » de jeunesse et l'édification du matérialisme dialectique.

A partir de cette critique, L. Althusser s'est proposé de repenser la dialectique mise en œuvre dans *Le Capital* en la dissociant rigoureusement de la dialectique hégélienne. Reprenant les éléments fondamentaux du matérialisme (la théorie des contradictions, de la négation, de la détermination), il montre que l'épistémologie de Marx rompt non seulement avec l'idéalisme, mais avec l'historicisme de Hegel. L'objet du *Capital,* en étudiant la « totalité organique » qu'est le système capitaliste, serait d'élaborer les concepts fondateurs d'une approche scientifique de toute formation sociale et de tout mode de production : structure, superstructure, rapports de production, surdétermination...

« ... sur les fonctions que remplit dans les rapports sociaux la méconnaissance de la vérité objective de ces rapports comme rapports de force[1] ».

L'idéologie est ainsi définie comme un ensemble de représentations déformées des rapports sociaux, produit par un groupe ou une classe et réalisant une légitimation explicite de ses pratiques. Comme on l'a vu antérieurement sur l'exemple des producteurs de biens symboliques, une idéologie dote les sujets d'un rapport gratifiant aux pratiques nécessaires à la reproduction sociale. L'idéologie conforte les sujets et tend à ériger leurs pratiques sociales

1. *Ibid.,* p. 19.

Recourant aux apports épistémologiques de G. Bachelard (la notion de « rupture épistémologique »), du structuralisme, de la psychanalyse (J. Lacan), Althusser fait ainsi du *Capital* l'œuvre centrale de Marx, mais aussi l'œuvre rendant possible une véritable science des formations sociales.

L'article de 1970 (*Idéologie et Appareils idéologiques d'État*) n'a pas manqué d'avoir un fort retentissement dans les recherches de sciences sociales et de susciter la polémique. Reprenant le concept d'idéologie dans la tradition marxiste, Althusser propose de distinguer le rôle essentiellement répressif de l'État des fonctions idéologiques des « appareils ». La liste des « AIE » (appareils idéologiques d'État) s'étendrait au-delà des systèmes traditionnellement reconnus dans leur rôle reproducteur des idéologies (les Églises, le droit). Devraient être reconnus comme reproducteurs de l'idéologie, les syndicats, les media, le système culturel et les familles elles-mêmes...

Une telle conception n'a pas manqué d'être critiquée : malgré l'intérêt de certains recours originaux à la psychanalyse, elle menait à l'extrême une conception mécaniste du structuralisme ; elle rendait impossible l'analyse de conflits idéologiques et la reconnaissance de l'action des sujets. Le « retour de l'acteur » (Touraine, 1984) ultérieur à la période structuraliste a trouvé, dans cette philosophie « sans sujet », une cible privilégiée de critique.

en pratiques légitimes face aux autres groupes ou classes. Et, comme le rapport conscient à la pratique est une dimension importante de la pratique sociale, les constructions idéologiques importent et les affrontements idéologiques sont bien des affrontements réels qui participent à la lutte pour la légitimité.

Ainsi, l'idéologie de la création, qui soutient l'artiste ou l'intellectuel dans l'affirmation de sa différence, voile sans doute l'objectivité du marché des biens symboliques, mais elle conforte l'artiste dans sa création comme dans ses intérêts. L'artiste se complaira aisément dans une représentation gratifiante de sa pratique faisant de son travail un rapport singulier et quelque peu magique unissant la « création » à son créateur. Toute une imagerie de l'artiste famélique, tout entier consacré à son œuvre, soutenu par la grâce du génie, enrichit cette idéologie que les artistes affirmeront contre les « bourgeois » insensibles aux subtilités de l'art.

A suivre cet exemple, on voit que l'idéologie est à mettre en relation avec le rapport des forces, dans son étendue, et, d'autre part, avec le champ symbolique particulier. L'idéologie charismatique du producteur désintéressé rompt de façon romantique avec les lois du marché et avec les rapports de force économique. En s'affirmant créateur désintéressé, l'artiste affirme sa distance absolue par rapport à la domination bourgeoise et par rapport au marché.

Mais, d'autre part, l'idéologie de la création porte l'artiste à produire une œuvre qui se distingue des œuvres antérieures et à entrer ainsi dans cette compétition qui organise et structure le champ relativement autonome de production de biens symboliques.

Cette double approche s'applique aussi au champ politique et donc aux idéologies politiques. En effet, le champ politique peut être construit comme l'ensemble des partis, des professionnels engagés pour la conquête et l'exercice du pouvoir politique. Il rassemble et distingue les « agents politiquement actifs » des « agents politiquement passifs »[1].

Ce « théâtre politique » est une « représentation » sublimée du monde social et de la structure des classes, et en ce sens l'idéologie politique dans son ensemble n'est pas sans « représenter » les luttes sociales sous une forme politiquement transposée.

Mais ce champ politique est aussi un système relativement spécialisé, relativement autonome de différences et d'écarts où chaque agent et chaque groupe doivent se positionner dans ce système de positions propres. Dans ce système, chaque groupe doit incessamment se définir. Comme le dit bien le vocabulaire politique, s'exprimer c'est « prendre position », et ces prises de position, écrites et orales, sont autant d'actes de positionnement dans ce

1. « La représentation politique », in *Actes de la recherche en sciences sociales,* n° 36-37, février-mars 1981, p. 3.

système concurrentiel. En ce sens, on peut dire que, pour les professionnels politiques, « Dire, c'est faire[1] » : la parole est action en ce sens qu'elle engage dans un réseau social d'appartenance, d'alliance, de proximité et de conflit.

Le champ politique est à la fois un système d'agents et un système de sens, un système de positions concurrentes porteuses de signification. En même temps, il est bien un lieu d'expression — de visualisation déformée des rapports sociaux — et simultanément lieu de création, d'émissions, d'appels incessants qui sont indispensables à la légitimation politique. Les professionnels doivent, pour conserver leur place et leur pouvoir, produire les « croyances mobilisatrices » qui donnent force au discours.

Les idéologies politiques ne sont donc pas sans entretenir des rapports déformants avec les intérêts des électeurs et les rapports de force qui traversent la structure sociale, mais elles sont aussi en relation avec les conflits particuliers des groupes dans le champ politique. Elles véhiculent ainsi, peut-on dire, deux duplicités : elles « représentent » en les déformant les rapports de classe et les occultent ; elles participent, d'autre part, aux conflits particuliers du théâtre politique et aux intérêts propres aux professionnels de la politique.

1. *Ibid.*, p. 13.

10

La dynamique des imaginaires

Dans ses travaux consacrés aux sociétés africaines, à leurs structures traditionnelles et à leurs transformations sous la domination coloniale, puis dans les périodes post-coloniales, Georges Balandier est conduit à insister longuement sur les systèmes, sur les pratiques symboliques.

Les systèmes symboliques (les mythes et les pratiques rituelles qui les manifestent — les religions et les pratiques religieuses...) sont tout d'abord donnés au niveau des faits d'observation et font donc partie de ce matériel que l'observateur doit restituer et interpréter. Mais la sociologie dynamique conduit à considérer ces systèmes et ces pratiques tout autrement que ne le propose le structuralisme et à insister sur la dimension dynamique des imaginaires sociaux. A la seule considération des structures des ensembles symboliques, cette problématique substitue une attention à toutes les caractéristiques et à toutes les relations propres aux systèmes symboliques, à la complexité de leurs mutations et de leur efficacité. Dès lors, les significations communes, les expressions, les contenus imaginaires sont inventoriés dans toutes leurs figures. Et, de même, toutes les relations entre les situations et les symbolisations, entre les pratiques matérielles et les pratiques symboliques, font l'objet de descriptions et d'interrogations.

De plus, ces questions sont formulées, initialement, sur des sociétés en transformation rapide dans lesquelles s'opposent les croyances traditionnelles et les représentations modernisatrices, où vont se composer et s'opposer le traditionnel et le moderne, selon de multiples combinaisons imprévisibles. De telles situations sont éminemment créatrices d'imaginaires sociaux, et elles rendent visibles, plus que d'autres, les oppositions, les syncrétismes entre imaginaires concurrents.

La sociologie dynamique s'attachera, en particulier, à souligner en quoi les configurations symboliques répondent à une situation concrète, l'expriment en lui donnant sens, et en quoi elles comportent une efficacité symbolique dont il faudra analyser les subtilités.

Un exemple particulièrement favorable est fourni par la distinction des sexes, donnée « naturelle », et donnant lieu à une exceptionnelle production d'imaginaires sociaux. Georges Balandier formule les questions en ces termes :

> « Comment la division des sexes affecte-t-elle le système social et la culture dans leur ensemble ? Comment le dualisme sexualisé s'exprime-t-il ?... Ce qui se trouve en cause, c'est moins le statut spécifique des femmes et des hommes que leurs relations, la manière dont celles-ci se définissent symboliquement et " pratiquement "[1]... »

Ces questions indiquent que l'on cherchera comment sont *exprimées,* symbolisées dans les mythes ou les représentations, ces relations entre les sexes, comment ces relations sont immédiatement rendues signifiantes, normées et normalisatrices dans ce contexte.

Ainsi, le rapport hommes/femmes apparaît-il, dans nombre de mythologies africaines, comme le rapport fondamental autour duquel se construit le récit mythique. Ce rapport organise le récit de la genèse sur le mode de l'engendrement. De multiples mythes redisent l'union du principe mâle et du principe féminin comme rapport fondamental d'où découle l'apparition du monde[2].

De plus, dans certaines cultures, toutes les significations essentielles s'organisent autour de ce dualisme sexualisé : l'ordre du monde est pensé selon ce modèle, comme aussi les premières œuvres civilisatrices et la constitution de l'être humain. C'est le cas dans la culture des Bambara du Mali :

1. G. Balandier, *Anthropo-logiques, op. cit.,* p. 14.
2. *Ibid.,* p. 15-16.

« Le dualisme sexualisé devient le paradigme de tous les dualismes selon lesquels la pensée mythique bambara interprète l'*ordo rerum* et l'*ordo hominum*. Le " monde ", la société, et la culture qui lui donne ses moyens d'être et son sens, ne peuvent résulter que des relations multiples entre éléments marqués du signe de la masculinité d'une part, et éléments marqués du signe de la féminité d'autre part [1]. »

C'est ainsi toute l'organisation des choses et des hommes qui se trouve interprétée selon le dualisme sexuel et la culture bambara organise ainsi, imaginairement, toutes ses interprétations sur le mode de la différence sexuelle.

En de nombreuses cultures africaines traditionnelles, les récits mythiques construisent une définition ambiguë, et éventuellement négative, du rôle du principe féminin. G. Balandier cite à ce sujet le cas de la culture des Lugbara en Ouganda qui systématise en une « théorie » ce dualisme sur le mode de la supériorité du principe masculin. Chez ces Lugbara :

« La femme est située du côté de la nature " sauvage " et non du paysage humanisé, du temps et de l'espace d'avant les hommes, des " choses " et non des " personnes ", des alliances plus que des relations réglées par la parenté et la descendance, de l'agression insidieuse et non de l'appel à la décision des ancêtres [2]. »

Cette « théorie » sociale des Lugbara porte à l'extrême une dimension générale de ces cultures africaines traditionnelles, celle de l'inégalité entre les hommes et les femmes, au détriment de ces dernières. Dans les sociétés où la situation des femmes est particulièrement marquée par leur infériorité par rapport aux hommes, un ensemble de représentations accompagne et justifie cette situation. Dans les sociétés où les rapports sont plus complexes comme chez les Bamiléké du Cameroun, la condition subordonnée des femmes s'exprime dans différents codes

1. *Ibid.*, p. 17.
2. *Ibid.*, p. 23-24.

sociaux et interdits qui fournissent un système subtil d'explication et de justification à cette condition[1]. Dans tous les cas, la situation de la femme est marquée par les signes de l'ambivalence : estimée en tant que force de travail et de reproduction, elle reste subordonnée au pouvoir masculin ; détentrice de pouvoirs et de certains privilèges, elle reste exclue des fonctions éminentes accaparées par les hommes.

Ces différents exemples illustrent la complexité des relations entre situations et symbolisations, et les principales caractéristiques de ces relations. Tout d'abord, dans ces cultures où les rapports économiques restent chargés de significations sociales, il y a lieu de souligner cette charge du sens et la simultanéité des gestes productifs et des significations. Ainsi, à l'occasion des rapports hommes/femmes chez les Bamiléké, G. Balandier évoque cette identité d'une économie du produit et d'une économie du signe, mais cette remarque vaut pour toutes les sociétés traditionnelles africaines :

> « Dans la répartition sexuelle des tâches, la femme a la charge des travaux pénibles, mais elle bénéficie d'une large autonomie en matière de gestion des ressources provenant de la vente des récoltes. Cette économie du produit est aussi, et de manière très apparente, une économie du *signe*. Un rapport symbolique et mystique est établi entre les hommes et les végétaux les plus anciennement cultivés, les plus indispensables à l'entretien de la vie[2]. »

Le rapport symbolique unifie ici les humains et les éléments naturels, il donne sens aux uns et aux autres dans un lien identitaire.

De plus, les systèmes symboliques, et c'est particulièrement visible dans le cas des rapports hommes/femmes, viennent « exprimer » ces rapports, les présenter en les interprétant. Le système classificatoire des Lugbara, dans son agencement symbolique, exprime la division inégali-

---

1. *Ibid.*, p. 48-50.
2. *Ibid.*, p. 43.

taire des sexes, le maintien des femmes dans une situation d'infériorité.

L'expression est aussi une partie de ce système inégalitaire et y participe directement en ce qu'elle le renforce. L'altérité est dite, proclamée et ainsi renforcée.

La femme est définie au sein d'un système langagier ; elle est définie comme élément dangereux et antagoniste. Elle est souvent associée à la contre-société, à la magie, à la sorcellerie, aux forces qui menacent l'ordre et la culture établis. La théorie ainsi construite, renouvelée incessamment par le verbe et les pratiques rituelles, ne cesse de renforcer le système d'inégalité et d'assurer sa reproduction. L'imaginaire social est simultanément expressif des relations sociales faites d'antagonisme et de complémentarité, et régulateur, normatif, à l'égard de ces relations.

Le mythe a donc une sorte de vérité par rapport à ces relations sociales. Ainsi, le mythe des origines, en disant les rapports entre les sexes, rejoint l'observation sociologique des complémentarités et des antagonismes :

> « ... certains des récits mythiques expriment, dans le langage qui leur est propre, et donc en version symbolique, les enseignements principaux tirés de l'analyse sociologique. On y saisit le rapport entre les sexes associé à l'" explication " des commencements, des genèses, utilisé comme modèle explicatif généralisé [1]... »

On le voit, en particulier, en ce que le mythe révèle et explique le caractère ambivalent du rapport des sexes, générateur d'ordre et de désordre potentiel. Le mythe

> « ... fonde la société et la culture, mais en recelant des forces de rupture qui menacent ce qu'il supporte... Dès ses origines, la société — vue à l'image de la première relation sociale, celle du couple institué — est reconnue vulnérable et problématique [2] ».

Ainsi, les systèmes symboliques sont-ils à la fois expressifs des relations, révélateurs tout en paraissant explicatifs et normatifs.

1. *Ibid.*, p. 37.
2. *Ibid.*

Psychanalyse et sociologie

Cherchant à comprendre non la personnalité dans son autonomie, mais le sujet dans ses liens avec autrui, et tout d'abord dans sa constellation familiale, Freud est conduit à s'intéresser aux travaux des anthropologues sur les mœurs et les interdits. Il en tire un ensemble de conclusions sur l'articulation des désirs inconscients et des règles sociales, sur le jeu des répressions et des refoulements dans les différentes sociétés (Freud, 1912).

L'œuvre de Freud comporte ainsi non seulement des indications multiples sur les traumatismes issus du milieu, mais les éléments d'une véritable théorisation en termes de « sociologie psychanalytique » (Bastide, 1950). L'ouvrage de 1921, *Psychologie collective et Analyse du moi,* analyse toutes les conséquences de l'identification, mécanisme infantile et inconscient que l'adulte renouvelle dans sa dévotion au chef. Sur l'exemple de l'Église et de l'Armée, Freud montre l'importance des « structures libidinales » communes par lesquelles les liens sociaux sont soutenus. L'ouvrage de 1930, *Malaise dans la civilisation,* analyse la dialectique du refoulement des pulsions par laquelle les idéaux sociaux sont intériorisés par les sujets, assurant ainsi le contrôle des pulsions.

L'essai de Wilhelm Reich sur la montée du fascisme (Reich, 1933) tente d'articuler l'approche marxiste de la répression économique et l'approche freudienne de la répression

On le verra plus encore dans les périodes de mutation, de juxtaposition de plusieurs systèmes de pratiques au sein d'une même communauté. On constate alors la juxtaposition conflictuelle de plusieurs systèmes culturels, mais aussi le fait que les résistances sociales et les stratégies défensives ou offensives se traduisent dans les imaginaires sociaux. Ainsi, les contestations s'expriment dans des formations imaginaires qui systématisent et donnent forme aux contestations.

On peut prendre ici, pour exemple, l'ouvrage de Gérard Althabe sur une communauté villageoise de la côte orien-

sexuelle. C'est par cette cumulation des répressions que pourrait s'expliquer l'extension de l'idéologie hitlérienne. Plusieurs travaux ont prolongé l'esprit de cette analyse (Fromm, 1975). H. Marcuse a renouvelé cette problématique de la répression en montrant comment la société de consommation maintenait une « sur-répression » en contradiction avec les possibilités modernes d'émancipation (Marcuse, 1963).

Malgré la réticence fréquente de sociologues à l'égard de ces problématiques, nombre de travaux de psycho-sociologie ou de sociologie font apparaître la fécondité des approches socio-psychanalytiques. Ainsi, la dynamique des configurations inconscientes dans les petits groupes a été analysée en ces termes (Anzieu, 1975 ; Bion, 1965 ; Kaës, 1976). C. Castoriadis a montré l'intérêt d'une approche socio-analytique dans l'étude des institutionnalisations politiques (Castoriadis, 1975). A. Akoun, E. Enriquez, P. Legendre ont étendu cette problématique aux illusions sociales et aux rapports de pouvoir dans toutes leurs dimensions (Akoun, 1989 ; Enriquez, 1983 ; Legendre, 1974).

L'approche socio-psychanalytique s'avère féconde lorsque sont interrogés les liens sociaux qui engagent fortement les sujets dans des échanges émotionnels (idéologies religieuses et politiques) et que sont examinés les processus où sont notoirement en jeu les sensibilités individuelles et collectives (Ansart, 1977, 1983).

tale de Madagascar[1]. Georges Balandier, dans la préface qu'il consacre à cet ouvrage, met précisément en relief la signification des systèmes symboliques au sein de cette communauté qui est divisée entre le mode traditionnel de production et le travail de plantations soumis aux contraintes du salariat et de l'économie monétaire.

Au mode traditionnel de production et d'organisation

1. G. Althabe, *Oppression et Libération dans l'imaginaire, les communautés villageoises de la côte orientale de Madagascar*, préface de G. Balandier, Paris, F. Maspero, 1982.

sociale répondent les cultes traditionnels : le culte des
ancêtres, l'écoute des devins. Aux modes de production
modernes répond le système culturel du christianisme
missionnaire, catholique, protestant et anglican. Le premier est associé à un ordre en voie de régression, le second
est issu de l'ordre colonial puis, après l'indépendance,
associé aux étrangers et aux nouveaux notables devenus
eux-mêmes étrangers à la communauté paysanne.

C'est alors qu'émerge un troisième système culturel, un
ensemble de pratiques de possession connu sous le nom de
tromba. Ce troisième système culturel va exprimer et
réaliser, dans l'imaginaire, une double négation : il refuse
les cultes des ancêtres sous leur forme ancienne et rejette
les moyens du modernisme désignés comme étrangers à la
communauté. Ce culte de possession

> « ... manifeste un nouvel ordre qui cherche à se construire
> au-delà de la négation des deux précédents. La contesta-
> tion permanente prend d'abord la figure de la contestation
> culturelle[1] ».

Les paysans betsimisaraka vivent ainsi, en quelque sorte,
sur plusieurs registres. S'il s'agit d'affaires internes, ils
respectent les formes traditionnelles et les hiérarchies
anciennes. S'il s'agit d'affaires externes, les relations
sociales s'établissent selon des modèles ressentis, en fait,
comme étrangers.

Les cultes de possession, au contraire, cultes novateurs
et contestataires, récusent le culte des ancêtres et repous-
sent, en cela, les formes traditionnelles : ils rejettent aussi
les moyens du modernisme et les religions qui les caution-
nent. Le *tromba* constitue ainsi un troisième système
symbolique, une pratique novatrice à travers laquelle ces
paysans échappent symboliquement aux contraintes pour
rêver un mode de résolution aux contradictions qu'ils
subissent. Le *tromba* révèle ainsi un processus de transposition des contradictions et d'invention des solutions :

> « Il montre le transfert, au plan de l'imaginaire social et des
> pratiques essentiellement symboliques, des solutions aux

1. *Ibid.*, p. 9.

problèmes que les communautés ne parviennent pas encore
à résoudre effectivement. Ces sociétés " verrouillées "
construisent d'abord, dans l'ordre du mythe et de l'imaginaire, les sociétés qu'elles ne peuvent pas être... Elles
prennent leurs distances et " rêvent " leur projet dans
l'attente de son accomplissement ; elles le situent ainsi dans
le domaine du religieux vécu comme revendication et
espérance [1]. »

Georges Balandier esquisse ainsi une voie de réflexion
sur la genèse d'un imaginaire et des pratiques rituelles qui
lui sont associées, il suggère aussi que ce « transfert » sur le
plan symbolique remplira plusieurs fonctions simultanées
d'expression, d'exploration, d'invention et, sans doute, de
persuasion.

Ces réflexions ouvrent, dans une certaine mesure, la voie
aux réflexions sur l'imaginaire politique dans les sociétés
modernes. Car aussi éloignées de la vie politique moderne
que puissent paraître ces communautés paysannes, une
lecture plus attentive permettra de distinguer bien des
continuités entre ces transferts symboliques et les multiples
jeux de l'imaginaire politique dans les États modernes.

L'exemple de la dramaturgie politique, tel qu'il est
exposé dans *Le Pouvoir sur scènes*, illustre bien cette
richesse des imaginaires politiques, leur diversité ainsi que
leur multi-fonctionnalité [2].

Georges Balandier y analyse de multiples figures de la
dramatisation politique, de multiples procédés dramatiques
employés par les pouvoirs, soulignant, dès l'abord, combien ces moyens participent au maintien et à l'exercice du
pouvoir :

> « Le pouvoir établi sur la seule force, ou sur la violence non
> domestiquée, aurait une existence constamment menacée ;
> le pouvoir exposé sous le seul éclairage de la raison aurait
> peu de crédibilité. Il ne parvient à se maintenir ni par la
> domination brutale ni par la justification rationnelle. Il ne
> se fait et ne se conserve que par la transposition, par la

1. *Ibid.*, p. 11.
2. G. Balandier, *Le Pouvoir sur scènes*, op. cit.

production d'images, par la manipulation de symboles et leur organisation dans un cadre cérémoniel [1]. »

Le pouvoir se légitime, se renforce par la production d'images et de dramatisations. Dans les États théocratiques, la dramaturgie politique se confond avec la dramaturgie religieuse : la hiérarchie se présente comme sacrée, le prince apparaît au sein de la sacralité. Dans les régimes où le prince est présenté comme un héros, la théâtralité politique prête au héros une véritable force dramatique. Le héros surgit dans une situation, agit, provoque l'adhésion :

> « Il est reconnu en raison de sa force dramatique. Il tient sa qualité de celle-ci, non de la naissance ou de la formation reçue. Il apparaît, agit, provoque l'adhésion, reçoit le pouvoir. La surprise, l'action, le succès sont les trois lois du drame qui lui donne l'existence. Il doit encore les respecter dans la conduite du gouvernement, se maintenir dans son propre rôle, montrer que la chance reste sa partenaire à l'avantage de tous [2]. »

Le déroulement des fêtes, dans les régimes totalitaires, est exemplaire de cette dramaturgie politique. Le mythe de l'unité devient le « scénario » qui régit cette dramatisation et est mis en scène dans le moment de la fête.

> « Pendant une courte période, une société imaginaire et conforme à l'idéologie dominante est donnée à voir et à vivre [3]. »

Cette conception dynamique des structures symboliques, exposée par Georges Balandier, se retrouve au centre des théories d'Alain Touraine concernant les sociétés contemporaines, sociétés qui ne cessent de se créer elles-mêmes,

1. *Ibid.*, p. 16.
2. *Ibid.*, p. 17-18.
3. *Ibid.*, p. 20.

de se modifier, de gérer leurs changements et leur créativité.

Dès les premières pages de son ouvrage théorique, *Production de la société*, Alain Touraine s'interroge sur l'action que les sociétés exercent sur elles-mêmes, sur leur propre fonctionnement pour le modifier et le dépasser. « La société se produit[1] », elle détient une capacité de « produire son propre champ social et culturel, son propre milieu historique », en d'autres termes, son historicité.

Pour repenser cette historicité, il conviendrait de distinguer trois « composantes » : l'accumulation, le mode de connaissance, le « modèle culturel ». L'accumulation désigne le prélèvement du produit du travail qui est effectuée sous le contrôle de la classe dirigeante. Le mode de connaissance désigne l'ensemble des systèmes de connaissances et, par exemple, les sciences ; enfin, le « modèle culturel » désigne l'image que la société a de sa créativité.

Ces définitions liminaires indiquent, dès l'abord, l'importance que cette théorie accorde aux systèmes symboliques et quelles significations elle leur donne pour la société post-industrielle.

Si l'accumulation est un processus économique, faible dans les sociétés à faible historicité, considérable dans les sociétés post-industrielles, elle est elle-même orientée par la classe dirigeante conformément à la représentation qu'elle se fait de la créativité et conformément à ses intérêts[2]. C'est dire que l'investissement économique ne saurait être considéré en dehors du pouvoir et des choix de la classe dirigeante et en dehors de ses systèmes de représentations. Contrairement au préjugé institutionnel qui sépare l'économique du social, Alain Touraine met ici l'accent sur le fait que les choix économiques et l'orientation des investissements dépendent aussi des systèmes de représentations propres à la classe dirigeante.

---

1. A. Touraine, *Production de la société, op. cit.*, p. 26.
2. « Accumulation : prélèvement d'une partie du produit du travail par la classe dirigeante en vue d'investissements conformes au modèle culturel de la société considérée et aux intérêts de la classe dominante », *ibid.*, glossaire, p. 529.

La seconde composante (le « mode de connaissance ») met l'accent, à nouveau, sur l'importance, dans la société moderne, des savoirs dans leur diversité : science de la nature, savoirs techniques, connaissances sociales et de gestion. Cette composante, qui est permanente, prend néanmoins un relief tout particulier dans la société post-industrielle où l'information acquiert un développement et une importance inconnus auparavant.

Toute société ordonne, par son langage, son univers, produit sa propre situation. Mais, dans la société programmée, la production des connaissances et des informations commande le travail, organise la technique, devient un but majeur de l'activité[1]. Dans une telle société, la science n'est plus seulement un modèle culturel, elle est à la fois mode de connaissance, modèle culturel et instrument d'accumulation[2].

La troisième composante du dynamisme social, le « modèle culturel », porte à l'extrême cette importance reconnue aux systèmes symboliques, mais en insistant sur le caractère sociétal de ce système. Alain Touraine définit en ces termes le « modèle culturel » :

> « Saisie par une société de la distance de l'historicité au fonctionnement et image de la créativité[3]. »

Ce modèle culturel ne doit donc pas être entendu comme un simple système de valeurs ni réduit à un système de représentations clairement explicite. Il définit le champ culturel d'une société. Ainsi, la société post-industrielle reconnaît la science « comme la forme contemporaine de la créativité », non comme une valeur incontestable, mais comme forme même de la créativité sociale. Le modèle culturel définit les orientations de l'action historique.

Or, ce modèle culturel, qui caractérise la société globale, est néanmoins géré par la classe dirigeante.

Une distinction majeure est ainsi introduite entre deux

---

1. *La Société post-industrielle*, Paris, Denoël, 1969, p. 7-40.
2. *Production de la société, op. cit.*, p. 30.
3. *Ibid.*, glossaire, p. 532.

concepts : celui de « modèle culturel » et celui d'« idéologie ». Il est proposé de distinguer nettement ces deux concepts en réservant celui d'idéologie au système de représentation d'un acteur social et lié à la particularité de sa position. Le concept d'idéologie est ainsi défini :

> « Toute définition d'une relation sociale du point de vue d'un des acteurs. De manière plus limitée, saisie par un acteur de classe du rapport de classe, mais sans référence à l'enjeu de ce rapport qu'est le système d'action historique[1]. »

La gestion de la classe dirigeante est donc essentiellement ambiguë, puisque cette classe gère le modèle culturel qui est propre à la société globale et, simultanément et selon des degrés variables d'appropriation, tend à organiser cette gestion selon ses intérêts particuliers.

> « ... même lorsque l'historicité est contrôlée le plus complètement par la classe dirigeante, le modèle culturel n'est pas réductible à l'idéologie dominante. L'idéologie appartient à des acteurs particuliers ; *le modèle culturel appartient à un type de société globale*[2] ».

C'est dire aussi que ces rapports entre idéologie et modèle culturel peuvent constituer un enjeu social. Historiquement, des situations sont repérables où une classe dirigeante tend à renforcer la gestion sociale à son profit, à confondre le modèle culturel avec sa propre idéologie, ou, en d'autres termes, à devenir essentiellement classe dominante. En ce cas, peut-on dire, l'idéologie l'emporte sur le modèle culturel. C'est le cas, par exemple, de l'histoire du socialisme en URSS qui, après avoir été un modèle culturel dans les premières années de la révolution bolchevique, est devenue peu à peu l'idéologie de la nouvelle classe dominante.

Dans l'étude qu'il a consacrée au « mouvement de mai »

---

1. *Ibid.*, glossaire, p. 531.
2. *Ibid.*, p. 30.

1968[1], Alain Touraine, multiplie les indications sur le sens et la portée de la révolte proprement culturelle et sur les utopies.

On vérifie, sur cet exemple, qu'une telle pratique symbolique, la création et la réitération d'une utopie, n'est ni sans signification ni dénuée d'efficace. Elle n'est pas non plus le propre des seuls groupes dominés. Les gestionnaires, maîtres de la société, ont eux-mêmes créé une « utopie dominante » en laissant entendre que les problèmes sociaux et politiques se réduisaient à la gestion, à la modernisation[2]. En face de cette utopie dominante, le mouvement de mai a créé une « contre-utopie », marquée par l'esprit libertaire, communautaire et spontanéiste. Utopie mobilisatrice, créatrice de signes, d'émotions, de comportements communautaires, capable d'animer des petits groupes, des sectes et, éventuellement, des masses habituellement peu organisées. Une telle utopie peut aussi participer au dévoiement du mouvement et à sa fermeture dans l'imaginaire, mais elle constitue bien un ensemble de pratiques effectives et hautement significatives. De même, la révolte culturelle, pour n'être que culturelle, n'en est pas moins effective, créatrice de pratiques significatives et en lien direct avec le mouvement auquel elle apporte une dimension utopique.

S'il en est ainsi, le travail du sociologue, organisant une « intervention » auprès d'acteurs sociaux ayant sollicité cette intervention, va, en particulier, consister à tenir compte des idéologies et des utopies pour en éviter les pièges[3]. Dressant le programme de travail d'une telle intervention, Alain Touraine rappelle que le sociologue doit s'attendre à se trouver en face de ces deux types d'élaboration collective : l'idéologie et l'utopie.

> « Un mouvement produit une *idéologie*, c'est-à-dire une représentation de ses rapports sociaux ; il produit aussi une

---

1. *Le Mouvement de mai ou le Communisme utopique*, Paris, Éd. du Seuil, 1968.
2. *Ibid.*, p. 11.
3. A. Touraine, *La Voix et le Regard*, Paris, Éd. du Seuil, 1978.

utopie par laquelle il s'identifie à l'enjeu du combat, à l'historicité elle-même ; mais il ne peut pas intégrer cette idéologie et cette utopie, ce qui n'est possible que si on se place du point de vue du rapport social et non plus du point de vue de l'acteur[1]. »

L'idéologie est d'autant plus résistante que le mouvement s'est structuré en une organisation, qu'il se place au sein d'une association volontaire :

« Lorsque l'organisation est forte, lorsqu'un mouvement se place tout entier à l'intérieur d'une association volontaire, la résistance idéologique à l'analyse est très forte ; elle peut être infranchissable[2]. »

Pour le cas de la classe ouvrière, par exemple, son idéologie est bien celle de la lutte, de la mobilisation contre le patronat, de l'organisation du combat par des états-majors[3]. Son utopie est celle même du socialisme réalisé dans la société des travailleurs.

Le sociologue, appelé à intervenir pour agir au sein des acteurs sociaux, se propose d'entrer en relation avec le mouvement social lui-même. Il ne saurait se contenter d'étudier les idées et les affirmations idéologiques, son but est précisément de les contourner, pour retrouver et pour favoriser le mouvement lui-même. Le sociologue devra donc éviter de se confondre avec le discours des militants, auquel cas il ne serait plus lui-même qu'un idéologue :

« Si le chercheur s'identifie aux militants, il se réduit à n'être plus qu'un idéologue ou plutôt un doctrinaire, puisqu'il construit un discours à partir d'une idéologie[4]. »

Au contraire, le but du sociologue, au cours de ses interventions, sera d'amener ses interlocuteurs à prendre conscience du mouvement social auquel ils participent, en dégageant les trois composantes d'un mouvement social :

1. *Ibid.*, p. 129.
2. *Ibid.*
3. *Ibid.*, p. 130.
4. *Ibid.*, p. 186.

le principe d'identité, le principe d'opposition, et l'enjeu ou principe de totalité.

Et la méthode imaginée pour le déroulement de ces interventions est bien de faire surgir des interprétations, de provoquer des confrontations avec les interlocuteurs, de mobiliser les moyens du langage pour favoriser, par les analyses, l'auto-analyse des acteurs concernés.

> « Le groupe voit d'abord se *déployer* devant lui diverses significations de son action ; puis il s'élève par paliers vers l'interprétation théorique centrale : qu'y a-t-il de *mouvement social* dans cette action [1] ? »

Il s'agit bien alors d'un travail qui se fait dans le groupe et par la production de significations. Visant à faire prendre conscience du « mouvement social », l'intervention du sociologue agit par le maniement du symbolique.

1. *Ibid.*, p. 187.

11

Les imaginaires
dans les organisations

En abordant les analyses de Michel Crozier concernant les systèmes de représentations, il convient de redire ce que nous indiquions en abordant la question des conflits, et de souligner combien les problèmes et les champs d'observation sont différents. Pierre Bourdieu s'interroge sur les systèmes de représentations des différentes classes sociales, sur les systèmes culturels propres à la classe dominante ou aux classes populaires, sur les luttes de distinction qui se déroulent à travers les choix apparemment individuels et spontanés. Et, lorsque, par exemple, le concept d'idéologie est rencontré, c'est en termes d'idéologie de classe que ce concept sera repensé et défini.

Les recherches de Michel Crozier sur les organisations, sur le phénomène bureaucratique conduisent dans une tout autre voie et à d'autres conceptions des systèmes symboliques. Il s'agit ici de s'interroger sur les représentations et les attitudes manifestées par les acteurs au sein d'une organisation, de s'interroger sur le contenu de ces représentations, sur leur détermination et leurs éventuelles conséquences.

L'étude n'est donc pas centrée sur les connaissances et représentations des agents, mais sur les fonctionnements et dysfonctionnements bureaucratiques, sur les conflits internes aux bureaucraties et aux stratégies qui s'y déroulent. Dans cette perspective, une attention spécifique sera apportée aux évaluations, aux jugements formulés par les différents acteurs : dans la mesure où seront particulièrement soulignées les stratégies des acteurs, seront aussi évoqués leurs marges de manœuvre, leurs choix et les représentations qu'ils se font de leurs intérêts.

De plus, les questions relatives à la culture, aux idéologies collectives, au système culturel, seront retrouvées à un niveau plus général, lorsque Michel Crozier s'interrogera sur le « blocage » de la société française et sur les moyens d'en faire une critique qui se voudrait efficace.

La méthode utilisée pour atteindre l'analyse du fonctionnement bureaucratique choisit de privilégier les jugements, les opinions exprimés par les acteurs sur leur organisation. La méthode, en effet, est celle des entretiens individuels visant à faire dire aux employées interrogées leur jugement d'ensemble sur leur établissement. Les questions (par exemple : « Comment jugez-vous la situation des employées dans l'établissement[1] ? ») tendent à obtenir la formulation de commentaires favorables ou défavorables, de jugements sur les autres catégories de l'établissement, sur le fonctionnement de l'organisation. Ce choix de la méthode des entretiens semi-directifs est significatif de toute la démarche théorique. Comme le redira Michel Crozier dans *L'Acteur et le Système* en insistant alors sur le recours aux entretiens dans l'« analyse stratégique » :

> « ... la logique de sa démarche conduit l'analyse stratégique à accorder une importance primordiale au *vécu des participants* et, partant de là, à privilégier la *technique des entretiens* comme moyen d'information[2] ».

Entretiens en partie directifs puisque le chercheur vise un certain nombre d'objectifs : il cherche à découvrir, à travers le vécu quotidien des acteurs, ce qui est implicite dans le fonctionnement de l'organisation. Et les premiers pas de l'enquête consisteront à analyser et à comparer les contenus de ces réponses. L'objection commune selon laquelle les témoignages recueillis ne font que refléter la

---

1. *Le Phénomène bureaucratique, op. cit.,* p. 47.
2. *L'Acteur et le Système, op. cit.,* p. 397.

réalité subjective du vécu quotidien et non la réalité objective de l'organisation ne peut être retenue, dans la théorie ici proposée, puisque l'on s'interroge précisément sur la situation des acteurs, sur leur conduite effective et sur les choix qu'ils opèrent, ou n'opèrent pas, dans leur situation[1].

Comme on peut s'y attendre dans ce type d'enquête, les réponses obtenues sont fortement marquées par l'appartenance des interviewés à leur catégorie et sont analysées comme telles. Ce qui ressort, en premier lieu, dans les enquêtes menées sur les établissements publics à caractère bureaucratique, c'est bien, chez les employées interviewées, le taux particulièrement élevé des opinions défavorables à l'égard de leur établissement.

> « Nous avions posé à nòs interviewées un certain nombre de questions banales sur leur établissement. Soixante pour cent d'entre elles ont donné des réponses constamment défavorables et c'est seulement une employée sur sept qui s'est exprimée de façon vraiment favorable[2]. »

Comparés aux jugements recueillis en des entreprises comparables en France et aux États-Unis, ces jugements, qu'il s'agisse du jugement général porté sur l'organisation, de l'expression du sentiment d'appartenance ou de la volonté de participation, sont exceptionnellement défavorables. Les commentaires portant sur les conditions de travail et sur le comportement des dirigeants expriment les mêmes attitudes négatives. En revanche, ces employées n'expriment pas d'agressivité à l'égard de leur encadrement direct.

Rassemblant ces résultats en ce qui concerne l'Agence comptable parisienne, l'enquête conduit à quatre conclusions provisoires :

1. « les membres du personnel ne participent absolument pas aux objectifs de l'organisation... » ;
2. les employées manifestent un mode d'adaptation que l'on peut « qualifier d'apathique et de récriminant » ;

---

1. *Ibid.*, p. 398.
2. *Le Phénomène bureaucratique, op. cit.*, p. 47.

L'approche biographique

L'approche biographique en sociologie a pour objet de reconstituer les histoires des individus par des sources diverses et d'interpréter ces itinéraires dans le contexte de leurs relations sociales. W. I. Thomas et F. Znaniecki, qui se proposaient d'étudier l'adaptation des immigrants polonais aux États-Unis pendant les années 1920, analysèrent, à côté de documents personnels et de correspondances privées, la biographie d'un certain nombre d'immigrants d'origine paysanne. Ils suscitèrent aussi des récits autobiographiques dans lesquels un immigrant était invité à reconstituer sa propre trajectoire et à exprimer ainsi ses propres perceptions, valeurs et interprétations (Thomas et Znaniecki, 1918-1920).

L'approche biographique peut ainsi revêtir plusieurs formes méthodologiques : soit qu'elle prenne une forme purement autobiographique (Lewis, 1964), soit que le sociologue corrobore les récits personnels par des informations extérieures, soit encore qu'il cherche à reconstituer les trajectoires d'un certain nombre d'acteurs sociaux à travers des sources d'informations telles que des statistiques ou des questionnaires.

Les leçons qui peuvent être tirées de ces histoires de vie sont

---

3. « les employées semblent extrêmement isolées ; il n'y a pas parmi elles de groupes informels stables » ;

4. « les relations hiérarchiques ne semblent pas créer de conflits ni de problèmes émotionnels graves, au niveau des rapports face à face[1] ».

Malgré les nuances individuelles, ces employées manifestent donc des attitudes et expriment des jugements propres à leur catégorie et à leur situation ; et se pose ainsi le problème de la détermination de ces jugements et attitudes.

Depuis les enquêtes relatées dans *Le Phénomène bureaucratique* jusqu'à la théorie fonctionnelle et stratégique exposée dans *L'Acteur et le Système*, Michel Crozier poursuit une réflexion sur les déterminations et sur les

---

1. *Ibid.*, p. 70-71.

nombreuses, et l'approche biographique peut prendre place dans des problématiques différentes. D. Bertaux, qui a souligné la fécondité des approches biographiques, estime que l'examen statistique des histoires de vie montre comment se perpétue, en France, la structure des classes sociales d'une génération à l'autre. L'examen des destins personnels conduirait ainsi à l'étude des processus « anthroponomiques » par lesquels sont répartis et distribués les individus dans les différentes classes et positions sociales (Bertaux, 1976-1977). Des sociologues québécois ont étudié la « révolution tranquille » au Québec à travers de nombreuses histoires de vie avec le souci de restituer la diversité des expériences personnelles (le « vécu ») et leurs contradictions (Dumont et Gagnon, 1973). V. de Gaulejac, recourant à la même méthode, analyse les troubles psychologiques qu'ont eu à surmonter des cadres et dirigeants issus de milieux populaires (Gaulejac, 1987).

L'approche biographique s'avère ainsi comme méthode particulièrement fructueuse, qui ne s'oppose pas nécessairement aux approches quantitatives, mais qui peut prémunir contre les limites des tendances positivistes et contraint à repenser l'expérience vécue des acteurs sociaux.

marges de choix des acteurs, sur leur stratégie dans les organisations, non sans accentuer, dans *L'Acteur et le Système,* cette dernière dimension : les stratégies d'acteurs.

Ce qui apparaît, en effet, dans le cas des employées de l'Agence comptable parisienne, c'est bien la pesanteur des contraintes et combien le système d'organisation paraît induire les jugements et les attitudes. Ainsi, les quatre dimensions des attitudes que nous venons de rappeler trouvent leur explication dans les caractères particuliers de l'organisation considérée :

1. L'absence complète de participation des employées aux objectifs de l'organisation est, en quelque sorte, imposée par la structure intégralement centralisée de l'organisation. Tout le pouvoir de décision étant concentré entre les mains de la direction, les employées ne sont jamais concernées par les choix ou les décisions touchant

aux objectifs de l'Agence. Elles n'ont aucune possibilité de faire entendre leur voix, même au travers des syndicats[1].

2. Le fait que les employées manifestent un mode d'adaptation marqué par l'apathie répond à la situation qui leur est imposée dans laquelle leurs tâches sont complètement définies par des instances extérieures. Mais, en même temps, leur situation est protégée par tout un ensemble de règles formelles qui leur assure la sécurité et les défend contre un éventuel arbitraire de la direction. Ce statut d'irresponsabilité et de protection induit des attitudes d'apathie récriminante.

3. De même, le fait que ces employées expriment un relatif isolement, si ce n'est dans leur groupe de travail très étroit, répond à la nature des groupes dans une telle organisation bureaucratique. Les catégories ne constituent pas de véritables unités au sens de groupes primaires fortement intégrés, mais des groupes relativement abstraits caractérisés surtout par l'égalité des traitements. Au sein de catégories aussi abstraites, les agents ne peuvent former des groupes informels stables et intégrés.

4. Enfin, si les employées ne manifestent guère d'émotions vives à l'occasion de rapports de face-à-face, c'est bien parce que ces rapports de face-à-face n'existent précisément pas. Les individus et les niveaux hiérarchiques sont si distants que les problèmes émotionnels qui accompagnent normalement les rapports de pouvoir ne se produisent pas, ou très faiblement. La distance bureaucratique évite l'émotion du contact direct[2].

A ne retenir que ces indications, l'enquête ne conduirait qu'à repérer l'étroitesse des déterminations pesant sur les agents au sein des organisations bureaucratiques. Ces indications ne devront pas être négligées, elles soulignent fortement, et sur cette situation exemplaire, la part de contrainte pesant sur les agents, mais elles ne soulignent qu'une dimension des situations de travail.

Nous avons déjà souligné que cette attention à l'acteur, aux marges de choix, aux stratégies, va croissant depuis les

1. *Ibid.*, p. 72.
2. *Ibid.*, p. 71.

enquêtes du *Phénomène bureaucratique* jusqu'à la théorie générale exposée dans *L'Acteur et le Système*. Et, corrélativement, seront donc soulignés aussi les connaissances, les projets, les évaluations des acteurs.

Comme le souligne Michel Crozier dans *L'Acteur et le Système*, les entretiens ne visent pas seulement à faire énoncer des jugements favorables ou défavorables sur l'organisation, mais bien à faire dire les objectifs poursuivis et les représentations concernant les marges de liberté : à travers ces entretiens, le chercheur tend

> « ... à connaître concrètement et pratiquement comment chacun d'eux peut s'y prendre — et s'y prend effectivemen — pour faire face à sa situation et à ses contraintes, *quels objectifs* il poursuit et quelle perception et anticipation il a de la possibilité de les atteindre dans la structure qu'il connaît, c'est-à-dire quelles *ressources* il possède, de *quelle marge de liberté* il dispose, et de *quelle façon*, à *quelles conditions* et *dans quelles limites* il peut les utiliser[1] ».

Dans les enquêtes relatées dans *Le Phénomène bureaucratique*, le comportement des agents était déjà interprété en termes de « rationalité limitée[2] », et il était souligné que cette conduite « libre et rationnelle » n'était pas seulement le fait des dirigeants, mais le fait de tout agent dans l'organisation. La tâche de l'observateur était bien d'étudier à la fois les conditions objectives de l'organisation et la « rationalité subjective de chaque agent libre[3] ». Dans *L'Acteur et le Système*, cette dimension se trouve développée et inscrite dans la théorie générale de l'organisation comme « construit social ». L'organisation y est pensée comme lieu de pouvoir et d'influence, de calcul, de marchandage, où chacun

> « ... est aussi et avant tout une *tête, c'est-à-dire une liberté* ou, en termes plus concrets, un agent autonome qui est

---

1. *L'Acteur et le Système, op. cit.,* p. 397.
2. *Le Phénomène bureaucratique, op. cit.,* p. 202.
3. *Ibid.*

capable de calcul et de manipulation et qui s'adapte et
invente en fonction des circonstances et des mouvements
de ses partenaires[1] ».

Quelle que soit la pression des données objectives, la
conduite de l'agent ne se réduit jamais à la soumission
passive et à l'obéissance, elle traduit toujours un choix
qu'opère l'acteur au sein des contraintes du système, c'est
pourquoi elle comporte toujours sa part de contingence.

Cette réflexion sur les choix de l'acteur, sur ses connaissances et son évaluation de ses possibilités, va conduire à
insister sur le contexte « culturel » des acteurs et à une
nouvelle réflexion sur la culture qui ne manque pas de
participer à l'orientation des choix. Mais, auparavant, il
convient de revenir sur les dimensions affectives des
réactions et des expressions qui ne sauraient être dissociées
du « vécu » des acteurs. Selon une formule plusieurs fois
reprise, l'homme ne peut être considéré seulement « comme
une main », selon un schéma taylorien ; il ne peut pas seulement être considéré « comme une main et un cœur » comme
il le fut par les théoriciens des relations humaines, il est à la
fois capable d'action, d'affectivité et de choix raisonné.

Comme le montrent clairement les relations des
enquêtes menées dans les deux établissements à caractère
bureaucratique, les expressions sont, en effet, très fortement chargées d'affectivité. Mais, ces attitudes affectives
sont différentes d'une catégorie à l'autre, et ces oppositions
ne vont pas manquer d'interférer avec toutes les relations
interpersonnelles et intergroupes.

Ainsi, les attitudes au travail des employées de l'Agence
comptable parisienne sont-elles exceptionnellement marquées par l'apathie et l'isolement. Ayant à porter un
jugement sur leur établissement, les employées expriment
majoritairement des jugements défavorables. Elles « se
plaignent » de la charge de travail, de l'aménagement des
bâtiments, du « caractère froid et déplaisant » des locaux[2].

1. *L'Acteur et le Système, op. cit.*, p. 38.
2. *Le Phénomène bureaucratique, op. cit.*, p. 49.

Certains commentaires font apparaître « une sorte de dépit sentimental » exprimant la déception d'être négligé par la direction, et « un sentiment diffus d'animosité contre les dirigeants ». Comme l'exprime une employée :

> « Ils pourraient quand même faire beaucoup plus, mais ils ne cherchent pas à savoir ; ça ne les intéresse pas. Ce sont des hommes derrière leur bureau, rien ne les atteint [1]. »

De plus, il existe peu de camaraderie entre les employées. Se manifeste, en revanche une « solidarité négative » qui s'exprime contre l'Agence, éventuellement contre les syndicats, mais qui ne prend jamais la forme d'une « perspective constructive ».

Les expressions de ces agents, depuis la base de l'organisation jusqu'à son sommet, montrent assez combien l'organisation peut faire l'objet d'attachement ou d'hostilité, combien les relations interpersonnelles et intergroupes peuvent se charger d'affectivité positive ou négative, combien, aussi, l'acteur peut y puiser des images valorisantes ou dévalorisantes de lui-même. Elles rappellent aussi l'importance du « climat » régnant dans l'organisation et combien ces affectivités participent au fonctionnement ou aux dysfonctionnements.

Ces indications sur les « malaises », les « désarrois », les « frustrations » ou sur les « satisfactions » ne sont pas seulement descriptives. Elles révèlent des dimensions du fonctionnement organisationnel et certains aspects des stratégies qui s'y déroulent.

Michel Crozier met en premier lieu l'accent sur l'intensité affective des relations de pouvoir. Chaque agent, comme chaque catégorie, se trouve ou gagnant ou perdant dans ces relations, toujours menacé dans son identité et vivant donc ces rapports avec intensité, satisfaction ou frustration. On le voit chez les employées dont l'agressivité se tourne vers les autorités lointaines.

On touche ainsi à une dimension essentielle du fonctionnement bureaucratique qui, en imposant un système de règles impersonnelles, tend à éviter les rapports de pouvoir

---

1. *Ibid.*, p. 50.

et de face-à-face ; mais, dès lors, les règles d'efficacité, la « catégorie instrumentale », déclinent et les relations affectives se renforcent :

> « On observe un déclin très marqué de la catégorie instrumentale dans tous les jugements personnels et une montée parallèle de l'affectivité. C'est, par conséquent, le jeu des relations humaines dans ce qu'il y a de plus affectif qui tend à prendre partout le dessus[1]. »

Par un effet de cercle vicieux bureaucratique, les procédures destinées à éviter les conflits à caractère affectif ne cessent de les favoriser. Mais, s'il y a bien intensification de l'affectivité au détriment de l'instrumental, il faut conserver à l'esprit que les dimensions de l'affectivité, les attachements et les hostilités font partie des cercles vicieux de la bureaucratie et sont, en quelque sorte, orientées stratégiquement : on agresse pour se protéger, on tente de culpabiliser la catégorie dont on pourrait redouter l'agression. L'affectivité sociale est, elle-même, stratégique.

Ces considérations sur le phénomène bureaucratique et la cohérence relative de ce modèle d'action conduit à s'interroger sur la généralité du modèle et son contexte culturel. Ce problème se trouve repris deux fois : dans *Le Phénomène bureaucratique,* puis dans *L'Acteur et le Système* en des termes quelque peu différents.

Dans *Le Phénomène bureaucratique,* Michel Crozier pose essentiellement la question de savoir si les traits de comportements et les modèles de relations, tels qu'ils apparaissent dans les enquêtes relatées, ne sont pas redevables à des constantes de la société française. Et il tend à répondre affirmativement à cette question.

S'agissant des relations interpersonnelles et intergroupes, un trait majeur apparaît dans ces enquêtes : l'isolement relatif des individus et des groupes :

> « ... l'isolement de l'individu, la prédominance des activités formelles par rapport aux activités informelles, l'isolement

1. *Ibid.,* p. 147-148.

> de chaque strate, et la lutte de toutes les strates entre elles pour leurs privilèges (...). L'isolement de chaque strate, en particulier, constituait un des éléments clefs de ce modèle [1] ».

Dans les deux enquêtes rapportées, on constatait la faiblesse des réseaux d'amitiés et des groupes informels, l'inexistence de clans ou de bandes rassemblant des agents appartenant à des catégories différentes. Les strates sont fortement séparées et, de ce fait, l'individu est lié au groupe formel et abstrait dont il fait partie ; comme il n'est pas menacé par la strate supérieure, il n'a pas besoin de la protection d'un groupe informel fort.

A partir de différentes enquêtes à caractère ethnologique conduites en France, Michel Crozier tend à mettre en rapport cet isolement bureaucratique avec la faiblesse des activités volontaires de groupe et les difficultés rencontrées par les Français, en règle générale, à coopérer dans un cadre informel. Il retrouve ici les remarques que faisait déjà Alexis de Tocqueville sur ce sujet [2].

Et, de même, s'agissant du problème crucial de l'autorité, Michel Crozier suggère que la difficulté à faire face aux conflits et le refus de toute relation de dépendance qui caractérisent le modèle bureaucratique répètent des traits de la culture française en ce qui concerne les relations de pouvoir :

> « Les relations d'autorité face à face sont extrêmement difficiles à supporter, dans le contexte culturel français. Pourtant la conception de l'autorité, qui continue à prévaloir, est toujours universelle et absolue ; elle garde quelque chose de la tradition politique de la monarchie absolue avec son mélange de rationalité et de *bon plaisir* [3]. »

Ainsi, le système bureaucratique français serait une réponse adaptée à ces contradictions : hostiles à l'autorité universelle et absolue qu'ils jugeraient néanmoins néces-

1. *Ibid.*, p. 280.
2. *Ibid.*, p. 284.
3. *Ibid.*, p. 288.

saire au succès de toute action coopérative, les Français trouveraient dans la bureaucratie le moyen efficace de répondre à deux exigences contradictoires : garantir le maximum d'indépendance des individus et assurer, néanmoins, la rationalité et le succès de l'action collective.

Les analyses présentées dans *L'Acteur et le Système* renouvellent ce mouvement de pensée qui, parti d'une analyse des organisations, conduit à réfléchir sur le contexte culturel auquel participent l'organisation et les agents qui la composent. Dans la perspective ici proposée qui insiste sur le caractère de l'organisation comme « construit social », comme une invention humaine, un jeu, pour réaliser des objectifs communs sans que les acteurs ne se ruinent mutuellement, le phénomène organisationnel apparaît comme un « construit politique et culturel », une « organisation de rapports humains » irréductible à la seule logique technico-économique [1].

> « Une telle conceptualisation des organisations comme des construits de jeux... nous fait toucher un élément capital de la vie et des régulations des ensembles organisés : l'élément culturel fondement de leur autonomie [2]... »

Dans cette perspective, insistant sur les stratégies des agents, sera particulièrement importante cette dimension de la culture des agents qui désignent leur propre « capacité relationnelle ». Ainsi entendue, la culture n'est pas un univers figé de valeurs :

> « Formée d'un ensemble d'éléments de la vie psychique et mentale, avec ses composantes affectives, cognitives, intellectuelles, relationnelles, elle est *instrument,* elle est *capacité* que les individus acquièrent, utilisent et transforment en bâtissant et vivant leurs relations et leurs échanges avec les autres [3]. »

Ces indications ouvrent la voie à une réflexion sur la culture des agents entendue comme capacité à organiser les

1. *L'Acteur et le Système, op. cit.,* p. 168.
2. *Ibid.*
3. *Ibid.,* p. 179.

rapports avec les autres, capacité dont on peut supposer qu'elle a été acquise par apprentissage familial, puis par apprentissage social.

Dans le cas des organisations françaises, il y a lieu de penser que l'apprentissage familial et social mène les agents à vivre les relations de pouvoir sur le mode de l'évitement, ce qu'ils vont retrouver et renouveler dans le jeu bureau-cratique. Dès lors, apparaît un processus d'auto-entretien d'un tel système : l'isolement, la non-communication, le retrait derrière la règle constituent des stratégies payantes que les agents sont préparés à exercer et que le système renforce. Un nouveau cercle vicieux se constitue à ce niveau, permettant au système de persévérer au-delà même du moment où il était efficace et adapté à son environne-ment.

12

Interactions et idéologie

Le problème de l'analyse sociologique des systèmes symboliques se pose, pour l'individualisme méthodologique, de manière paradoxale et repose des questions fondamentales. En effet, dans cette perspective qui se donne pour objet d'étude les acteurs sociaux et les actions sociales, qui postule que les agents sont dans des situations où ils ont à faire des choix, se trouvent soulignées les raisons des choix, les représentations des acteurs, les croyances, les connaissances des acteurs. Une telle théorie conduit donc à majorer le rôle des « idées » dans la mesure où l'action sociale se trouve placée au centre des analyses. Et, en ce sens, est retrouvée une tradition sociologique qui n'a cessé d'analyser les représentations sociales, le rôle des connaissances dans les comportements sociaux (Max Weber, Durkheim...).

Mais, simultanément, va être dénoncé, dans cette tradition, tout ce qui tendrait à faire des systèmes symboliques des « réalités », tout ce qui tend à interpréter ces systèmes dans une perspective réaliste. Ainsi, dans l'œuvre de Durkheim, seront retenues les indications sur les systèmes symboliques en tant qu'institutions sociales, mais dénoncées les notions telles que « conscience collective » qui risquent d'accréditer l'image d'un *homo sociologicus* passif obéissant comme un automate aux structures symboliques.

Comment l'individu est-il amené à choisir ? Une telle question, qui ne saurait être initiale dans la problématique de Durkheim, doit être posée dans une perspective d'individualisme méthodologique :

> « On peut soutenir, avec de bonnes raisons, que l'*homo sociologicus,* même s'il n'a pas été explicitement décrit par

la littérature sociologique, existe bel et bien... Il existe un relatif degré de consensus parmi les sociologues sur les propriétés fondamentales qu'il faut donner à l'agent social pour conduire une analyse sociologique [1]. »

Ces propriétés seraient attribuées par comparaison et opposition avec celles reconnues par les économistes à l'*homo economicus*. Selon cette dernière conception, qui majore la notion de choix, l'individu cherche, en fonction des ressources et des informations dont il dispose, à faire les meilleurs choix possibles du point de vue de ses besoins et de ses préférences. En suivant la critique de Pareto, l'*homo sociologicus* devrait être considéré comme un « dépassement » de l'*homo economicus* : en bien des cas, il conviendrait d'apporter des compléments et des corrections au modèle économique de comportement, et le modèle économique pourrait n'être que l'un des modèles de comportements possibles.

A ce niveau, les remarques tirées de l'expérience de la vie quotidienne peuvent être convoquées dans leurs diversités : tantôt les choix découlent d'une réflexion apparemment rationnelle, tantôt de bien d'autres raisons :

> « Confronté à un choix, l'agent " social " ou l'*homo sociologicus* peut dans certains cas faire non ce qu'il préfère, mais ce que l' " habitude ", des " valeurs " qu'il aura " intériorisées " et, plus généralement, divers conditionnements (éthiques, cognitifs, gestuels, etc.) lui dictent de faire [2]. »

De plus, de nombreuses situations sont ambiguës, et la notion de meilleur choix, généralement retenue dans le système économique, y est *mal définie* [3] : c'est le cas de multiples situations où les avantages et inconvénients sont difficiles à évaluer, où les résultats sont incertains, où des risques doivent être pris. En outre, les conditions du choix peuvent être transformées par l'action de l'agent social lui-

---

1. *La Logique du social, op. cit.*, p. 272.
2. *Ibid.*, p. 273.
3. *Ibid.*

même qui, par un nouveau comportement, modifie par exemple les comportements de son entourage.

C'est dire que les connaissances, les informations que l'agent détient sur sa situation sont une dimension permanente de ses choix, mais n'autorisent pas à faire de l'*homo sociologicus* un agent rationnel ne formulant ses choix qu'après une claire évaluation des conditions.

Il conviendrait donc, tout en admettant l'intuition fondamentale de Pareto qui place, au point de départ des analyses, l'action individuelle, de récuser sa distinction tranchée entre les « actions logiques » — caractérisées par une adéquation objective et subjective entre les moyens et les fins —, et les « actions non logiques » échappant à la logique expérimentale et constituant, selon Pareto, l'objet même de la sociologie. La faiblesse de cette distinction tiendrait essentiellement aux ambiguïtés de la notion d'action non logique. En effet, de multiples exemples tirés de l'expérimentation quotidienne peuvent montrer

> « ... les difficultés de tracer une frontière nette entre rationalité et irrationalité ou, si l'on préfère, entre " logique " et " non-logique " : une action peut être rationnelle dans l'immédiat, mais comporter des effets différés indésirables. Elle peut être rationnelle pour chaque individu, mais irrationnelle à partir du moment où chacun se comporte rationnellement [1] ».

Sans retenir la distinction parétienne entre les actions logiques et non logiques, il conviendrait néanmoins d'en retenir l'intention fondamentale et souligner l'intérêt, pour l'analyse de la vie sociale, des actions de type « complexe » :

> « ... c'est-à-dire des actions qui donnent à l'observateur l'impression soit que l'acteur s'appuie sur des principes absurdes..., soit qu'il poursuit des fins qu'il ne désire pas [2]... ».

1. *Ibid.*, p. 32.
2. *Ibid.*, p. 33.

Il n'y aurait donc pas, dans l'examen des actions individuelles à imposer une classification portant sur le degré de rationalité des conduites, mais bien à reconnaître la multiplicité des types d'actions, qu'elles soient rituelles et traditionnelles, au sens de Max Weber, ou rationalisées, qu'elles soient davantage motivées par l'habitude, par les valeurs, par l'émotion ou, au contraire, par une claire représentation des objectifs à atteindre.

A ce niveau de l'analyse qui prend l'action individuelle pour l'« atome » de l'observation, il conviendrait donc d'admettre une extrême pluralité des situations et donc des raisons de choix individuels. Une typologie formelle peut en être proposée, mais seul l'examen d'une situation particulière montrera comment les choix s'y sont effectués, à quel système symbolique le choix peut être référé : croyance, valeur socialement légitimée ou déviante, évaluation ou idéologie. Des types de jugements sont en jeu dans chaque choix et dans chaque décision, mêlant les jugements de fait et les jugements de valeur. Il appartiendra à l'observateur de démêler, autant qu'il est possible, cette complexité.

C'est donc mieux au niveau de l'analyse des interactions que peuvent se formuler les principes d'une interprétation des systèmes symboliques, et l'on voit alors combien une croyance va avoir une « utilité sociale » considérable, une fonction symbolique participant au déroulement et au renouvellement d'une interaction.

Raymond Boudon propose de reprendre l'exemple déjà exposé par Spencer et Durkheim, celui du polichinelle et du jeu de l'enfant avec ses parents[1]. On sait que l'enfant joue avec son polichinelle, comme s'il jouait avec un être humain, il prend à témoin sa mère des comportements de son polichinelle :

> « L'enfant fait *comme si* le polichinelle était un être vivant ; sa mère accepte de jouer le jeu. Les conditions sociales sont donc réunies pour que l'enfant puisse traiter le polichinelle comme un être vivant devant sa mère. Mais

---

1. *Ibid.*, p. 20-21.

que survienne le père, dont l'enfant perçoit en demi-teinte qu'il aimerait que lui, l'enfant, ne prenne pas les polichinelles pour des enfants : le jeu est alors brutalement interrompu et le polichinelle se trouve relégué dans un coin comme le vulgaire assemblage des morceaux d'étoffe qu'il *est*[1]. »

Aussi menu qu'il soit, cet exemple contient « ... quelques-uns des principes fondamentaux de l'explication de tout phénomène de croyance[2] ». On peut, en effet, souligner à travers cet exemple combien une croyance n'est intelligible qu'à partir de la structure du système d'interaction où elle apparaît, et quel rôle essentiel elle joue dans le fonctionnement d'un système d'interaction. En même temps, l'exemple peut illustrer le fait du changement des croyances. Dans son interaction avec sa mère, l'enfant sait que le polichinelle n'est pas un simple assemblage de morceaux d'étoffe : il est un moyen de déterminer certaines réactions de sa mère et, par exemple, de prolonger l'attention que sa mère lui porte. Dans son interaction avec son père, le polichinelle ne peut assurer cette fonction. Aussi bien, l'enfant est placé dans une position de distance par rapport à ses croyances :

> « L'enfant au polichinelle est placé dans une situation qui lui permet de prendre du recul par rapport à ses croyances : le système d'interaction enfant-mère, d'une part, le système d'interaction enfant-père, de l'autre, confèrent au polichinelle des statuts contrastés[3]. »

Cet exemple permet de montrer à la fois combien la croyance dépend de l'interaction, quel rôle fonctionnel elle y remplit, quelle utilité elle a pour les protagonistes.

La distinction proposée entre les systèmes fonctionnels et les systèmes d'interdépendance peut ici être reprise pour illustrer les fonctions différentes qu'y remplissent les systèmes de connaissance.

---

1. *Ibid.*
2. *Ibid.*, p. 21.
3. *Ibid.*

Interactionnisme

L'étude des interactions entre les individus et entre les groupes a commencé dès les débuts des sciences sociales. Max Weber donnait pour objet à la sociologie de comprendre les relations entre les acteurs et d'en expliquer les déroulements. Dans l'École durkheimienne, l'œuvre de Marcel Mauss, l'*Essai sur le don* (1924), peut être considérée comme une recherche exemplaire sur les interactions anthropologiques, les échanges sous forme de don et contre-don. Marcel Mauss y démontre, en confrontant un grand nombre de pratiques et d'expressions, combien ce type d'échange — et d'interaction — a un caractère universel.

L'œuvre d'Alfred Schütz, prolongeant sur ce point les indications de Max Weber, a développé un ensemble de modèles conceptuels vivant à analyser les interactions et les rapports intersubjectifs dans les différents domaines de la vie quotidienne (Schütz, 1971).

Ce sont, néanmoins, les travaux de psychologie sociale qui ont approfondi les recherches sur les interactions et en ont fait apparaître les multiples figures depuis les interactions inter-individuelles (interaction symbolique), jusqu'aux interactions intra-groupes et inter-groupes. Le champ d'exploration et d'analyse expérimentale est d'une grande étendue, tant pour les études des comportements individuels dans les interactions

---

Un système fonctionnel, tel, par exemple, qu'une administration ou une entreprise, impose à l'acteur un ensemble de tâches, un rôle qui est en rapport avec les fonctions remplies par ce système. A chacun de ces rôles correspond un ensemble de savoirs, et l'exécution des tâches suppose la connaissance du programme imposé. Ces rôles fonctionnels s'imposent comme une contrainte pour les exécutants. Et, là encore, la tentation « objectiviste » sera de tenir ces rôles et les savoirs qui leur correspondent comme des données contraignantes imposées à des agents sociaux transformés en exécutants.

La critique développée par l'individualisme méthodologique à l'égard de cette conception objectiviste tendra, là

(Doise et Palmonari, 1984) que pour les études des dynamiques des interactions entre groupes (compétition, conflit, catégorisation, projection, identification...).

Par-delà ces nombreuses études se dessine une conception générale des sciences sociales faisant des interactions l'objet central des sciences sociales, et des méthodes employées dans ces travaux la méthodologie fondamentale.

L'interactionnisme constitue, à ce titre, l'un des paradigmes des sciences sociales, fortement éloigné des paradigmes objectivistes et holistes. Ce paradigme postule la prise en considération des sujets en tant qu'acteurs susceptibles de choix, d'initiatives, de stratégies ; il fait, de l'acteur individuel, une unité d'analyse. Les interactions y sont donc considérées comme l'œuvre des acteurs inter-agissant en situation. Y seront particulièrement soulignés les caractères cognitifs, les compétences et performances des acteurs, leurs savoirs, leurs attentes, la gestion qu'ils opèrent de leurs rôles (Padioleau, 1986). Bien des directions de recherche sont possibles à partir de ces principes, que l'on insiste par exemple sur les aspects cognitifs ou sur les dimensions contractuelles des interactions.

Les travaux d'Erving Goffman sur la vie asilaire et sur les rituels sociaux (Goffman, 1961, 1974) constituent un excellent exemple d'une féconde utilisation du paradigme interactionniste.

encore, à souligner que les agents sociaux ne sont pas simplement les exécutants d'un programme imposé. La critique soulignera les multiples écarts entre les rôles tels qu'ils sont théoriquement élaborés et les comportements réels des acteurs. On devra donc, pour comprendre et expliquer les conduites réelles des acteurs, tenir compte à la fois des rôles tels qu'ils sont imposés et des représentations, des choix, des préférences des acteurs individuels. Il faut tenir compte du fait que les rôles n'ont pas, le plus souvent, la précision qu'on leur prête ; ils font l'objet d'un apprentissage progressif, et bien souvent l'information relative aux normes définissant le rôle est d'un accès difficile ; les rôles ne sont pas des modes d'emploi simples et rédigés dans une forme immédiatement intelligible[1]. Un rôle comporte le plus souvent plusieurs sous-rôles entre lesquels l'acteur doit arbitrer et mesurer quelle énergie il y consacrera relativement, comme il doit aussi arbitrer entre les différents rôles sociaux qu'il remplit dans son existence journalière.

C'est dire que les systèmes de connaissance associés aux différents rôles, au sein d'un système fonctionnel, ne s'imposent pas comme des « choses » à des exécutants, mais font l'objet d'apprentissage, de mises à distance et de choix de la part des acteurs. Les comportements réels au sein de ces systèmes sont bien dépendants des jugements de fait et de valeur formulés par les acteurs, de leurs représentations, de leurs objectifs et de leurs intérêts, de la représentation qu'ils se font des contraintes qui pèsent sur eux et de leurs limites.

Avec les systèmes d'interdépendance s'accroît la distance entre les agents puisque, en ce cas, les actions ne sont plus en relation de rôles et que les agents peuvent être en concurrence ou en conflit. Les connaissances et les représentations participent aux actions des agents et les rendent possibles, mais avec des conséquences différentes. Comme on l'a vu précédemment, dans le déroulement des conflits[2], la représentation qu'un acteur peut avoir de l'ennemi et de ses projets conduit à un certain type de décision ; l'acteur peut avoir le choix entre deux stratégies, et son choix est déterminé par la représentation qu'il se fait, dans la période de décision, des projets (pacifiques ou belliqueux) de son ennemi. Bien entendu, la réussite ou l'échec de la décision prise modifiera la représentation de l'acteur qui réorientera son comportement au fur et à mesure des informations reçues.

Faire une analyse de ces systèmes d'interdépendance conduit donc à contraster plusieurs logiques : celle, peut-on dire, des acteurs, de leurs projets et de leurs représentations, et celle, d'autre part, du système d'interdépendance où les acteurs se trouvent engagés (volontairement ou

1. *Ibid.*, p. 88.
2. Cf. *infra*, ch. 8.

non). Le système d'interdépendance comporte sa logique, ses effets et son déroulement, ses effets émergents. Dans cette éventuelle contradiction, les attentes, les espoirs des agents peuvent connaître tous les résultats contrastés depuis le succès le plus imprévu jusqu'à la totale déception. Les représentations et les connaissances participent à tout moment aux actions et les expliquent, en partie, mais elles y jouent toutes les fonctions, motrices ou obstacles, selon le déroulement des interdépendances.

Les seules représentations peuvent donc avoir des conséquences évidentes et, en certains cas, considérables, comme l'illustre bien le cas de la panique financière. On en connaît la description simplifiée : une rumeur se répand de l'éventuelle insolvabilité des banques. Les clients, inquiets de cette menace, retirent leurs avoirs avant que les banques ne fassent faillite ; ce qui a pour effet de rendre les banques effectivement insolvables.

C'est dire, dans cet exemple, l'importance éminente d'une représentation et de sa diffusion : la seule croyance provoque, en quelque sorte, la réalité :

> « La *croyance* en la véracité de la rumeur a pour conséquence d'en provoquer la réalisation... Dans certains cas, la *foi* peut effectivement soulever des montagnes[1]. »

Un « phénomène émergent » peut être l'effet de la seule diffusion de représentations.

Structures sociales et connaissances.

Par-delà les comportements individuels et les interactions, la question générale du symbolisme se repose au niveau de la société dans son ensemble. Et, dans ce débat, seront particulièrement objets de critique deux thèses issues de la tradition sociologique, celle de l' « objectivité » du symbolisme attribuée à Durkheim, et celle de la détermination par les structures sociales formulées par Marx. Ces deux thèses, ainsi résumées, ne peuvent qu'être récusées par l'individualisme méthodologique : elles

1. *Ibid.*, p. 119.

posent, néanmoins, trop de problèmes pour être écartées sans discussion.

Dans l'article « Symbolisme social » du *Dictionnaire critique de la sociologie,* la critique vise, en particulier, le flou des définitions et l'obscurité de l'« objectivité » du symbolisme. Trois thèses sont attribuées aux sociologies d'inspiration durkheimienne :

> « Trois thèses se dégagent de leurs écrits. Pour eux, le symbolisme social constitue un ordre de phénomènes (pratiques et croyances) que l'on peut qualifier d'*objectifs,* en ce sens qu'ils instituent entre les membres de la société une authentique communauté. Une proposition inverse se déduit de cette première thèse : toute société ne s'établit et ne subsiste que si elle parvient à se constituer comme communauté symbolique. A ces propositions, il faut en ajouter une troisième : puisque le symbolisme social est inséparable du processus de communication, il varie selon la forme et le contenu du processus de communication lui-même [1]. »

Les obscurités de telles indications viendraient, en particulier, de la confusion entre « rationalité, objectivité, société [2] ». Ainsi, par sa théorie des « représentations collectives », Durkheim suggère que ces représentations symboliseraient la société en ce sens qu'elles nous aideraient à nous la figurer et que, d'autre part, elles maintiendraient son existence puisqu'elles permettent à ses membres de communiquer entre eux. Est ainsi prêtée aux idéaux et aux valeurs une réalité, une objectivité que l'expérience ne vérifie pas.

La question générale se repose ainsi de savoir s'il y a lieu de retenir l'hypothèse d'une détermination des systèmes symboliques par les structures sociales, de quelque façon que l'on entende cette détermination. C'est retrouver là l'une des intuitions fondamentales de la tradition sociologique, particulièrement illustrée par Durkheim : la tâche de la sociologie étant, dans cette perspective, d'expliquer

---

1. *Dictionnaire critique de la sociologie, op. cit.,* p. 540-541.
2. *Ibid.,* p. 541.

comment les « structures sociales » orientent les comportements, les sentiments et les représentations des individus [1].

Ce serait — selon l'article « Connaissance » du *Dictionnaire critique de la sociologie* — l'objet de la sociologie de la connaissance :

> « ... ensemble de questions et d'orientations méthodologiques, ayant pour objet l'étude des " déterminants " sociaux de la connaissance et notamment de la connaissance scientifique. En un sens plus large — si large qu'on peut se demander si le champ reste dans ce cas défini —, la sociologie de la connaissance entend placer sous sa juridiction les " déterminants " des croyances, des idéologies aussi bien que de la connaissance [2] ».

C'est l'hypothèse que développe Durkheim dans *Les Formes élémentaires de la vie religieuse* lorsqu'il avance que des concepts fondamentaux de la science (tel le concept de force) et certaines procédures opératoires (telles les procédures de classification) dérivent directement de l'expérience sociale.

Si l'hypothèse d'une stricte détermination des connaissances par les « structures sociales » ne peut qu'être récusée par l'épistémologie de l'individualisme méthodologique, la critique ici proposée fait une distinction entre une approche historique qui doit reconnaître l'existence de relations entre le contexte socio-historique et la création des modèles scientifiques et, d'autre part, une approche plus précise sur les conditions de la production scientifique limitant la portée des affirmations à caractère déterministe.

Thomas Kuhn montre que la science se développe et rencontre ses freins dans une communauté, et donc dans des conditions sociales. Ces indications ont néanmoins leurs limites, et il n'en résulte pas que les théories scientifiques relèvent de l'« arbitraire culturel ». Les conditions sociales proposent des orientations générales, mais ne se substituent pas aux exigences d'objectivité qui sont celles de la science :

1. *La logique du social, op. cit.*, ch. 8.
2. *Dictionnaire critique de la sociologie, op. cit.*, p. 96.

> « ... l'" expérience collective " ne saurait proposer à l'activité de connaissance que des orientations extrêmement générales[1]... »

Ces remarques ne valent pas moins pour les sciences humaines et sociales où, là encore, les conditions sociales, « institutions et structures sociales président à la naissance et à l'affaissement des paradigmes[2] ».

> « ... Durkheim n'aurait pas entrepris la recherche qui devrait le conduire au *Suicide* s'il n'avait pas été préoccupé par le souci — idéologique si l'on veut — de l'intégration des individus à la société[3] ».

Mais si l'ouvrage est devenu un classique, c'est bien parce qu'il permettait d'expliquer, à partir d'hypothèses acceptables, un certain nombre de faits.

La conclusion de cette discussion ne conduit donc pas à récuser totalement l'hypothèse d'une détermination sociale des modèles scientifiques, qu'il s'agisse des sciences de la nature ou des sciences de l'homme, mais elle en limite la portée en considérant les procédures de la recherche scientifique :

> « ... si on tire de ces propositions la généralisation audacieuse selon laquelle les théories scientifiques refléteraient seulement des enjeux sociaux, on se prive de la possibilité de distinguer entre science, idéologie et délire[4] ».

L'idéologie.

Le problème traditionnel dans la sociologie classique de l'idéologie constitue, pour l'individualisme méthodologique, une cible privilégiée de critique et, en quelque sorte, un lieu d'irritation. La tradition a en effet postulé, à travers des orientations différentes, que ces systèmes de croyances, de sentiments et de représentations se définissaient par rapport à un groupe social (catégorie sociale, classe ou

1. *Ibid.*
2. *Ibid.*, p. 101.
3. *Ibid.*
4. *Ibid.*, p. 102.

parti) et non sans rapport avec les intérêts de ce groupe. C'est, sur ce nouvel exemple, retrouver l'hypothèse d'une détermination des connaissances par des structures sociales, thèse qui met en question l'approche individualiste.

De plus, la conception traditionnelle introduit le thème d'une détermination, ou à tout le moins d'une influence des croyances communes sur les choix, sur les attitudes, sur les adhésions des individus et, largement, à leur insu. Ainsi, la tradition marxiste, sans nécessairement retenir le thème de « la fausse conscience », admet l'idée générale selon laquelle les membres d'une classe sociale seraient amenés, de par leur appartenance de classe, à percevoir les « réalités » sociales selon une perspective propre et donc à privilégier certaines de ces « réalités » au détriment d'autres aspects. Cette thèse, en son principe, limiterait considérablement le principe individualiste qui, s'il n'affirme pas l'idée abstraite d'une liberté sans contexte et sans contrainte, postule néanmoins l'existence d'une liberté essentielle de choix de la part de chaque agent social.

Enfin, la tradition sociologique attribue, sous des formes différentes, une certaine objectivité à ces idéologies (morales, religieuses, politiques), leur prête une évolution et une histoire repérable, et une force d'emprise sur les individus. L'approche individualiste qui postule, au contraire, que l'atome de l'analyse est l'individu et l'ensemble des interactions, ne peut que trouver, dans cette tradition de l'analyse socio-historique des idéologies, l'antithèse de ses postulats. L'approche individualiste va donc proposer d'inverser les termes du débat : de saisir les idéologies, non plus comme des systèmes ou des structures symboliques imposés aux agents, mais, tout au contraire, et prenant pour point de départ les choix des agents, de rechercher pourquoi ces agents peuvent adhérer à une idéologie.

La définition de l'idéologie, ou plus exactement des phénomènes qui seront retenus sous cette désignation éminemment polysémique, est essentielle dans ce cheminement. La perspective choisie écarte l'étude des systèmes symboliques comme les idéologies religieuses ou politiques pour privilégier les adhésions aux « idées reçues ». Ce sera

Idéologies

Depuis que Napoléon Ier, reprenant le mot forgé par Destutt de Tracy, a désigné comme des « idéologues » les libéraux opposés à son régime, la réflexion sur les idéologies n'a cessé de susciter recherches et polémiques. Marx fait de l'analyse critique des idéologies (philosophiques, religieuses, juridiques) un moment inaugural de l'analyse sociale (Marx, 1845), en même temps qu'il en étudie la genèse à partir des rapports sociaux de production. En ce sens, l'idéologie participerait de l'illusion propre aux régimes d'exploitation et serait amenée à disparaître dans la transparence de la société communiste. La définition proposée par K. Mannheim (1929) élargit la signification du concept d'idéologie et permet de l'appliquer à tout système de représentations, propre à un groupe, une classe ou une ethnie, concernant l'organisation sociale, les finalités légitimées et les moyens de les réaliser (Ansart, 1974).

Les régimes totalitaires, hitlérien et stalinien, ont illustré tragiquement l'importance que peuvent prendre les idéologies dans une situation de monopole politique et comment elles sont un instrument essentiel de mobilisation et de répression sociale (Lefort, 1976). De même, les religions peuvent constituer le référent symbolique majeur, servir de moyen d'intégration et de contrôle social. Dans ces situations, l'analyse objective des idéologies, politiques et religieuses, en ce qu'elle fait apparaître le caractère historique et répressif des idéolo-

l'objet de la réflexion que de montrer que l'adhésion aux « idées fausses » peut s'analyser aussi selon les principes de l'individualisme méthodologique [1].

Il s'agira, en prenant pour point d'observation la nature des adhésions, de rechercher comment, alors que l'on postule que tout choix a sa rationalité, le choix peut se porter sur des « idées fausses ». Ce critère de fausseté étant donné pour essentiel à l'idéologie.

Cette fausseté n'ayant sens que par rapport à la vérité, c'est donc dans le domaine des idéologies prétendument

1. R. Boudon, *L'Idéologie ou l'Origine des idées reçues*, Paris, Fayard, 1986, p. 18.

gies, est vigoureusement pourchassée par les pouvoirs en place et leur police.

Dans les régimes de démocratie pluraliste, la liberté d'expression, le pluralisme des partis, la régression des dogmatismes et la relative dépolitisation des citoyens donnent à beaucoup l'impression d'un effacement des idéologies ou même d'une « fin des idéologies ». Cependant, la lutte des partis pour parvenir au pouvoir, la nécessité de convaincre les électeurs par tous les moyens du discours et des images, contraint chaque organisation politique à produire un système symbolique relativement cohérent, à le remanier en fonction des obstacles ou des échecs, à inventer les procédés subtils permettant de voiler les intérêts particuliers ou les incapacités à résoudre les problèmes concrets (Ansart, 1977).

Le développement des moyens de communication de masse dans les démocraties pluralistes a permis l'émergence de multiples sources de production de significations et d'images politiques et, de ce fait, la diffusion massive des significations. Les media nationaux, visant l'écoute la plus large, doivent éviter de heurter de trop nombreux auditeurs et tentent de ménager toutes les sensibilités ; ils reproduisent une idéologie consensuelle aux contours indécis non sans dénoncer vigoureusement les extrêmes de l'échiquier politique et se poser en observateurs impartiaux. Les media privés, au contraire, visant un public spécial, syndical, ethnique ou religieux, reproduisent leur idéologie locale avec leurs symboles et leur langage particulier.

scientifiques, ou se prétendant légitimées par la science, que seront choisis les exemples et ainsi définie l'idéologie. Seront donc désignés par ce terme les ensembles d'idées et de représentations prétendant fonder l'ordre social et l'action politique sur des analyses scientifiques. On définira donc les idéologies :

> « ... comme des doctrines reposant sur des théories scientifiques, mais sur des théories fausses ou douteuses ou sur des théories indûment interprétées, auxquelles on accorde une crédibilité qu'elles ne méritent pas[1] ».

1. *Ibid.*, p. 45.

Le problème qui se pose donc est de savoir pourquoi et comment les agents sociaux peuvent faire de telles mésinterprétations. Et les réponses à cette question viendront de la considération des situations où se trouvent les agents, situations à partir desquelles les agents sont amenés à adhérer — rationnellement à leurs yeux — à une théorie erronée. Retenons, ici, trois types d'effets : les effets de position, de disposition et de communication.

On doit admettre que les agents sociaux, loin de contempler la réalité d'un point de vue absolu et extérieur, perçoivent la réalité à partir de leur position et de manière déformée ou partielle. C'est, par exemple, ce que soulignait Marx dans son analyse du fétichisme de la marchandise : à partir de leur position et de leur expérience quotidienne, les marchands constatent que leurs marchandises peuvent gagner en prix lorsque la demande est abondante et qu'elles tendent à perdre de la valeur lorsque la clientèle se fait rare. Ils sont amenés à penser ainsi que les valeurs dépendent du marché, et que la véritable loi de la valeur est bien, en vérité, la loi de l'offre et de la demande.

De même, peut-on parler d'« effet de disposition » pour désigner le fait que les agents sociaux sont amenés à percevoir des phénomènes en fonction de leurs propres schèmes de référence ou habitudes mentales et ainsi sont amenés à les mésinterpréter. Max Weber en donne un bel exemple lorsqu'il analyse l'étonnement de l'observateur moderne en face des pratiques magiques : tel observateur, considérant les pratiques du faiseur de pluie, est disposé, de par sa culture, à s'étonner devant un tel comportement et à le tenir pour inintelligible et irrationnel. Comme le suggère Max Weber, le problème de la magie se trouve ici dans l'esprit de l'observateur et non dans la mentalité irrationnelle du magicien.

A ces effets de position et de disposition, R. Boudon ajoute les effets qu'il appelle de « communication », entendant par là tous les effets qui relèvent de la communication, et plus encore de la non-communication. En relève, en particulier, le fait que, dans une situation de réception d'une idée ou d'un savoir, l'agent social est, en de multiples cas, peu porté à examiner la vérité des contenus, mais plutôt porté à faire confiance à l'autorité qui l'exprime[1]. Contrairement à l'utopie de la transparence et de la parfaite communication, l'acteur social, de par sa position et ses connaissances limitées, est bien souvent porté à traiter les idées « comme des boîtes noires » et à s'en remettre aux compétences. A un niveau plus complexe de la communication, il convient de souligner qu'une théorie va intéresser des acteurs sociaux, des cercles intellectuels, par exemple, pour des raisons diverses et autres que les raisons scientifiques. Une théorie à caractère social et politique (telle théorie développementaliste, le tiers-mondisme, la thèse du développement inégal, par exemple) va séduire, « intéresser », des groupes de journalistes politiques qui y trouveront des justifications de leurs positions alors que les scientifiques seront réticents ou hésiteront à se prononcer. La structure de la communication fera ici que la plupart des acteurs sociaux ne pourront entendre les avis et critiques des spécialistes, mais entendront les justifications émises par des non-spécialistes.

Il ne serait donc pas contradictoire de réaffirmer le principe général de la « rationalité » du comportement des acteurs avec le constat de l'adhésion à des idées fausses, pourvu que l'on restitue ces effets de position, de disposition, et de communication. Pourvu, aussi, que l'on tienne compte de la complexité de « l'intérêt » : l'acteur social va « s'intéresser » à des théories, non seulement pour le contenu de vérité qu'il y trouve, mais en raison, aussi, de *l'utilité* qu'elle peut avoir pour lui et dont la perception peut être, elle-même, complexe :

> « Une théorie peut *intéresser* un acteur social non seulement parce qu'elle lui fournit une base cognitive pour son action, mais également parce qu'elle lui permet de résoudre les problèmes éthiques ou déontologiques qu'il rencontre naturellement dans l'exécution de son rôle[2]. »

1. *Ibid.*, p. 123.
2. *Ibid.*, p. 174.

C'est aussi que ces idées « intéressantes » ne font pas l'objet d'une contemplation passive de la part des agents sociaux. La connaissance doit bien être interprétée comme un processus actif, elle est le fait d'acteurs, c'est-à-dire d'agents agissants qui vont retenir et s'intéresser aux idées ou théories susceptibles de conforter leur action.

Les acteurs sociaux, situés et prédisposés, engagés dans les structures particulières de communication, vont donc, en effet, pouvoir s'intéresser à des idées et des théories erronées.

Une dernière question pourrait être posée de savoir, en règle très générale, si les idées, les croyances, les théories sont, ou non, importantes dans le cours des actions et des interactions. Pour banale qu'elle soit, cette question n'est pas mince pour une théorie de l'action, et les réponses apportées seront significatives des interprétations de la « rationalité » des comportements.

Or, à cette question générale, Raymond Boudon répond en ne soulignant que les particularités des cas envisagés : le « rôle des idées et des valeurs est parfois plus important qu'on ne croit [1] », et, au contraire, « parfois moins important qu'on ne croit [2] ».

En certaines situations, les ambiguïtés et les complexités sont telles que les situations passent nécessairement par l'élaboration de théories qui serviront à justifier les solutions proposées. Ces solutions tiennent compte à la fois des données sociales, des conjonctures et de la position favorable du groupe social susceptible de les mettre en œuvre. Mais, par-delà ce moment d'élaboration, ces constructions vont suivre un destin comparable à celui des théories scientifiques et subsister par-delà leur condition d'élaboration. En ce sens, une construction théorique a bien un rôle dans les comportements des acteurs et peut être traitée comme une variable indépendante.

---

1. R. Boudon, *La Place du désordre; critique des théories du changement social,* Paris, PUF, 1984, p. 146.
2. *Ibid.,* p. 156.

Mais, en bien d'autres cas, des observateurs ou théoriciens ont été amenés à accorder aux idées, comme aux idéologies, un rôle excessif par rapport à leur influence réelle. Bien des théories ont ainsi introduit l'hypothèse d'une influence directe des idées et des valeurs dans un changement social. L'interprétation vulgaire de *L'Éthique protestante* prête à Max Weber l'hypothèse selon laquelle le calvinisme aurait été une « cause » (sinon la cause) du développement du capitalisme. Mais les multiples travaux menés sur ce sujet ont bien montré que si le calvinisme a bien, en effet, attiré les élites économiques du XVIe siècle, le développement du capitalisme a été soutenu par bien d'autres conditions économiques, sociales et politiques. Et, en bien des situations à analyser, il convient de traiter les idées et les idéologies comme des variables dépendantes.

Ce rappel à la singularité des cas ne surprend pas et se trouvait, en effet, exprimé dans les prémisses de l'individualisme méthodologique. Reprenant incessamment son départ dans l'examen des comportements individuels et des interactions particulières, cette sociologie n'a pas pour but de gommer le singulier au profit de lois ou de déterminismes généraux. Si elle a l'ambition de découvrir des systèmes d'interaction sous-jacents aux phénomènes qu'elle étudie, elle a bien vocation de mener l'analyse du singulier et donc de mettre en évidence l'indéfinie pluralité des cas.

QUATRIÈME PARTIE

La sociologie dans la cité

Les quatre sociologies que nous venons de parcourir dessinent chacune une image globale des sociétés, une représentation d'ensemble dont il paraît possible de dégager les traits généraux. Par-delà les enquêtes et les analyses de détail, elles construisent ce que nous pouvons appeler une « vision du social » qui peut être dégagée au terme du parcours que nous avons opéré.

Ces « visions du social » sont vigoureusement contrastées, comme nous aurons à le rappeler, non sans posséder, néanmoins, des points communs ou des évidences communes qu'il faudra, aussi, souligner.

Un point nodal de divergence nous paraît constitué par la conception du sujet. Qu'en est-il, en effet, du sujet dans un structuralisme génétique et dans une conception stratégique des actions individuelles ? Il y a là un point d'opposition claire où les sociologies rencontrent toutes la même question et y répondent de façons opposées. Mais, là encore, les oppositions sont-elles dans les prémisses ou dans les conclusions ?

Comme on peut s'y attendre, ces conceptions différentes, ces mini-paradigmes au sein des sciences sociales élaborent simultanément une certaine représentation d'elles-mêmes, une conception de la science sociale et de ce qu'est, ou devrait être, sa scientificité. On sait que cette question s'est posée avec la science sociale elle-même, qu'elle ait cherché dans les sciences de la nature, dans les sciences historiques, ou, au contraire, par un rejet systématique des autres modèles scientifiques, les règles logiques de sa scientificité. Il y a là une question essentielle dont les réponses sont éminemment significatives.

Enfin, la question traditionnelle du rôle des sciences sociales dans la cité, question à laquelle les maîtres de la sociologie ont répondu depuis Saint-Simon jusqu'à Max Weber et Durkheim, continue à se poser même lorsque la réponse n'est pas explicite. Elle rejoint inéluctablement, et malgré les réticences de certains, la question traditionnelle des sciences sociales dans la vie politique.

13

Reproduction et stratégie

Une lecture rapide des premiers travaux de Pierre Bourdieu a pu laisser croire que sa conception générale de la société en soulignait surtout l'objectivité, la « reproduction », le renouvellement des rapports de classes. Toute une polémique s'est développée à partir de cette interprétation simplifiante, accusant cette conception d'en rester à une réduction déterministe, marxiste, durkheimienne ou structuraliste. Et il est vrai qu'en retenant quelques citations bien choisies, il est possible d'opérer cette simplification polémique. C'est, au contraire, la conception générale que nous voudrions retrouver ici dans sa complexité et, autant qu'il est possible, dans ses nuances.

On devra souligner tout d'abord que cette image globale du social, que nous pouvons retrouver dans l'œuvre de Pierre Bourdieu, ne concerne pas la société abstraite ou même les sociétés modernes en général, mais concrètement des sociétés faisant l'objet des enquêtes empiriques, c'est-à-dire essentiellement l'ancienne société kabyle et la société française. L'ambition de constituer une théorie sociologique portera, comme nous le verrons ensuite, sur les principes et les concepts de l'analyse sociologique.

L'ordre établi.

Qu'il existe des rapports sociaux non réductibles à des rapports économiques, et que ces rapports puissent faire l'objet d'une connaissance particulière, ces principes sont, en quelque sorte, une évidence qu'il ne s'agit pas de démontrer, mais seulement d'illustrer par la poursuite des analyses. Mais, simultanément, ce simple énoncé pose problème, car les « objets » d'étude, ces rapports sociaux, s'ils revêtent bien une réalité, ne sont pas seulement des réalités comptables dont la statistique suffirait à rendre compte, mais bien des rapports de force et des rapports de sens comportant des processus et des régulations complexes et obscurs à ceux-là mêmes qui en assurent le renouvellement.

Au point de départ de cette conception générale des rapports sociaux, et en guise d'introduction significative, on pourrait situer les travaux sur le système d'enseignement[1]. Ces travaux, en effet, mettent fortement l'accent sur le fait qu'il y a bien à discerner, dans les pratiques sociales, des rapports de force et de sens qui prennent ici la forme de l'inculcation et de la domination. L'action pédagogique est bien l'imposition, par un pouvoir, d'un arbitraire culturel, qu'elle soit exercée par une famille sur les enfants ou par des agents spécialisés dans cette fonction[2].

Il n'y a pas, ici, à opposer les sociétés sans écriture et les sociétés à écriture : sans doute, les agents peuvent être différents et les lieux d'inculcation différents, mais le fait de l'inculcation s'y repère également, et donc l'exercice d'un pouvoir symbolique.

On peut situer cette théorie de l'imposition symbolique en introduction à la conception générale des relations sociales, car elle illustre bien ce trait essentiel des rapports sociaux de comporter des relations de pouvoir, de force et particulièrement de pouvoir symbolique.

Les rapports sociaux sont donc des rapports marqués par l'inégalité ou, plus exactement, par des inégalités, selon la nature des biens que l'on considère. Dans nos sociétés, l'inégalité que l'on peut dire dominante est celle qui concerne le capital économique qui n'est pas sans donner des possibilités d'acquisition d'autres formes de capitaux. Mais l'inégalité peut être aussi celle qui se rapporte à la détention du capital symbolique, du capital social et du capital culturel. Ces inégalités ne sauraient être confon-

---

1. *Les Héritiers, les étudiants et leurs études*, 1964 ; *La Reproduction, éléments pour une théorie du système d'enseignement*, 1970 ; *La Noblesse d'État, grandes écoles et esprit de corps*, 1989.
2. *La Reproduction, op. cit.*, p. 20.

dues, même si elles peuvent se cumuler : ainsi, le capital symbolique fondé sur l'opinion, la réputation, la représentation paraît-il le plus fragile, le moins transmissible ; le capital économique étant au contraire le plus gérable rationnellement[1].

Une thèse majeure de cette conception générale est bien, comme nous l'avons vu[2], que les appropriations se cumulent dans la société observée, formant ainsi une société de classe. Cette proposition est sans doute celle qui peut donner lieu au plus grand nombre de malentendus, car elle se prête immédiatement à une lecture « réaliste » faisant de la classe une « réalité compacte, bien découpée ». Cette étude des rapports de force et de sens conduit, au contraire, à une étude de l'espace social et des conflits multiples qui s'y déroulent :

> « J'ai voulu rompre avec la représentation réaliste de la classe comme groupe bien délimité, existant dans la réalité comme réalité compacte bien découpée[3]... »

L'une des attentions de l'analyste se porte sur les pratiques de domination qui s'exercent à travers ces rapports de classe, et les concepts de classe dominante et de classe dominée se trouvent donc faire partie intégrante du vocabulaire analytique. Mais le mouvement de recherche conduit aussi à repérer les rapports de domination dans leur multiplicité. Si le rapport de domination lié à l'appropriation du capital économique s'accompagne de la maîtrise des autres rapports de domination, il n'est aucunement le seul. Il n'y a d'ailleurs pas une exacte coïncidence entre la domination économique et les différentes formes de domination symbolique. On ne pourrait donc prétendre isoler une domination déterminante « en dernière instance » dans un procès de reproduction qui suppose la composition des différentes dominations.

---

1. *Choses dites, op. cit.*, p. 131.
2. Cf. *supra*, ch. 1 ; cf. aussi *La Noblesse d'État, grandes écoles et esprit de corps, op. cit.*, IV.
3. *Choses dites, op. cit.*, p. 65.

De même, ne faut-il pas limiter l'exercice de la domination aux seuls rapports de classes. Il convient aussi de repérer les dominations particulières qui s'exercent à l'intérieur d'un « champ », qu'il soit scientifique, politique ou littéraire. Le champ littéraire, par exemple, a aussi ses dominants et ses dominés, ses rapports de force et ses luttes internes visant à transformer ou à conserver les rapports de domination[1]. Et cet exercice de la domination dans ce champ de production n'est pas réductible à l'exercice de la domination dans les rapports économiques. On pourra donc faire l'étude des homologies structurales entre le champ littéraire et le champ social dans son ensemble, mais, l'homologie n'est pas l'identité, et la domination symbolique a bien ses domaines propres à ses spécificités. L'une des tâches de l'analyste sera d'étudier à la fois la logique propre aux différents champs et la composition des différentes dominations telles, par exemple, la domination économique et la domination symbolique qui légitime les rapports de force.

Nous parvenons ainsi à une autre originalité marquante de cette conception des rapports sociaux : l'analyse de la violence. Aucune autre des sociologies que nous examinons ici n'a attribué autant d'importance à cette dimension des rapports sociaux et autant insisté sur la pluralité des formes de violence.

On a vu que la relation pédagogique était une forme de « violence symbolique en tant qu'imposition, par un pouvoir arbitraire, d'un arbitraire culturel[2] ». C'est dire que la relation première d'un sujet à l'habitus est un rapport de violence symbolique en ce qu'il a à subir l'imposition d'un arbitraire. L'action pédagogique primaire s'accomplit dans la famille qui se trouve donc elle-même traversée par ce rapport de violence symbolique. Puis, le rapport d'imposition qui s'établira à l'école dépendra de la distance entre l'habitus primaire imposé dans la famille et le système des dispositions que tend à imposer le système scolaire. L'intégration même d'un groupe social reposera sur l'identité

1. *Ibid.*, p. 167-168.
2. *La Reproduction, op. cit.*, p. 19.

partielle ou totale des effets du travail pédagogique d'inculcation d'un habitus sur ses membres. C'est dire que la « socialisation » généralement présentée comme un ensemble de processus d'adaptation comporte, en réalité, une dimension de violence que les idéologies scolaires tendent à dénier. La violence s'inscrit ainsi dans les rapports sociaux de formation et de conformation des individus.

De plus, et c'est là une autre originalité qu'il faut souligner de cette sociologie, elle met en relief la diversité des formes de violence sociale. S'il y a bien une violence essentielle qui traverse toute formation sociale par l'imposition des arbitraires, il faut repérer que chaque champ est un lieu d'exercice de violence, que chaque capital est le lieu d'un enjeu et d'une lutte. L'une des formes de violence particulièrement étudiée sera bien la violence symbolique qui, repérable dès l'imposition de l'habitus, se poursuit dans les multiples luttes pour l'imposition de la culture légitime. C'est l'objet de *La Distinction* que d'analyser, jusque dans le domaine des goûts personnels, l'exercice des conflits de classes et de montrer comment se jouent, dans les arbitraires culturels, les violences symboliques et les rapports de force. Et, là encore, l'objet sera, en isolant provisoirement les formes de violence symbolique, de montrer comment les violences sociales se composent, quels rapports elles peuvent avoir entre elles et comment elles concourent à la reproduction sociale.

Cette reproduction sociale est bien un pôle majeur de cette conception du social et qui va, aussi, attirer les réserves ou les critiques des autres modèles d'analyse sociologique. On ne contestera pas à cette théorie de la reproduction sa critique d'une conception mécanique et mono-causale de la reproduction : c'est bien la composition structurale des différentes logiques sociales qui fait l'objet des analyses et qui est tenue pour explicative de la reproduction.

Le sujet et les déterminismes.

Comme l'affirment vigoureusement des formules tranchantes du *Métier de sociologue*, le principe du déterminisme est inévitable et fait partie des postulats d'une analyse scientifique : le « déterminisme méthodologique » est un principe qu' « aucune science ne saurait renier sans se nier comme telle[1] ». Et, en ce sens, le mouvement de recherche en sociologie sera bien de découvrir, contre les illusions des agents, les régulations qui apparaissent dans leurs comportements et qui révèlent les déterminismes cachés qui régissent le fonctionnement social.

Et, dès lors, la question se pose de savoir si une telle conception du social se confondrait avec un structuralisme attaché à dissoudre le sujet dans le fonctionnement des structures et, à la limite, à proclamer la « mort du sujet ». La question de la reproduction impose, en effet, de réfléchir, non seulement sur les classes sociales et leur reproduction, mais bien sur les sujets concrets, et donc de s'interroger sur le statut du sujet.

Il importe, tout d'abord, de préciser comment le problème est posé. Il se trouve formulé dans un double refus : refus, d'une part, de l'illusion subjectiviste de la liberté absolue, mais aussi refus d'un déterminisme objectiviste tel qu'il était alors formulé par un certain structuralisme. Dans *Un art moyen* (1965), ce double refus était ainsi exprimé :

> « L'intuitionnisme subjectiviste qui entend chercher le sens dans l'immédiateté du vécu ne mériterait pas de retenir un seul instant s'il ne servait d'alibi à l'objectivisme qui se borne à établir des relations régulières et à en éprouver la signification statistique sans en déchiffrer la signification humaine et qui demeure un nominalisme abstrait et formel tant qu'il ne s'apparaît pas comme un moment nécessaire mais dépassable de la démarche scientifique[2]. »

Qu'il y ait bien des relations sociales « objectives », indépendantes des volontés individuelles, c'est ce que le structuralisme mettra, après l'École de Durkheim, en évidence, mais ce moment, s'il est nécessaire, doit être dépassé pour que soient retrouvés les comportements individuels.

---

1. *Le Métier de sociologue,* Paris, La Haye, New York ; Mouton, éd. 1980, p. 31.
2. *Un art moyen, op. cit.,* p. 18.

C'est le rôle dévolu au concept d'habitus que de venir apporter une réponse à ce problème du statut du sujet, et c'est bien, en effet, une clef majeure de cette conception du social[1].

On sait que l'habitus est une médiation entre les relations objectives, les comportements et les projets individuels. Il marque l'intériorisation des conditions objectives, il est le résultat de l'inculcation et de l'apprentissage. Et, d'autre part, cette intériorisation produit un système de dispositions organiques et mentales, des « schèmes inconscients de pensée, de perception et d'action » que les sujets vont mettre en œuvre dans leurs pratiques.

La question qu'il y a lieu de poser ici est de savoir comment interpréter cet habitus, et s'il doit être compris comme une médiation au seul service de la reproduction des rapports établis, ou s'il doit recevoir une interprétation plus complexe. La réflexion de Pierre Bourdieu sur ce point n'a cessé, depuis les premières définitions, de nuancer et de complexifier ce concept, mais il convient de souligner que les premières élaborations précises étaient ouvertes aux nuances et aux ajustements du concept selon les situations et selon les pratiques considérées. En 1972, dans *La Théorie de la pratique*, il caractérisait ainsi la pratique :

> « La pratique est à la fois nécessaire et relativement autonome par rapport à la situation considérée dans son immédiateté ponctuelle parce qu'elle est le produit de la relation dialectique entre une situation et un *habitus*, entendu comme un système de dispositions durables et transposables qui, intégrant toutes les expériences passées, fonctionne à chaque moment comme une *matrice de perceptions, d'appréciations et d'actions*, et rend possible l'accomplissement de tâches infiniment différenciées, grâce au transfert analogique de schèmes permettant de résoudre les problèmes de même forme et grâce aux corrections

1. Pour une étude minutieuse de ce concept dans l'œuvre de P. Bourdieu, cf. André Mary, « Métaphores et paradigmes dans le bricolage de la notion d'habitus », *Cahiers du LASA*, nᵒˢ 8-9, 1988.

Épistémologie et théories

Depuis leur apparition, les sciences sociales sont traversées de discussions qui donnent souvent à l'observateur l'image d'une incertitude quant à la scientificité de leur démarche et de leurs résultats. Pour clarifier le sens de ces débats, il est utile de distinguer les différents niveaux de débat qui portent sur des dimensions très différentes de la recherche. On peut distinguer trois domaines de discussion : épistémologique, théorique, méthodologique.

1. **La critique épistémologique** concerne, comme pour toutes les sciences, les principes de la production des connaissances et de leurs conditions de possibilité. A quelles conditions une connaissance scientifique est-elle possible dans le domaine de la vie collective ? Quelles sont les règles concernant l'établissement des données, l'objectivation, la distanciation entre l'observateur et l'observé, la critique des biais et des idéologies ? Quelles sont les règles des procédures de preuve ? Ces questions n'ont cessé d'être débattues par les différentes écoles et par les fondateurs des sciences sociales. A ce niveau de discussion, contrairement à une impression commune, un large accord se fait sur les exigences logiques de la production des connaissances (règles de l'objectivation, de la critique des données, de la vérification). Cette réflexion épistémologique accompagne nécessairement le travail et autorise à distinguer la production ayant une ambition scientifique de l'essai et du discours idéologique.

incessantes des résultats obtenus, dialectiquement produites par ces résultats [1]. »

Cette longue définition rappelle que l'habitus est bien produit socialement et qu'il correspond à l'intériorisation, à l'incorporation de l'extériorité [2] ; mais, s'il marque l'« extériorisation de l'intériorité » et fonctionne comme « structure structurante », il n'est pas source d'une reproduction mécanique, il soutient, au contraire, des stratégies et des

1. *La Théorie de la pratique, op. cit.*, p. 178-179.
2. *Ibid.*, p. 175.

2. **La critique théorique** concerne non plus les conditions de possibilité des savoirs, mais les différentes interprétations qui sont données des faits et des changements observés. Il sera bon de distinguer ici deux niveaux de discussion correspondant à deux degrés de généralité des théories : aux théories générales (marxisme, évolutionnisme, structuralisme...) qui ambitionnent d'expliquer un vaste ensemble de données, la critique applique une réflexion globale concernant les limites ou les échecs possibles de ces théorisations générales ou « paradigmes ». Aux théories « à moyenne portée » (R. K. Merton) ne concernant qu'un secteur limité des phénomènes, la critique peut, plus aisément, mobiliser toutes les ressources des comparaisons et des validations permettant les corrections et révisions.

3. **La critique méthodologique** porte non plus sur les théories, mais bien sur les procédures et sur les techniques mises en œuvre au cours des recherches et démonstrations. Elle constitue une part importante du travail de critique : plus spécialisée, elle revêt souvent un caractère ésotérique. Elle ne peut, néanmoins, être complètement isolée des débats théoriques car les procédés choisis pour une recherche ne sont pas sans rapport avec les présupposés logiques et les théories qui leur donnent sens. En fait, les trois critiques que nous distinguons ici ne peuvent être complètement isolées : elles s'éclairent et s'enrichissent mutuellement.

ajustements aux situations particulières. La question des stratégies et des choix stratégiques est explicitement posée dans cette définition et dans les commentaires qui l'accompagnent.

On le vérifie sans équivoque dans les différents travaux qui mettent en évidence l'existence de « stratégies de reproduction ». En ce cas, la reproduction passe par une combinaison complexe de stratégies réparties dans plusieurs dimensions du social, comme on le voit bien dans le cas du patronat français[1]. On voit, dans cet exemple, les

1. *Choses dites, op. cit.,* p. 76.

stratégies se déployer en plusieurs directions, cumuler des principes de légitimation différents, et parvenir à reproduire et à transformer le pouvoir du patronat français.

Mais, de plus, et par-delà ces stratégies de reproduction, le concept d'habitus prépare à repenser les stratégies par lesquelles un individu ou une famille vise à réaliser ses objectifs. Importe, ici, l'abandon du terme de « règles » pour désigner les pratiques : par exemple, dans le cas de la parenté, l'abandon des termes « règles de parenté » chers au structuralisme au profit de « stratégies matrimoniales » ou d'« usages sociaux de la parenté »[1]. Par cette substitution de termes est indiqué le souci de rompre avec l'idée de reproduction comme ensemble de régularités objectives s'imposant aux agents, au profit d'une théorie des stratégies individuelles et collectives. Ainsi, les stratégies matrimoniales ne sont pas de simples réalisations de règles objectives visant au maintien du statut de la famille, mais bien un ensemble de pratiques multiples dont certaines vont s'accommoder des principes et réaliser les objectifs collectifs.

Ainsi, une telle conception de l'habitus conduit à une vision « constructiviste » entendue dans un sens génétique du social, si l'on entend par ce terme de constructivisme :

> « ... qu'il y a une genèse sociale d'une part des schèmes de perception, de pensée et d'action qui sont constitutifs de ce que j'appelle habitus, et d'autre part des structures sociales, et en particulier de ce que j'appelle des champs et des groupes, notamment de ce qu'on nomme d'ordinaire les classes sociales[2] ».

Les pratiques individuelles et les choix doivent donc être pensés dans cette genèse et dans ce pouvoir de constitution. Ce qui ne saurait valider l'illusion du choix libre et indéterminé de chaque sujet social. Au contraire, le concept d'habitus doit aider à comprendre comment les stratégies, rendues possibles par les apprentissages, peu-

---

1. « Les usages sociaux de la parenté », in *Le Sens pratique, op. cit.*, livre II, ch. 2.
2. *Choses dites, op. cit.*, p. 147.

vent se réaliser grâce à une maîtrise acquise du jeu social, sans une totale conscience de toutes les conditions du jeu.

La conception de la science sociale.

L'ambition d'une telle réflexion, qui ne cesse d'insérer un rapport social particulier, une pratique sociale, dans l'ensemble des rapports sociaux, vise donc à surmonter les études partielles et les divisions institutionnelles entre savoirs particuliers. Étudier, en effet, la reproduction des classes exige d'envisager comme possible une totalisation du savoir social puisque cette reproduction se réalise à travers l'exercice de tous les pouvoirs (économique, social, symbolique, politique) et le développement de toutes les stratégies correspondantes. Ainsi, les différentes études menées sur des pratiques différentes, éducatives, matrimoniales, de consommation, s'éclairent les unes par les autres et prennent sens par leur rapprochement.

C'est l'ambition apprise du structuralisme, même si celui-ci se trouve critiqué sinon récusé, que de découvrir les relations — éventuellement non quantifiables — entre les éléments apparemment sans liens les uns avec les autres, de dévoiler des rapports de renforcement, d'homologie, de fausse contradiction, entre des institutions, des pratiques distinctives, invisibles à une approche morcelante du social. Que cette ambition ne puisse être réalisée d'une façon parfaitement exhaustive n'exclut pas qu'elle constitue un horizon permanent de la recherche. Elle n'exclut pas non plus que la recherche puisse s'attarder sur des comportements apparemment aussi mineurs que la pratique de la photographie ou la fréquentation des musées : ces pratiques locales prendront toute leur signification dans l'ambition d'une « anthropologie totale ».

Cette conception de la science se définit à travers une succession de critiques explicites qui visent, en particulier, le structuralisme, l'interactionnisme et le subjectivisme.

Si le point de départ de cette conception du savoir s'est clairement forgé, initialement, à l'école du structuralisme tel qu'il se définissait dans les années 1950 autour de l'œuvre de C. Lévi-Strauss, c'est ensuite par une critique des limites de ce structuralisme que s'est affirmée l'originalité de cette conception. Du structuralisme est conservé tout le programme d'une analyse de la totalité et des rapports, le plus souvent cachés à la conscience des agents, entre les éléments et les différentes dimensions de la totalité. Mais, il est reproché au structuralisme de réduire les comportements des agents à des automatismes, à la réalisation passive des règles :

> « Je voulais réintroduire en quelque sorte les agents, que Lévi-Strauss et les structuralistes, notamment Althusser, tendaient à abolir, en faisant d'eux de simples épiphéno- mènes de la structure... L'action n'est pas la simple exécution d'une règle, l'obéissance à une règle [1]. »

En même temps se trouve récusée la réduction « objecti- viste » qui nie la pratique des agents et ne veut retenir dans son analyse que les rapports de force et les contraintes qu'ils imposent.

La critique à l'égard de l'interactionnisme ne vise pas à nier l'intérêt de l'étude des interactions, mais critique la conception qui fait des interactions le fondement des processus sociaux comme si les agents n'étaient porteurs d'aucune détermination sociale. Ce n'est pas l'étude des interactions qui se trouve ainsi mise en cause, mais toute conception qui sépare ces interactions de leur genèse sociale et de leurs conditions de possibilité. En fait, et comme l'atteste par exemple l'homogamie de classe, il n'est pas jusqu'aux formes les plus affectives des interactions qui ne révèlent, à travers l'harmonie des habitus, la structure objective des conditions et des positions. Contre la réduc- tion interactionniste, il conviendrait de réintroduire l'« agent socialisé [2] ». Ce n'est donc pas l'idée même d'« agrégation » des conduites issues des interactions qui se trouve récusée, mais bien l'occultation qui serait faite, dans cet examen, des déterminants qui rendent possible cette agrégation :

> « Les régularités que l'on peut observer, grâce à la statistique, sont le produit agrégé d'actions individuelles

1. *Ibid.*, p. 19.
2. *Ibid.*, p. 78.

orientées par les mêmes contraintes objectives (les nécessités inscrites dans la structure du jeu ou partiellement
objectivées dans des règles) ou incorporées[1]. »

Enfin, le « subjectivisme », comme toute forme de
philosophie du sujet forgeant le mythe d'un sujet sans
histoire et sans déterminants, se trouve récusé dès les
principes mêmes des analyses. Se trouve aussi critiquée une
phénoménologie sociale qui se veut exclusivement descriptive et qui ne saurait constituer qu'une étape de la
recherche.

En effet, si ces différentes réductions se trouvent ainsi
dénoncées dans leur limite, elles peuvent constituer des
moments dans une recherche qu'il faudrait penser comme
un mouvement dont la description phénoménologique
pourrait être le premier temps :

> « Les trois moments de la démarche scientifique sont donc
> inséparables : le vécu immédiat saisi à travers des opinions,
> qui voilent le sens objectif en même temps qu'elles le
> dévoilent, renvoie à la description des conditions et des
> significations objectives, description qui s'achève dans
> l'appréhension du rapport entre les sujets et la signification
> objective de leurs conduites et dans l'analyse des condition-
> nements imposés au vécu par les conditions objectives[2]. »

La question se pose nécessairement de savoir si l'analyste
est bien en mesure de parvenir à cette connaissance
recherchée et quelles méthodes seraient nécessaires pour
parvenir à ce savoir. La question se pose avec d'autant plus
d'acuité qu'il apparaît bien que l'on ne peut attendre du
seul raffinement des méthodologies l'ensemble des conditions nécessaires à un savoir scientifique[3]. On ne peut
échapper à l'obligation de faire une critique épistémologique de toutes les techniques et méthodes qui ne peuvent
garantir une véritable construction sociologique de l'objet.
Ce sera d'une démarche plus ambitieuse, reprenant le

---

1. *Ibid.*, p. 80.
2. *Un art moyen, op. cit.*, p. 20.
3. *Le Métier de sociologue, op. cit.*, p. 68.

mouvement dessiné par Gaston Bachelard, et faisant de l'objet un « fait conquis, construit, constaté » que l'on pourra attendre une véritable construction sociologique de l'objet [1].

L'une des critiques qui peut aider à une réflexion sur la construction de l'objet concerne la réflexion sur l'objectivation et sur le travail d'objectivation qui doit être opéré. Ainsi s'impose au sociologue une analyse des présupposés inconscients qu'il doit à son appartenance de classe :

> « ... le sociologue qui ne ferait pas la sociologie du rapport à la société caractéristique de sa classe sociale d'origine risquerait de réintroduire dans son rapport scientifique à l'objet les présupposés inconscients de son expérience première du social ou, plus subtilement, les rationalisations permettant à un intellectuel de réinterpréter son expérience selon une logique qui doit toujours quelque chose à la position qu'il occupe dans le champ intellectuel [2] ».

La sociologie de la connaissance et, particulièrement, la sociologie de la sociologie est donc indispensable au sociologue et à la critique épistémologique.

La sociologie dans la cité.

La sociologie de la sociologie doit s'interroger tout d'abord sur la demande sociale qui entoure les productions sociologiques. Et l'on peut s'attendre à ce que la demande aille majoritairement dans le sens d'une production peu scientifique, conforme aux intérêts de la classe dominante. Ces intérêts donneront le succès aux productions favorisant la gestion économique ou légitimant les dominations :

> « Une part importante du discours sociologique orthodoxe doit son succès social immédiat au fait qu'il répond à la demande dominante, qui se réduit souvent à une demande d'instruments rationnels de gestion et de domination ou à une demande de légitimation " scientifique " de la sociologie spontanée des dominants [3]. »

1. *Ibid.*, p. 81.
2. *Ibid.*, p. 100-101.
3. *Choses dites, op. cit.*, p. 65.

Et, inversement, ceux qui ont intérêt à un dévoilement scientifique des mécanismes de domination n'ont pas les ressources pour la financer, et ne lisent pas la production sociologique. De sorte que l'on peut dire, du moins en schématisant beaucoup, que « la sociologie est une science sociale sans base sociale [1] ». Il n'est donc pas indifférent que la plupart des sociologues soient, en France, payés par l'État, et donc fonctionnaires. Cette situation leur assure une certaine liberté par rapport à la demande sociale et ouvre la possibilité à une sociologie critique.

Mais, là encore, il faut tenir compte des conditionnements divers qui pèsent sur cette production et risquent d'imposer certains types de conformisme. Ainsi, le conformisme, qui caractérise le positivisme en sociologie, tient à des phénomènes historiques et sociologiques complémentaires :

> « Du fait que la sociologie empirique a pris en France un nouveau départ après 1945, dans un champ dominé par la philosophie et, plus précisément, la philosophie existentialiste, elle se trouvait conduite à embrasser aveuglément le parti de la sociologie américaine la plus empiriste, au prix d'un reniement, électif ou forcé, du passé théorique de la sociologie européenne [2]. »

De plus, l'organisation sociale de la profession comme la division technique du travail favorisent les « automatismes bureaucratiques » et le morcellement de recherches sans perspectives théoriques.

Les menaces qui pèsent sur la production sociologique sont donc considérables et poussent, en particulier, à l'orienter dans une direction positiviste, et peu critique. Plusieurs obstacles existent néanmoins contre cette tendance, qu'ils tiennent à l'exercice de la vigilance épistémologique, à la recherche elle-même quand elle reconstitue étroitement le mouvement du rationalisme appliqué entre l'empirie et la théorie, et à l'activation de la critique exigeante au sein de la communauté savante.

1. *Le Métier de sociologue, op. cit.,* p. 96.
2. *Ibid.*

La production sociologique ainsi conçue, indocile aux demandes sociales des forces dominantes, critique à l'égard des différents conditionnements sociaux qui peuvent la menacer, conduit nécessairement à une critique de l'ordre établi. Non que la sociologie choisisse cette orientation par principe, mais parce que le dévoilement des dominations et des déterminismes va à l'encontre, précisément, de ce que recherchent les forces dominantes. Celles-ci visent, en effet, et par des processus largement inconscients, à nier ces dominations et à les légitimer. Tout un travail multiforme est ainsi mené pour nier l'existence même de ces rapports de force et de domination, pour générer les idéologies qui les voilent ou les justifient. Et, de même, l'analyse obstinée des déterminismes sociaux va à l'encontre de l'idéologie commune qui, de la philosophie idéaliste à l'idéologie démocratique, fait du sujet libre et rationnel l'évidence incontestable.

Une telle critique vise, en premier lieu, la classe dominante non pas en ses personnes, mais en tant que détentrice des biens de domination économiques, symboliques ou politiques. Elle atteint aussi fortement les classes moyennes et, en particulier, leur participation aliénée aux enjeux symboliques. C'est donc les classes populaires qui, apparemment, seront le moins concernées par la critique ; mais, en réalité, elles n'en seront pas indemnes : les analyses soulignent, en effet, comme on l'a vu, qu'elles intériorisent cette domination et, par là, en légitiment l'exercice.

Le choix est fait de ne pas diminuer, sur ce point, la critique et de renoncer à toute démagogie, quitte à soulever l'incompréhension et l'animosité prévisibles. Ce choix peut générer des rapports agressifs avec ceux-là mêmes qui devraient trouver dans ces analyses des moyens intellectuels de défense dans les luttes sociales. Il reste que le sociologue, en faisant l'analyse des déterminants sociaux, peut penser qu'il donne les moyens d'une certaine liberté :

> « ... comment ne pas voir qu'en énonçant les déterminismes sociaux des pratiques, des pratiques intellectuelles

notamment, le sociologue donne les chances d'une certaine liberté par rapport à ces déterminants[1] ? »

C'est dire que cette production sociologique, tout en se voulant résolument distanciée par rapport aux conflits politiques, reconnaît, sans détour, ses significations politiques.

Mais en deçà même des prises de position et du travail mené pour dévoiler les rapports de force et de domination, un rapport plus étroit et plus fondamental lie le travail sociologique et le politique. En effet, la recherche sociologique ambitieuse, lorsqu'elle interroge les classifications sociales et les mots pour les désigner, lorsqu'elle interroge les catégories et les catégorisations sociales, interroge, en même temps, les formes de domination. Elle fait apparaître, en effet, que les formes de classification sont des formes de domination. Ainsi, dans ce domaine, prétendre changer les mots a nécessairement des implications politiques.

> « Le monde social est le lieu de luttes à propos de mots qui doivent leur gravité — et parfois leur violence — au fait que les mots font les choses, pour une grande part, et que changer les mots, et, plus généralement, les représentations... c'est déjà changer les choses[2]. »

En remettant en question les simples formes de classification sociale et les mots qui les désignent, le sociologue ne peut éviter d'ouvrir un débat qui est, en réalité, politique.

Avant de terminer ce chapitre sur le structuralisme génétique, rappelons que les travaux de P. Bourdieu participent à un mouvement de création collective que nous ne pouvons évoquer que très brièvement ici.

Pour restituer ce mouvement de recherche, il faudrait souligner les travaux de ceux qui ont travaillé avec P. Bourdieu et, tout d'abord, ceux qui ont participé à la prépara-

---

1. *Ibid.*, p. 26.
2. *Choses dites, op. cit.*, p. 69.

tion et à la rédaction des ouvrages que nous avons analysés : A. Sayad, J.-C. Passeron, A. Darbel, J.-P. Rivet, C. Seibel, L. Boltanski, R. Castel, J.-C. Chamboredon, M. de Saint-Martin.

Il faudrait également évoquer les contenus des numéros successifs des *Actes de la recherche en sciences sociales,* revue fondée en 1975, et dont P. Bourdieu est le directeur. L'ampleur des sujets traités indique bien l'élargissement de la problématique et le projet d'aborder tous les problèmes essentiels de la sociologie. Les thèmes privilégiés (la reproduction des classes sociales, les institutions scolaires, les professions, l'histoire sociale, les pratiques artistiques, le champ politique...) n'excluent pas l'attention aux recherches de psychologie sociale et à l'étude des interactions (Erving Goffman) pour autant que ces études de micro-sociologie ne soient pas sans liens avec l'approche macro-sociologique.

14

Ordre et désordre

La conception centrale proposée par Georges Balandier sur les organisations sociales se dégage le plus clairement des questions qui ne cessent d'être posées et concernent les changements, les transformations, les mutations sociales. Le constat est incessamment fait, tant pour les sociétés sans écriture que pour les sociétés modernes, de leurs transformations permanentes, et, dès l'abord, le champ d'observation de la sociologie se rapproche intimement de celui de l'histoire. Mais ce fait des transformations pose un ensemble de questions sur leur nature et sur les explications qui peuvent en être données, et c'est de ces nouvelles questions que se dégage la théorie dynamique des rapports sociaux. La question qui est posée et qui se formule en hypothèse concerne moins le fait des changements que l'existence de ces « dynamismes sociaux » qui sont sous-jacents aux transformations et permettent d'en rendre compte.

La conception « dynamique » des sociétés suppose, et se propose de démontrer, que des relations sociales ou socio-politiques, des formes ou structures provisoires, constituent par elles-mêmes des équilibres ou des déséquilibres, des complémentarités ou des ordres tensionnels, des dialectiques, qui sont par eux-mêmes des dynamismes et qui provoquent ou participent aux transformations. Il en est ainsi, par exemple, des rapports entre le politique et le social, entre le sacré et le pouvoir, mais l'attention se porte surtout sur les rapports moins apparents, sur les relations, par exemple, entre les sexes qui sont bien typiques de ces dynamismes cachés en ce qu'ils constituent, par leur complémentarité contradictoire, un dynamisme fondamen-

tal de toute société[1]. Cette hypothèse construit simultanément un programme de recherche puisqu'il conviendra de
découvrir ces dynamismes sociaux et d'en faire l'analyse,
de rechercher comment ils se conjuguent, s'opposent et se
confondent. Il n'est nullement supposé que tout se transforme au même rythme et en même temps, mais que les
dynamismes perdurent malgré les stabilisations provisoires
et que le stable n'est qu'un acquis provisoire toujours
menacé.

Les formations sociales sont, en ce sens, faites de temps
plutôt que d'espace. Si l'on peut majorer l'une des deux
dimensions essentielles de la vie collective, on peut dire
que le regard porté sur ces sociétés en fait apparaître avant
tout les temporalités. La réticence exprimée dès l'abord à
l'égard du structuralisme tient, dans une certaine mesure, à
cette perspective qui tend à suspecter toute conception
tendant à majorer le spatial, à négliger la mobilité permanente des choses sociales. S'il y a bien des spatialisations
sociales, des ordres et des structures, ce sont bien des
ordres en train de se faire temporellement ou de se défaire.
Tout ordre se fait avec du temps, se compose par la durée.
Toute relation établie se défend contre son usure parce
qu'elle est faite de temps. Et tout regard qui néglige cette
nature essentielle risque bien de participer à l'illusion
permanente d'échapper au temps.

La formule selon laquelle tout ce qui est du social est
temporel prend ici tout son sens. Cette perspective dynamiste met en doute toutes les perspectives qui ont majoré
soit la stagnation des techniques, soit la répétition des
rapports de parenté, des rituels ou des croyances. Les
questions à poser, sans nier l'existence de continuités
repérables, concerneront, au contraire, les transferts, les
adaptations, les apprentissages de techniques et les accom-
modations qui en transforment les usages. L'étude des
rapports de parenté ne mènera pas à en spatialiser les
formes, mais à chercher quelles tensions ils résolvent et
quelles dynamiques ils engendrent. Les rituels et les
croyances ne seront pas décrits dans leur code mais pensés

1. G. Balandier, *Anthropo-logiques, op. cit.*

dans leurs fonctions et dans les dynamismes qu'ils assurent ou compensent. En cela, le regard structural sera un moment de la recherche et jamais son but.

Ainsi, la critique formulée par les théoriciens de l'individualisme ou de l'interactionnisme contre les perspectives « holistiques » porte peu contre cette conception dynamique. Cette critique, en effet, dénonce le projet de réduire les sociétés à des systèmes, et de prétendre parvenir à des lois de structure expliquant le tout de la société étudiée. La conception dynamique, tout au contraire, nie que la société soit réductible à un système et pour des raisons essentielles qui tiennent à l'inachèvement de toute organisation sociale. Il n'y a pas d'ordre définitif du social, il y a toujours un désordre immanent à l'ordre et qui le menace. La notion même de « système » est à problématiser, car toute organisation est inachevée, précaire et sujette à manipulations. Cette réserve ne conduit pas à nier l'existence d'organisations repérables à des niveaux différents. Le fait de repérer des compromis permanents et des ajustements dans les rapports de parenté n'exclut pas d'en observer les continuités. Il ne s'agit ni d'affirmer qu'une société se réduit à son ordre apparent ni d'affirmer qu'elle n'est que désordre, il s'agit, au contraire, d'étudier ces processus multiples par lesquels les formations sociales font de l'ordre avec du désordre — et, aussi, du désordre avec de l'ordre.

La réalité du désordre et son étude systématique deviennent donc, dans cette perspective, hautement significatives. L'étude développée, qui en est proposée dans l'ouvrage de 1988[1], confirme et prolonge les nombreuses indications antérieurement proposées sur ce sujet. Les sociétés dites traditionnelles n'étaient pas faites seulement d'ordre et de répétition : elles comportaient leur désordre et la menace permanente de son développement.

Leurs mythes le disaient en de multiples versions foisonnantes, imaginant tantôt une origine chaotique dont les hommes auraient toujours à se prémunir, tantôt un dieu errant, apportant incessamment le trouble, mais permet-

---

1. G. Balandier, *Le Désordre, éloge du mouvement*, Paris, Fayard, 1988.

tant aussi la réaffirmation de la vie. Dans leur réalité quotidienne, ces sociétés ont à affronter une part de désordre, incarnent cette menace dans des parties d'elles-mêmes ou les projettent dans l'imaginaire.

Plus encore, dans les sociétés contemporaines, à mesure même que se développent la pensée logico-expérimentale et ses applications théoriquement contrôlées, se répandent à la fois des images du désordre et des dimensions effectives qui les confirment. Plus que jamais des imaginaires du désordre sont développés dans les différentes productions symboliques depuis la littérature jusqu'aux discours politiques. L'imaginaire contemporain se nourrit, de façon significative, de ces contes et de ces images du désordre. Mais, c'est que, dans cet univers apparemment rationalisé, des formes réelles du désordre surgissent (depuis la panne jusqu'à une crise financière ou le terrorisme) qui confirment que le désordre n'est pas seulement du domaine de l'imagination. Des formes nouvelles, une épidémie, comme celle du sida, mêlent la réalité et les peurs, les faits et les fantasmes[1].

Georges Balandier plaide donc pour la reconnaissance, dans les sciences sociales, des processus de désordre et pour une réévaluation de ce concept, à l'exemple de ce qu'ont réalisé les sciences de la nature et de la vie, qui ont créé une science du chaos, la chaologie[2]. Il reviendrait à une sociologie du changement d'ouvrir la réflexion dans cette direction et de montrer les multiples voies de transformation de l'ordre au désordre, du désordre à l'ordre.

Ces considérations invalident profondément les schémas structuralistes concernant les déterminismes sociaux. Les passages possibles de l'ordre au désordre et du désordre à l'ordre ne sont pas intégralement connaissables ni parfaitement prévisibles. Le rêve d'une connaissance intégrale des lois sociales, comme l'affirmation de leur existence, fait partie d'une épistémologie rationaliste de domination intellectuelle du monde dont les sciences modernes montrent

---

1. *Ibid.*, 3ᵉ partie, ch. 7.
2. *Ibid.*, p. 9.

précisément les marges d'échec. Il y a bien des imprévus, des inédits dans la vie sociale, comme par exemple dans la vie politique.

La réflexion systématique sur le désordre conduit à récuser l'antinomie traditionnelle du déterminisme et de l'indéterminisme. S'il y a bien des moments de désordre, il faut admettre que certains moments échappent davantage que d'autres à la pensée nomologique, à la connaissance des lois. Et, de même, s'il y a bien, dans une société, des zones claires et des zones d'ombre, des structures hautement formalisées et des pratiques qui échappent davantage au contrôle, il faut admettre que certaines pratiques sociales échappent davantage que d'autres, et selon des degrés variables, au déterminisme. Là encore, les réalités contemporaines confirment les mythes traditionnels qui proclament la présence effective ou potentielle d'un désordre désigné comme immanent aux réalités de l'ordre. La reconnaissance du désordre, et le recours à l'explication par le désordre, permet d'aller au-delà de l'antinomie du déterminisme et de l'indéterminisme, en proposant d'explorer les voies de passage entre l'ordre et le désordre.

Ainsi, verra-t-on que le surgissement de l'ordre dans le désordre n'est ni du domaine de la nécessité ni du domaine du pur hasard. Le désordre génère, par exemple, des troubles et des attentes qui participeront à la formulation du nouvel ordre ; des dynamiques de passage peuvent être discernées. Mais l'inédit se situe aussi dans ces transitions, et plusieurs voies sont possibles que les choix et les actions actualisent ou font échouer.

Des médiateurs privilégiés sont à repérer que sont, par exemple, le pouvoir et l'imaginaire. On le voit bien au sein des sociétés traditionnelles où des phases de désordre et de violence peuvent précéder l'intronisation d'un nouveau pouvoir[1], signifier que l'instauration du pouvoir est contemporaine du retour à la loi et de son renforcement. Pour la transposition du désordre dans l'imaginaire, elle est un phénomène aux multiples manifestations : c'est la tâche du mythe et du rite que de permettre de ruser avec le

1. *Ibid.*, p. 35.

désordre en lui donnant une figure, en le déportant « dans les espaces de l'imaginaire[1] ».

On voit quels déplacements apporte cette connaissance du désordre dans la problématique du déterminisme : il n'y a plus lieu d'opposer radicalement le déterminé et l'indéterminé, mais au contraire d'étudier comment le désordonné peut être inhérent à l'ordonné, comment le désordre peut être créateur d'ordre et par quelles dynamiques se font ces conversions.

La problématique centrale n'est donc pas non plus celle du sujet que l'on opposerait antithétiquement aux déterminismes sociaux. Les travaux antérieurs de Georges Balandier avaient déjà mis en relief le fait que les différentes sociétés et cultures prêtent aux individus — hommes, femmes, adolescents — des statuts aux multiples figures, leur dessinent des possibilités différentes d'action et qu'ainsi il était largement illusoire d'opposer l'individu et le social. Il était donc aussi illusoire de faire du sujet le lieu de l'indétermination opposé aux déterminants sociaux. C'est bien dans une perspective plus étendue qu'il conviendrait de repenser les rapports du déterminé et de l'indéterminé : il conviendrait de replacer l'individualité au sein de ces rapports dynamiques qui peuvent lui ouvrir ou lui limiter les chances, et les risques, de l'indétermination. A la différence d'Alain Touraine, Georges Balandier ne s'attarde pas sur la problématique de l'« acteur social », estimant que les figures de l'individualité sont d'abord à repenser à partir de ces dynamiques sociales qui dessinent diversement les chances des acteurs.

Les sciences sociales et leurs méthodes.

Une telle conception des dynamiques et des phénomènes sociaux impose une définition ouverte des sciences sociales et leur élargissement très au-delà des observations particulières. Les réflexions comparatives entre les sociétés de la tradition et les sociétés de la modernité élargissent la réflexion par-delà les sociétés européennes, dans le temps et dans l'espace. Il ne s'agit pas de juxtaposer des études

---

1. *Ibid.*

particulières, mais bien de rechercher des enseignements à travers ces détours, c'est-à-dire de supposer que ces sociétés sont comparables et opposables, que des dynamiques communes peuvent y être repérées qui enrichiront le regard du sociologue. Il ne s'agira pas de juxtaposer les cas de figure, comme pourrait le faire l'évolutionnisme d'un Spencer, mais bien de construire un savoir ambitieux confrontant des univers sociaux immensément éloignés et cependant pensables par des voies détournées[1].

L'ambition qui est assignée aux sciences sociales va au-delà des seules comparaisons — oppositions — entre sociétés globales. Comme on le voit surtout à partir des années 1965, l'ambition est bien de construire une anthropologie générale, une sociologie générale qui pourra chercher ses matériaux de pensée dans toute formation sociale quelle qu'elle soit et sans considération de son temps ou de sa localisation. Le but sera alors de construire une anthropologie générale, insoucieuse des frontières disciplinaires et fournissant les cadres intellectuels des sciences sociales et humaines.

Entre l'ethnographie, l'ethnologie et la sociologie, les frontières devront donc être essentiellement poreuses. Si le vocabulaire traditionnel attribuant à l'ethnologie l'étude des sociétés sans écriture peut être utilisé, aucune frontière insurmontable ne saurait être tracée entre les recherches à vocation ethnologique et les recherches à vocation sociologique. L'ambition serait de briser ces frontières sans nier les spécialisations et d'ouvrir la réflexion à un savoir permettant de dominer les sociétés particulières afin de mieux penser le monde contemporain.

Et, de même, ne saurait-il y avoir de frontières fixes entre l'histoire et les sciences sociales. Là encore, la mise en question de la vieille opposition entre les sociétés « froides » et les sociétés historiques met aussi en doute l'opposition entre la sociologie et l'histoire. Le sociologue pourra, par exemple, mener une étude à caractère historique sur une société dite traditionnelle pour mieux démon-

1. G. Balandier, *Le Détour, op. cit.*

trer l'urgence de dissiper cette frontière de disciplines[1]. En effet, en raison même de l'ambition anthropologique et sociologique, rien ne saurait être accepté qui viendrait appauvrir et limiter les investigations : réfléchir sur les dynamiques sociales et en recenser toutes les facettes impose d'en rechercher tous les signes et toutes les manifestations en quelque société que ce soit.

Un même esprit d'ouverture va se manifester au niveau des choix de méthodes. Le souci de penser le devenir des sociétés et de découvrir les dynamismes qui permettent d'en rendre compte conduit à adopter une attitude d'ouverture à l'égard des différentes méthodes et techniques sociologiques, sans en rejeter, *a priori,* aucune. De même, aucune critique de principe n'est affirmée contre des approches très diverses (économie, démographie, psychanalyse...) dans la mesure où l'on pourrait en attendre des éclairages complémentaires sur les dynamiques sociales. Bien plutôt une certaine méfiance sera exprimée à l'égard des choix méthodologiques qui risqueraient de substituer les obsessions d'une rigueur formelle à la réalité de l'histoire. Se trouveront ainsi privilégiées toutes les méthodes issues des recherches historiques, sociologiques, anthropologiques, sans préoccupation d'une limitation *a priori.*

C'est que, en effet, dans cette perspective ouverte et comparatiste, les méthodes et les techniques particulières sont subordonnées à une méthode intellectuelle plus générale et à une ambition de généralisation. Le but recherché est bien de surmonter les cloisonnements traditionnels entre ethnologie, histoire, démographie, sociologie et science politique ; et, dans cette perspective, les querelles méthodologiques ne peuvent constituer l'essentiel de la réflexion.

La sociologie dans la cité.

L'ampleur des ambitions, le fait d'interroger les dynamismes fondamentaux et les confrontations mondiales

---

1. G. Balandier, *La Vie quotidienne au royaume de Kongo du XVIᵉ au XVIIIᵉ siècle, op. cit.*

entre systèmes sociaux opposés impliquent que des réponses générales soient données et aussi des interprétations d'ordre politique sur le devenir.

Et, de même, dans les travaux d'Alain Touraine, le fait de rechercher une théorie de la « production » de la société, puis de confronter, dans une entreprise comparative, les sociétés d'Amérique latine[1] n'est pas sans impliquer une interprétation des dynamismes fondamentaux de ces sociétés. Ainsi, ces travaux ne peuvent éviter de se situer politiquement et, plus encore, d'être interprétés, dans une certaine mesure, comme tels.

Ces sociologies récusent vigoureusement les ambitions prophétiques qui étaient souvent celles des sociologues ou philosophes sociaux du XIXᵉ siècle. Alain Touraine revient souvent sur ce thème : le sociologue ne prétend plus aujourd'hui prophétiser l'avenir du monde, ni appeler les peuples à réaliser sa vision du monde, il affronte la tâche plus difficile de mettre au jour les grandes lignes des nouveaux systèmes d'action et de leurs transformations.

Des premiers travaux de Georges Balandier sur les mutations dans les jeunes nations se dégageait non un parti pris, mais un état d'esprit d'approbation des luttes anticoloniales. Sans ambiguïté, ces travaux désignaient le régime colonial comme un régime social de conflit entre colonisateurs et colonisés, comme un régime en voie de disparition, appelé à laisser place à de nouvelles structures et à de nouvelles formations sociales. Ces ouvrages appelaient à étudier ces mutations et, dans la mesure du possible, à les favoriser. En cela, ils pouvaient être considérés comme des pièces intellectuelles d'une stratégie anticolonialiste et comme des œuvres militantes. Néanmoins, si ces travaux étaient nettement en opposition avec l'ordre colonial, ils étaient dénués de complaisance à l'égard de certaines idéologies prétendument libératrices comme à l'égard de certains nouveaux gouvernements trop enclins à renouveler les oppressions des régimes coloniaux.

De même, l'entreprise anthropologique visant à

---

1. A. Touraine, *Production de la société, op. cit. ; La Parole et le Sang,* Paris, O. Jacob, 1988.

conduire une réflexion à travers les sociétés dites traditionnelles et les sociétés modernes pour y détecter les dynamismes et pour éclairer certaines dimensions des sociétés
modernes par l'efficace de ce « détour » n'est pas sans
significations politiques ou, mieux, trans-politiques. Le
fait, en effet, de construire une réflexion transversale entre
ces sociétés habituellement séparées par les modèles évolutionnistes ou leur rémanence invite à réévaluer les sociétés
africaines, leur histoire et leurs mythes en faisant apparaître tout ce qui les rapproche des sociétés de la modernité.
Ainsi se répète une leçon essentielle de compréhension et
de reconnaissance des richesses sociales et culturelles.

Ces travaux et, plus particulièrement, les ouvrages
d'anthropologie et de sociologie générales sont riches d'une
autre leçon concernant les changements sociaux et l'attitude que nous adoptons à cet égard[1]. En effet, toutes les
analyses sur les changements, sur leur dynamique, leur
signification et leurs effets conduisent à les mieux comprendre et, en quelque sorte, à les maîtriser intellectuellement.
Comme l'indique sans équivoque le sous-titre de l'ouvrage
sur *Le Désordre*, l'analyse des faits de désordre conduit à
dresser un « Éloge du mouvement » et à lutter contre les
peurs qu'il inspire.

Le rapprochement que nous avons proposé entre les
analyses de Georges Balandier et celles d'Alain Touraine
se confirme assez largement en ce qui concerne les interprétations politiques et la place du sociologue dans la cité.

Deux thèmes fondamentaux peuvent être reconnus aux
origines des interprétations politiques d'Alain Touraine :
l'action sociale et l'existence des dominations. En analysant
les processus dynamiques par lesquels la société se produit
et se transforme, Alain Touraine retrouve les thèmes
essentiels de Georges Balandier sur les dynamiques
sociales et en reprend l'esprit. Il en tire, en effet, la
conclusion que la sociologie doit s'engager dans ces dyna-

---

1. G. Balandier, *Anthropologie politique, op. cit.*, 1967 ; *Le Détour,
op. cit.*, 1985 ; *Le Désordre, op. cit.*, 1988.

miques et participer à ce mouvement contemporain qui mène de la société industrielle à la société post-indus-trielle[1]. Mais cette adhésion active à la modernité ne se sépare pas d'une lucidité critique à l'égard des dominations par lesquelles la classe dirigeante et dominante gère le mouvement tout en l'orientant à son profit.

Cette interprétation conduit à une double critique sociale. Elle comporte une critique permanente à l'égard des classes dominantes et de l'emprise qu'elles exercent sur l'organisation sociale. Sera particulièrement dénoncée l'idéologie de la classe dominante ; l'idéologie étant définie comme la perspective particulière d'une classe, connais-sance partielle et partiale. Mais la critique portera aussi sur les conceptions passéistes, sur les organisations ou partis politiques prétendument de gauche, incapables d'adapter leur programme et leur stratégie aux exigences de la société moderne. Cette critique portera, en particulier, sur le Parti communiste français soupçonné de rejoindre le pouvoir technocratique en visant à étendre l'emprise de l'État producteur[2]. La critique se déploie ainsi en deux directions et contre les deux archaïsmes qu'ils soient de droite ou de gauche.

Alain Touraine fait donc choix d'un engagement politi-que explicite illustré par de fréquentes prises de position sur les questions politiques et d'actualité. Ces prises de position, si elles correspondent à l'analyse faite des trans-formations sociales contemporaines, répondent aussi à la conscience de l'importance nouvelle des sciences sociales. A. Touraine met, en effet, en relief le fait que la société post-industrielle — société où les actions, les prises de décision, les compromis ne cessent de produire et de modifier les relations sociales — fait appel, infiniment plus qu'autrefois, à ces éclairages nécessaires apportés par les sciences sociales. A une société industrielle, où la produc-tion était bien le lieu central des changements et des déterminations, succède une société post-industrielle où la gestion, les décisions, les communications ne cessent de

---

1. A. Touraine, *La Société post-industrielle, op. cit.*
2. Id., *Mort d'une gauche,* Paris, Galilée, 1979.

produire et de modifier la société. Dans cette production de la société par elle-même, les voix des sciences sociales et, particulièrement, la voix du sociologue peuvent et ont à se faire entendre ; elles n'ambitionnent pas de s'imposer aux hommes politiques, mais elles ne sont pas sans efficace dans la définition des orientations politiques. Ainsi, une réflexion synthétique sur les conflits sociaux et politiques en Amérique latine a vocation, à travers une vaste recherche comparative, de participer à la critique des positions conservatrices estimées dangereuses pour les sociétés concernées [1].

L'axe majeur de ces engagements et prises de position est moins à rechercher dans une défense des classes dominées que dans la participation active aux actions et aux mouvements sociaux. Plutôt qu'à une défense des groupes dominés, qui peut s'enfermer dans la protestation traditionnelle ou le corporatisme, l'engagement vise à combattre les forces de dépossession, capitalistes ou technocratiques, à lutter contre les passivités pour développer les actions sociales et les mouvements afin de les aider à s'affirmer socialement et politiquement.

Une question centrale de la recherche est bien de mettre en évidence les formes d'action et de désigner quels sont les véritables acteurs du système étudié. L'une des critiques faites à l'encontre du structuralisme concerne précisément cet effacement idéologique des acteurs dans l'historicité des sociétés ; la sociologie moderne aurait pour caractéristique d'avoir, tout au contraire, redécouvert la place et le rôle de l'acteur dans la vie sociale [2]. Cette analyse fonde aussi une conception du rôle du sociologue : ce sera, en effet, une tâche essentielle du sociologue, non seulement d'analyser (comme Proudhon et Marx cherchèrent à le faire pour la classe ouvrière des années 1850) comment une catégorie sociale ou une classe parviennent à une capacité d'action collective et à devenir un acteur central de la société, mais bien à participer à cette émergence des acteurs.

C'est le but que se fixèrent Alain Touraine et ses

1. A. Touraine, *La Parole et le Sang, op. cit.*
2. Id. *Le Retour de l'acteur,* Paris, Fayard, 1984.

collaborateurs, en théorisant et en réalisant des « interventions » à caractère sociologique. Le rôle du sociologue, ici défini, était bien, à l'encontre de la distinction weberienne du savant et du politique, de se fixer une action sociale, de s'ériger, lui aussi, en « acteur » susceptible de parvenir à une intervention spécifique [1]. La réponse d'A. Touraine à la question du rôle du sociologue dans la cité est ici sans équivoque : elle affirme l'efficace de la sociologie et la possibilité, pour les sociologues, de modifier le cours de certaines actions sociales.

La méthode de ces interventions consiste à entrer en relation avec les membres d'un groupe participant à une pratique collective conflictuelle. Il s'agit d'entrer en relation avec des groupes de militants et non de simples groupes d'opinion ; il s'agit aussi de viser les militants de la base et non les dirigeants ou les idéologues déjà en possession de schémas destinés à maintenir leur rôle. Et le but des réunions et rencontres entre les militants et les sociologues sera d'aider le groupe à se définir comme « mouvement social » et, éventuellement, d'élever sa lutte au niveau d'un mouvement social. A l'horizon de cette intervention se situera le but essentiel, celui d'élever « la capacité d'action historique [2] », et, à la limite, de placer le mouvement au niveau des acteurs centraux de la société, susceptibles d'en modifier les enjeux et les orientations. Le sociologue ne cherche pas à s'imposer au groupe : « il s'efforce d'accoucher le groupe du mouvement qu'il porte en lui [3] », il s'efforce d'amener le groupe au « rôle historique qui peut être le sien [4] ».

Ainsi, se définit une action sociologique particulière, action qui ne se pense pas comme révolutionnaire, mais comme une tâche dynamique de développement des potentialités sociales.

1. A. Touraine, *La Voix et le Regard, op. cit.*
2. *Ibid.,* p. 188 et passim.
3. *Ibid.,* p. 245.
4. *Ibid.*

L'intervention sociologique

Les premiers fondateurs de la sociologie (Saint-Simon, Comte, Marx) ne doutaient pas que les connaissances sociales puissent intervenir directement dans l'évolution historique pour en orienter le cours. Auguste Comte fixe pour objectif à cette nouvelle science, dont il forge le nom, la réorganisation « positive » de l'humanité. Si Marx nie à la science sociale une telle efficacité, il accorde à la théorie révolutionnaire un rôle indispensable de guide dans le processus historique. Réagissant contre ces ambitions prophétiques, l'École de Durkheim a insisté sur la fonction de connaissance de la sociologie et, à la même époque, Max Weber a fortement distingué la tâche du sociologue, tournée vers la recherche de la vérité, de celle de l'homme politique, tournée vers l'action et la réalisation de valeurs (Weber, 1919). Néanmoins, Durkheim et ses disciples attendaient de la sociologie qu'elle participe à la dissipation des illusions, des préjugés, et serve de fondement à une morale et à une politique d'inspiration républicaine et laïque. L'expérience des guerres européennes du XXe siècle a largement fait douter de telles possibilités. Il est apparu que le sociologue ne pouvait prétendre devenir le prophète ou l'ingénieur des processus sociaux.

Le développement des psychologies sociales — particulièrement aux États-Unis à partir des années 1930 — a reposé le problème de l'intervention sur d'autres bases, non plus poli-

Avant de clore ce chapitre, il faudrait souligner que cette conception dynamique, très ouverte à l'anthropologie, à l'histoire, attentive aux complexités et aux multiples changements, est partagée par de nombreux chercheurs et dans des domaines divers. Sans constituer une école aux normes imposées et aux frontières infranchissables, cette conception inspire nombre de recherches dont il serait impossible de faire ici la liste.

Citons, à titre seulement d'exemples :

— en ethnologie et anthropologie : les travaux de G. Althabe, G. Gosselin, L. V. Thomas, C. Rivière, M. Augé, A. Gras ;

tiques mais organisationnelles. Les interventions d'Elton Mayo à la Western Electric durant les années 1924-1932 ont parfaitement illustré tout ce que pouvaient apporter à l'organisation du travail les connaissances expérimentales issues de la psychologie sociale. Depuis lors, ces interventions se sont multipliées, ont revêtu de multiples formes, et font désormais partie de la gestion moderne des organisations.

La frontière entre la psychologie sociale et la sociologie n'est pas infranchissable en ce domaine : les travaux d'Alain Touraine (1978) et de ses collaborateurs montrent que certaines interventions sociologiques auprès de « mouvements sociaux » ne sont pas impossibles même si elles ne peuvent être efficaces que dans des cas limités.

L'intervention des connaissances sociologiques ne se réduit pas, cependant, aux actions organisées de sociologues dans des groupes ou des mouvements particuliers. La diffusion d'ouvrages, d'articles, ne cesse de provoquer des réactions, des prises de conscience, d'influencer des décisions dans tous les domaines.

Mais ces diffusions sont si nombreuses, et éventuellement contradictoires, reprises si différemment par les différents acteurs sociaux, les influences des sciences sociales sont si diverses, que l'on ne peut en cerner précisément les contours. Les sciences sociales participent intimement à la dynamique de la société démocratique, à son évolution, à ses conflits et à ses concurrences.

— en sociologie du travail : C. Durand, J.-D. Reynaud, P. Tripier ;

— en sociologie de l'éducation : V. Isambert-Jamati, J.-M. Berthelot ; — en sociologie des institutions et des politiques sociales : C. Castoriadis, E. Enriquez, A.-M. Guillemard ;

— en sociologie de la culture et des imaginaires : A. Akoun, J. Duvignaud, P. Ansart, P.-H. Chombart de Lauwe, J. Dumazedier, G. Durand, G. Namer, P.-H. Jeudy, J.-P. Sironneau, P. Sansot.

Autour d'Alain Touraine, les interventions sociologiques

ont été réalisées par des équipes animées par F. Dubet,
Z. Hegedus, M. Wieviorka, J. Strzelecki.

Enfin, l'esprit qui anime les *Cahiers internationaux de
sociologie* (fondés en 1946 par G. Gurvitch, dirigés par
G. Balandier depuis 1966) manifeste l'ouverture résolue de
cette théorisation aux problèmes contemporains et le souci
permanent d'allier les analyses des phénomènes concrets
aux réflexions théoriques.

15

Une société bloquée

La distance entre les paradigmes sociologiques se manifeste aussi par le fait qu'ils ne répondent pas aux mêmes questions. Ainsi, une interrogation qui reçoit réponse au sein d'un paradigme ne se formule pas en un autre.

La question de la *vision du social* reçoit, comme on l'a vu, une ample réponse dans les œuvres de Georges Balandier et Alain Touraine. C'est, pour eux, l'objet d'une réflexion synthétique sur les caractéristiques essentielles des sociétés, qu'elles soient traditionnelles ou modernes. Et se trouve ainsi proposé un modèle théorique permettant de penser les sociétés dans leurs caractéristiques communes.

L'étude des organisations fait choix d'écarter ce type de question. Il importe de souligner cette non-réponse préliminaire qui introduit à un paradigme et à une construction profondément divergente du champ d'étude. En ne posant comme objet d'étude que celui des organisations, Michel Crozier déplace le champ d'observation et écarte simultanément les interrogations générales sur la nature des systèmes sociaux.

Se trouvent ainsi écartées toutes les réflexions comparatives avec les sociétés sans écriture, comme est écarté ce modèle de réflexion transversale et susceptible de chercher leçon dans les rapprochements entre sociétés éloignées dans le temps et dans l'espace.

Apparemment, la sociologie des organisations se définit comme une sociologie particulière, rendue autonome par la spécificité de son objet et par l'étendue des travaux qui y sont consacrés. Historiquement, cette sociologie aurait commencé à prendre son autonomie avec les travaux de

Weber sur la bureaucratie et aurait conquis son autonomie après la Seconde Guerre mondiale. Elle pourrait donc être considérée comme l'une des sociologies, l'un des domaines particuliers de la sociologie générale.

Si la sociologie des organisations n'était définie qu'en ces termes particuliers et réduite à n'être qu'un domaine spécial, il n'y aurait pas lieu d'en souligner, ici, la théorisation ; elle ne serait qu'un cas dans un paradigme plus général. Telle n'est aucunement l'interprétation de Michel Crozier.

Dans ses premiers travaux, sur *Le Phénomène bureaucratique,* il suggérait que les phénomènes organisationnels ne pouvaient être étudiés ni à travers les schémas de la pensée classique, celle de Durkheim par exemple, ni à travers ceux de la pensée marxiste en termes d'affrontement de classes. Il était alors indiqué que le phénomène organisationnel requérait, pour être étudié, une problématique spécifique, mais aussi un remaniement critique des modèles antérieurs.

Dans ses travaux ultérieurs, Michel Crozier devait élargir ces réflexions, et en venir, dans *L'Acteur et le Système*[1], à rechercher, par l'extension du paradigme initial, la formulation d'un modèle sociologique général. Comme il le rappelle dans un article de 1988 :

> « Pendant longtemps, les succès obtenus dans l'application pratique des résultats de la nouvelle discipline ont été perçus comme ayant une portée théorique réduite. Mais, depuis une dizaine d'années, avec le recul des illusions attachées aux " grandes théories ", on se rend compte que la problématique " organisationnelle " constitue un des paradigmes centraux de la discipline sociologique[2]. »

Ainsi, la problématique organisationnelle, initialement limitée aux organisations telles que les armées, les écoles, les entreprises, les administrations, se transformerait en un nouveau paradigme sociologique à vocation générale.

1. M. Crozier et E. Friedberg, *L'Acteur et le Système, op. cit.*
2. M. Crozier, « Les organisations », *in* H. Mendras, M. Verret, *Les Champs de la sociologie française,* Paris, A. Colin, 1988, p. 125-126.

Comme chaque paradigme, celui-ci remanie le champ d'observation et met en relief certains types de problèmes. Le paradigme organisationnel reprend et repense dans une nouvelle problématique la question traditionnelle de « l'intégration de comportements individuels libres dans des entreprises collectives communes [1] ». De même, pour ce qui concerne l'action : la problématique organisationnelle met au cœur de son interrogation le problème essentiel de « l'action collective » :

> « On s'aperçoit aussi, de plus en plus, que c'est à travers l'analyse des organisations que l'on peut reprendre, dans une problématique beaucoup plus réaliste, le paradigme fondamental de la science politique : celui de l'action collective [2]. »

Dès lors, à partir de l'étude des organisations, l'objet d'étude s'élargit à la société dans son ensemble et ce concept de « société » n'est nullement écarté. Pour autant, en effet, que la vie sociale se développe largement et de plus en plus dans les organisations ou à travers elles, on ne saurait s'étonner que la problématique organisationnelle conduise à analyser des problèmes fondamentaux d'une société.

La société ainsi désignée, aperçue à travers ses organisations, sera bien une société particulière, une nation par exemple, puisque les organisations étudiées sont elles-mêmes particulières et ne manquent pas d'avoir leurs caractéristiques particulières. La « société bloquée », par exemple, n'est pas une société abstraite, mais bien la société française.

Ainsi, se redéfinit un comparatisme possible : celui qui va rapprocher, de ce point de vue, des sociétés différentes. Celles-ci seront appréhendées à travers leurs organisations et seront comparés les différents systèmes organisationnels. De même, se définit une autre sociologie du développement qui prendra pour critères de comparaison, non plus

1. *Ibid.*, p. 126.
2. *Ibid.*

des critères économiques et quantitatifs, mais bien les organisations, les administrations des différentes nations comparées, pour en étudier les fonctionnements et les dysfonctionnements.

Une telle sociologie ambitionne de formuler des diagnostics d'ensemble sur les sociétés considérées, de mettre en évidence les blocages, les dysfonctionnements, les cercles vicieux qui freinent les développements ou provoquent les crises, interdisent les changements ou les autorisent. Il ne s'agit donc pas, ici, de considérer les dynamismes généraux ou de théoriser le mouvement global des sociétés industrielles vers de nouvelles formes sociales, mais d'étudier empiriquement les organisations concrètes pour fonder des diagnostics utiles.

La question des déterminismes et celle du rôle des acteurs dans les organisations éclairent bien des traits essentiels de cette sociologie.

Le point de vue adopté au départ des analyses et qui privilégie l'étude des « nécessités inhérentes au fonctionnement des organisations complexes [1] » place au centre de la réflexion la question des déterminismes et de la place de l'acteur. Et se trouve écartée l'alternative du déterminisme social et de la liberté abstraite des acteurs. L'étude des fonctionnements et des crises ne fait pas apparaître une reproduction mécanique des organisations ni n'autorise à postuler une liberté des acteurs sans règles de jeux.

La définition de l'organisation comme « structuration humaine » ou « construit social », condition de l'action collective, écarte ces deux tentations antinomiques. L'organisation n'est pas le résultat nécessaire des interactions humaines (« ... en cette matière, il n'y a ni fatalité ni déterminisme simple [2] ») ; elle n'est pas non plus issue de décisions arbitraires. Les organisations

> « ... sont toujours des solutions *contingentes* au sens radical du terme, c'est-à-dire largement *indéterminées* et donc *arbitraires* [3] ».

1. *Le Phénomène bureaucratique, op. cit.*, p. 15.
2. *L'Acteur et le Système, op. cit.*, p. 13.
3. *Ibid.*, p. 13-14.

Cette contingence essentielle n'exclut pas l'émergence, au sein de cette structuration, de contraintes pesant sur les acteurs. Le phénomène bureaucratique illustre précisément cette émergence des contraintes et leur extrême durcissement. Dans ce type d'organisation, les rigidités sont telles qu'aucun changement notable ne peut se produire, ni venu des exécutants, ni venu de la direction ; les exécutants, redoutant les ordres contraignants de la direction, renforcent incessamment leur autonomie relative et leurs défenses. Quant à la direction, elle est, elle-même, prisonnière de ce système impersonnel et paralysant. Dans un tel système s'est bien constitué un véritable déterminisme repérable qui fonctionne comme un cercle vicieux : les résistances de la base déclenchent des prises de décision du sommet qui renforcent, circulairement, la résistance de la base.

Dans un tel système, les acteurs sont, en quelque sorte, prisonniers de l'organisation et voient leur capacité d'action réduite au minimum. Ce n'est pas dire, néanmoins, qu'ils soient dépourvus de moyens et soient mécaniquement dépendants d'un régime oppressif. Chaque acteur se trouve placé dans une situation où il aura un rôle à jouer. Même dans un système fortement bureaucratisé, le participant ne peut être réduit à un élément mécanisé : il se trouve en face de différentes possibilités qu'il actualisera selon sa personnalité. Mais les contraintes du système sont telles et les marges d'initiatives si réduites que les participants tendent à se conformer aux exigences de leur rôle et à se soumettre aux pressions de leur catégorie.

Selon l'analyse menée dans *Le Phénomène bureaucratique*, cette extrême limitation de la capacité d'action individuelle doit aussi être référée à la culture des agents et aux valeurs qu'ils ont intériorisées. Dans la mesure où les agents reproduisent, en France, les « valeurs de sécurité, d'harmonie et d'indépendance, la répugnance pour les conflits ouverts et les relations de dépendance [1]... », ils sont portés à renforcer les défenses corporatives et à

---

1. *Le Phénomène bureaucratique, op. cit.*, p. 294.

redouter tout changement qui viendrait menacer les sécurités acquises.

Ce blocage des organisations du type bureaucratique est aussi à rapporter à la diffusion d'attitudes affectives intériorisées par les agents et caractérisées, en particulier, par la peur des relations de face-à-face. L'isolement des catégories, l'absence de communications entre elles et entre les différents échelons de la hiérarchie, renforcent la crainte qu'ont les différents agents des conflits ouverts, des discussions et des rapports de face-à-face. Ainsi se créent, dans les organisations fortement bureaucratiques, de véritables déterminismes, si l'on entend par là des nécessités internes, résultats arbitraires et non voulus de modes d'organisations construites, non pour engendrer ces résultats, mais pour remplir des objectifs collectifs.

Cependant, le modèle bureaucratique n'est que l'un des modèles des organisations comme le souligne fortement la théorie générale de l'organisation exposée dans *L'Acteur et le Système*. Plutôt, en effet, que de considérer les structures du modèle bureaucratique, M. Crozier et E. Friedberg proposent alors de repenser l'organisation en rapport avec l'action collective et de considérer l'organisation comme un mode d'action collective.

> « Action collective et organisation sont donc complémentaires. Ce sont les deux faces indissociables d'un même problème : celui de la structuration des champs à l'intérieur desquels l'action, toute action, se développe [1]. »

Dans cette perspective, les différents modèles d'organisation vont clairement se différencier selon la marge d'action stratégique qu'ils vont offrir aux acteurs.

En principe, on doit souligner qu'aucune organisation, fut-ce la plus bureaucratisée, ne détruit intégralement toute marge de liberté :

> « ... on ne répétera jamais assez cette constatation fondamentale : *il n'y a pas de systèmes sociaux entièrement réglés et contrôlés* [2] ».

1. *L'Acteur et le Système*, *op. cit.*, p. 17.
2. *Ibid.*, p. 25.

C'est dire que tout acteur conserve une marge variable d'initiative et de stratégie possible dans l'organisation. Celle-ci met en place des règles du jeu ou, en d'autres termes, des *jeux structurés,* plus ou moins rigides et formalisés qui indiquent un certain nombre de stratégies gagnantes possibles. Le système est d'autant plus ouvert (« souple ») qu'il permet à l'acteur un éventail plus large de choix stratégiques et, éventuellement, d'adopter une stratégie provisoirement perdante dans l'espoir d'un retournement ultérieur de situation.

Dans tous les cas, aucune « fatalité » ne se réintroduit. Toute action, qu'elle soit individuelle ou collective se déroule dans une certaine marge d'incertitude et d'indétermination. Ce sont précisément ceux qui pourront mieux contrôler, dans une situation particulière, une marge d'incertitude qui pourront étendre leur pouvoir.

— *Une sociologie de l'action organisée.* Ces réflexions d'ordre général sur l'organisation et l'action collective rendent possibles un élargissement du champ de réflexion, et, dans une certaine mesure, une redéfinition de la sociologie. A partir d'une étude limitée aux dysfonctionnements bureaucratiques, la réflexion s'est élargie aux organisations dans la pluralité de leurs modèles et, par là, à l'action collective dans sa généralité. La démarche initialement limitée à un type d'organisation, se fait beaucoup plus « ambitieuse » en s'élargissant à une sociologie de l'action organisée :

> « Ambitieuse, parce qu'en expliquant le fonctionnement des organisations à partir des stratégies de leurs membres, c'est-à-dire en analysant les organisations comme des systèmes d'action qui se constituent et se maintiennent à travers l'action motivée des individus ou groupes qui en font partie, elle déborde largement son domaine initial d'investigation pour aborder celui des conditions de développement de l'action organisée des hommes, et de ses contraintes propres. Non pas une sociologie des organisations, mais, une sociologie de l'action organisée [1]. »

1. *Ibid.,* p. 95.

Ce passage de la sociologie des organisations à la sociologie de l'action collective se justifie par le fait que l'étude de l'organisation conduit à l'étude générale des systèmes d'action et donc à la question qui peut être considérée comme la question centrale des études sociales : celle de l'action collective.

Les concepts fondamentaux d'une telle sociologie ne seront pas les concepts de reproduction, de classe sociale ou de profession... mais bien ceux de relation de pouvoir, de jeu, de stratégie, de conflit... Tout système d'action, précisément parce qu'il n'est pas naturel et parce qu'il comporte nécessairement l'autonomie des acteurs et ses zones d'incertitude, aménage les comportements pour les faire coopérer, et donc constitue des relations de pouvoirs. Contrairement aux utopies multiples ou aux images technicistes, un système d'action concret est nécessairement un lieu de relations de pouvoir, un lieu d'influence, de marchandage et de calcul. Ce qui ne signifie pas qu'un système d'action soit inéluctablement fait d'oppression et de domination : il est aussi le moyen, pour les acteurs, de se manifester et de peser sur le système même de façon très inégale [1]. De même, ne peut-on réduire les règles de coopération à de pures contraintes excluant toute marge de liberté des acteurs : il y a bien jeu en ce sens que l'acteur reste, dans une certaine mesure, libre d'accepter les règles ou de faire un autre choix.

Le jeu est bien le moyen essentiel de l'action organisée, le procédé par lequel les participants structurent leurs relations de pouvoir tout en conservant une marge de liberté [2].

C'est au sein de ces relations de pouvoir et ces règles de jeu que les acteurs ont des comportements actifs, offensifs et défensifs, poursuivent des objectifs divers, éventuellement changeants ; en un mot, ont des stratégies au sein du système. Ces stratégies ne sont pas nécessairement claires et ne poursuivent pas toujours des objectifs cohérents, elles

1. *Ibid.*, p. 38.
2. *Ibid.*, p. 97.

se révèlent, néanmoins, à l'observation et à travers la régularité des comportements[1].

Les conflits sont donc inévitables et sont inhérents aux systèmes d'action concrets, précisément parce que ceux-ci ne se réduisent pas à des structures contraignantes. Les systèmes d'action sont bien des rapports de force, éventuellement changeants et incessamment remaniés au sein desquels les conflits se déroulent pour en modifier les équilibres.

On voit que ces concepts et définitions visent à procurer des instruments d'analyse, non plus pour les seules organisations au sens étroit du terme et encore moins pour les seules bureaucraties, mais bien pour toute action organisée, ou action collective.

Ces concepts ne sont pas empruntés à des systèmes conceptuels étrangers aux sciences sociales, et M. Crozier ne cherche pas à les rapprocher du langage des sciences de la nature, non plus d'ailleurs que des sciences du langage. Le rapprochement le plus étroit s'établit avec les sciences politiques puisque les systèmes d'action sont bien interprétés comme porteurs de relations de pouvoir et comme des lieux éminemment politiques, en ce sens[2].

Les méthodes utilisées dans une telle étude des systèmes d'action ne tendront pas à majorer l'importance des comportements individuels détachés de leur insertion organisationnelle et donc feront peu recours aux données statistiques portant sur ces comportements. Ce type de données peut seulement servir à fournir des indications préalables à l'approche stratégique. En revanche, et dans la mesure où l'on vise à comprendre les relations de pouvoir et les stratégies des acteurs, une extrême attention sera apportée au vécu des acteurs et à l'expression de ce vécu. Ainsi, le recours aux entretiens prendra-t-il une importance considérable dans la démarche du chercheur. A travers ces entretiens, le chercheur s'attache à connaître concrètement comment les différents acteurs font face à leur situation et à ses contraintes, quels objectifs ils poursuivent, quelles

1. *Ibid.*, p. 48.
2. *Ibid.*, p. 27.

Sociologie et science politique

La division institutionnelle séparant la science politique et la sociologie a fortement marqué le développement des recherches après la Seconde Guerre mondiale, comme si, contrairement aux leçons des classiques (Marx, Durkheim, Weber), l'on pouvait dissocier les relations de pouvoir des attitudes et des représentations, séparer le fonctionnement de l'État des structures sociales. On peut dater des années 65 le renouveau des recherches comblant le fossé entre ces deux disciplines et portant, en particulier, sur les cultures politiques propres à une ethnie ou à une nation en tant que soutien des structures de pouvoir ou de leur contestation.

Ce renouveau est venu de plusieurs courants :

— de travaux ethnologiques faisant apparaître la pluralité des cultures, des modèles d'autorité, des langages politiques ;

— des travaux d'histoire sociale (l'École des *Annales*) qui ont rappelé la subtilité des rapports de pouvoir au niveau des pratiques sociales et leur évolution (Le Roy Ladurie, 1979 ; Vovelle, 1982) ;

— de travaux linguistiques montrant, par exemple, la permanence de systèmes de représentations liés à des systèmes politiques hiérarchisés (Dumézil, 1977).

Les structures et le fonctionnement des administrations publiques, les politiques sociales offrent tout un champ d'observation qui requiert une approche précisément socio-

ressources ils détiennent, de quelle marge de liberté ils disposent, et comment ils en font usage [1]. L'entretien ne sera, certes pas, la seule méthode utilisée, mais il permet de rompre avec une vision déterministe ou positiviste des systèmes d'action.

— *L'action du sociologue.* Une telle perspective sociologique pose nécessairement la question du rôle du sociologue auprès des organisations et, éventuellement, auprès des dirigeants politiques, et M. Crozier s'est amplement expliqué sur ce point.

1. *Ibid.*, p. 397.

politique, et où se rencontrent nécessairement politologues et sociologues (Dupuis et Thœnig, 1983 ; Guillemard, 1986).

L'étude des cultures politiques est exemplaire de cette zone intermédiaire où les frontières entre sociologie et science politique se trouvent transgressées. Ces analyses sont, d'autre part, abordées par plusieurs modes d'approche depuis la socio-linguistique jusqu'à la socio-psychanalyse.

La socio-linguistique fait apparaître, par exemple, combien le langage de la vie quotidienne, des familles, peut véhiculer des modèles d'autorité très éloignés des idéologies politiques officielles et en rendre difficile l'acceptation (Leca, 1983). L'étude des fêtes populaires, des musiques, des sports, des mœurs, des gestualités fait surgir des formes de sociabilité, des rituels quotidiens, qui confortent tel ou tel modèle de pouvoir, entrent en contradiction ou en résonance avec telle forme politique (Brohm, 1976 ; Courtine et Haroche, 1988). Le repérage des imaginaires sociaux et des représentations permet de mieux comprendre le succès ou l'échec de messages politiques et de certaines stratégies de pouvoir. De même encore, l'analyse des sensibilités politiques, des sentiments collectifs, inspirée partiellement de la psychanalyse, peut éclairer les attitudes politiques, la dynamique des acceptations ou des résistances (Ansart, 1983 ; Legendre, 1974).

Les interrelations permanentes entre le social et le politique contraignent à surmonter les clivages disciplinaires.

Les images inscrites dans les titres *(La Société bloquée, Le Mal américain)* indiquent suffisamment qu'un diagnostic général est esquissé et une critique formulée. Dans la mesure, en effet, où la sociologie des organisations ouvre à une sociologie des systèmes d'action en général, elle autorise un jugement d'ensemble sur un système social. L'étude du phénomène bureaucratique en France permet une généralisation des traits repérés (contraintes, irresponsabilité, changements par crise...) au niveau national, et donc un diagnostic à partir du système organisationnel. L'esprit de la critique se basera, non sur une image idéale subjectivement choisie, mais sur le constat des contradictions entre les objectifs poursuivis et les moyens mis en œuvre pour les réaliser. La critique prendra largement appui sur l'analyse des « effets pervers » ou « contre-intuitifs »[1]. Il s'agira d'examiner comment et pourquoi les systèmes d'action mis en place pour atteindre certaines finalités produisent des effets qui freinent la réalisation des objectifs proclamés, en limitent les résultats, ou imposent des coûts prohibitifs. A partir de cas exemplaires d'organisations bureaucratiques, c'est le système administratif français, dans son ensemble, et, par là, la société française elle-même qui peut être désignée comme « bloquée ».

A ce niveau général du diagnostic, le sociologue se juge fondé à proposer des réformes d'ensemble ou, à tout le moins, à participer à des propositions de réforme qui seront données comme justifiées scientifiquement. Michel Crozier et Jean-Claude Thœnig, par exemple, prenant appui sur une enquête menée auprès de responsables publics (élus, responsables socio-professionnels, fonctionnaires des services extérieurs de l'administration d'État) en 1973-1974, faisant apparaître le manque de coordination entre les collectivités, associations et services administratifs au niveau départemental et local, en tirent des conclusions de réforme[2].

Pour briser l'isolement des unités et bouleverser les effets contre-intuitifs du système, on proposera une « stratégie de décentralisation » par la création d'entités supra-départementales responsables et démocratiques. Le lien entre la recherche sociologique et les propositions de réforme est posé comme une articulation étroite et une légitimation des conclusions pratiques.

Par-delà cette tâche de formulation des diagnostics et des propositions d'ordre général, M. Crozier a défini et mis en pratique des modalités d'intervention auprès des organisations et en réponse à leur demande.

Concrètement, la question est de savoir quelle réponse

---

1. *Ibid.*, p. 14.
2. Michel Crozier et Jean-Claude Thœnig, « L'importance du système politico-administratif territorial », *in* Alain Peyrefitte, *Décentraliser les responsabilités*, Paris, La Documentation française, 1976, p. 59.

peut faire l'expert, quelle pratique il peut mener, à la suite de la demande formulée par les membres d'une organisation conscients des échecs qu'ils rencontrent. L'esprit de cette réponse se dessine à partir des analyses antérieures et se déduit de la théorie des systèmes d'action. En effet, s'il fallait admettre qu'une organisation est totalement déterminée par son environnement ou par les objectifs poursuivis, on ne pourrait rien attendre des acteurs et rien espérer du changement de leurs attitudes. Si l'on part, au contraire, du principe qu'une organisation est un construit social dont l'existence ne cesse de poser problème et où les relations de pouvoir ne cessent d'être remaniées par les stratégies des acteurs, on postulera que les interventions sont possibles et peuvent entraîner des changements dans les rapports internes[1]. Mais, ces principes signifient aussi que l'intervention, pour être efficace, doit se situer au sein de l'organisation, au sein de ses relations internes et non contre elle.

On le voit, en particulier, si l'on compare ce type d'intervention aux blocages de l'organisation bureaucratique. En ce cas, les réformes sont décidées et imposées par le sommet à l'ensemble du système : dès lors, les régulations internes entrent en jeu, les réactions de défense se développent et rendent inopérante l'intervention autoritaire ou l'obligent à étendre son autorité pour contrôler les éléments qui lui résistent. Partie d'une mauvaise connaissance de l'organisation et de ses régulations, l'intervention autoritaire, extérieure à la dynamique du système d'action, s'épuise d'autant plus vite que les ressources utilisables sont nécessairement limitées.

> « Si, en revanche, nous pouvons fonder notre action sur une connaissance suffisante de ces contextes, nous allons pouvoir *agir avec le système* et non pas contre lui, donc épargner des ressources toujours faibles et multiplier les résultats[2]. »

M. Crozier illustre ce type d'intervention en décrivant le déroulement d'une série de trois réunions des personnels

---

1. *L'Acteur et le Système, op. cit.*, p. 349.
2. *Ibid.*, p. 355.

d'encadrement au sein des services administratifs d'un
établissement de crédit parisien. Lors de la première
séance, les participants furent profondément troublés par
la révélation des jugements sévères portés à leur égard par
leurs subordonnés[1]. Lorsque, au contraire, ils découvri-
rent, au cours de la seconde séance, que leur propre
comportement obéissait aux contraintes mises en place au
sein des relations entre les catégories concernées, ils
reprirent la parole et prirent conscience des possibilités
d'échapper à ces déterminismes.

> « Écrasés par la culpabilité lors de la première séance, ils
> pouvaient désormais se disculper, puisque le coupable
> n'était plus chacun d'eux singulièrement, mais le système
> qui les rendait tous semblables et les contraignait, en
> quelque sorte, à jouer contre leur volonté un rôle de
> contrôleur tatillon[2]. »

Lors de la troisième réunion, les participants, rendus
conscients des pesanteurs arbitraires et de leurs possibilités
de les surmonter, manifestèrent leur désir de participation
et d'engagement en faisant des propositions concrètes pour
modifier les règles et rendre possibles les changements.

On voit que l'expert, dans ces interventions, agit au sein
de l'organisation et par l'apport d'une connaissance sur
cette organisation elle-même. Cette connaissance faite en
termes d'analyse stratégique, permet aux acteurs de mieux
comprendre à la fois les stratégies des différentes catégories, les dysfonctionnements qu'elles engendrent, et la
possibilité de les modifier. Dès lors, les négociations
redeviennent possibles, les engagements peuvent se manifester, les ressources se remobiliser.

L'intervention vise donc à transformer les hommes, à
mobiliser les capacités des acteurs du système d'action en
modifiant leurs relations et leurs stratégies. Elle ne peut,
néanmoins, réussir que si elle s'accompagne d'une action
sur les structures. C'est de l'association entre l'action sur

1. *Ibid.*, p. 357.
2. *Ibid.*, p. 358.

les hommes et l'action sur les structures que pourrait se développer une action efficace de changement.

Une telle conception de l'intervention définit clairement une conception du rôle de la sociologie et de son insertion politique dans la cité. Face à une société française particulièrement marquée par les dysfonctionnements bureaucratiques, ces recherches et ces interventions sociologiques visent à formuler des propositions de développement plus scientifiques, à favoriser l'émergence de nouvelles relations de pouvoir et de nouvelles capacités collectives.

Cette ambition de favoriser le développement de la société civile ne se limite pas à quelques opérations bureaucratiques exemplaires, ni même à la seule administration française. Évoquant, en 1988, les lignes de développement de cette sociologie des organisations, M. Crozier souligne la diversité des études, des interventions, et l'ampleur du champ visé. Après avoir pris son départ dans l'étude de services administratifs, cette sociologie a étendu son champ d'observation sur les écoles secondaires, les tribunaux — analysés comme systèmes d'organisation — les hôpitaux et, plus particulièrement leurs unités de base, les unités de soins. De même, furent étudiées des municipalités urbaines et leurs activités culturelles[1].

Science de l'action collective, la sociologie devient donc l'un des moyens de développer cette action collective et d'en élever les capacités au sein de la société civile.

Pour la commodité de l'exposé, nous avons centré cette analyse sur les travaux de M. Crozier sans rappeler les apports de ses collaborateurs (Ehrard Friedberg) à ces publications. Pour mieux rendre compte de ce mouvement de recherche, il conviendrait de rappeler les différentes enquêtes menées dans le cadre du Centre de sociologie des organisations fondé par M. Crozier. Il faudrait aussi

1. « Les organisations », in *Les Champs de la sociologie française, op. cit.*, p. 128.

souligner les apports de nombreuses recherches convergentes sur les organisations et les administrations, tels les
travaux de O. Gélinier, P. et C. Grémion, D. Paty,
R. Sainsaulieu, J.-C. Thœnig, J.-P. Worms...

16

Une sociologie du singulier

Dans cette reconstitution que nous tentons ici des débats théoriques en sociologie, les travaux de Raymond Boudon marquent une position critique à l'égard des autres paradigmes sociologiques, et, par là, éclairante. Comme toute position explicitement critique, cette position marque nettement les divergences, les points de désaccord qui peuvent être tenus, au niveau épistémologique, comme insurmontables. On retrouvera cette opposition sur tous les problèmes fondamentaux de l'interrogation sociologique : qu'il s'agisse de l'image globale de la société, des déterminismes et de la liberté, de la conception de la sociologie et du rôle du sociologue dans la cité.

1. *La critique des concepts holistiques*. S'il est possible de dégager, dans les travaux de Pierre Bourdieu, Georges Balandier, Alain Touraine, une représentation globalisante de la société, et, plus particulièrement de la société française, une telle question ne reçoit pas de réponse dans les analyses de Raymond Boudon.

En effet, les principes de l'approche individualiste récusent la formulation même de la question. S'interroger sur la « société » postulerait qu'un savoir exhaustif en serait accessible, et postulerait qu'une réalité définissable correspondrait à cette notion. La critique propre à l'individualisme méthodologique oppose à l'usage de ces termes globalisants (la « société », la « classe sociale », la « nation ») une interrogation préalable, celle de savoir si un véritable savoir correspond à ces notions abstraites. Il oppose un soupçon, selon lequel ces notions ne recouvriraient que des constructions de l'esprit fournissant l'illusion du savoir et risquant, précisément, d'empêcher la formulation des questions pertinentes. Le terme de « société » peut se prêter à ce type d'usage, laissant à penser qu'il désigne une sorte de réalité ontologique accessible à un savoir. De même le terme de « classe sociale » se prête à une interprétation réaliste, comme l'a montré la vulgate marxiste, et fait l'objet d'une critique de principe : ce terme de classe n'est pas retenu dans la liste des concepts analysés dans le *Dictionnaire critique de la sociologie*[1].

Le soupçon d'essentialisme frappe ainsi le vocabulaire de Durkheim, qu'il s'agisse des « phénomènes sociaux », ou, par exemple, de la « conscience collective ». Ce dernier concept suggère l'existence réelle d'une entité supra-individuelle déterminant nécessairement les comportements individuels comme une essence objective s'imposant aux individus. Une critique systématique sera à mener au sein des œuvres de Durkheim pour vérifier quel sens exact il donnait à ces termes dans ses analyses : elle pourra faire apparaître une distance entre les maladresses des *Règles de la méthode sociologique* et les explications du *Suicide*, plus respectueuses des actions individuelles et des comportements réels.

Si l'individualisme méthodologique ne cherche pas à construire une représentation substantielle de la « société », et refuse de poser les questions en ces termes, c'est bien qu'il soupçonne ces vocables de ramener la pensée à des entités sans contenus scientifiques et propices aux projections idéologiques. A ces risques de sociologisme, il oppose le principe méthodologique de ne prendre pour « atomes » d'étude que les acteurs sociaux et pour « molécules logiques » les systèmes d'interaction[2]. Ce principe exclut de construire une représentation de réalités abstraites que seraient les classes ou les « sociétés » et substitue à ces constructions une recherche multiforme des actions, des interactions, des émergences que seule l'observation méthodique pourra analyser.

---

1. R. Boudon et F. Bourricaud, *Dictionnaire critique de la sociologie, op. cit.*
2. *La Logique du social, op. cit.*, 2e éd., p. 39-40.

Néanmoins, si l'individualisme méthodologique a vocation de combattre toute conception réaliste des catégories sociologiques, il lui oppose aussi une certaine conception de la vie collective que l'on peut mettre en évidence. L'accent se trouve placé sur l'individu, son action et ses choix. Quelles que soient les régulations qui seront repérées au niveau statistique, il sera incessamment rappelé qu'il ne s'agit que d'agrégation statistique et non de loi déterminant l'action des individus et leurs choix. Les acteurs sociaux se trouvent incessamment placés dans des situations qu'ils apprécient à l'instar des acteurs économiques.

2. *Déterminisme et liberté*. La question du déterminisme est donc, dans cette perspective, une question décisive et sur laquelle l'individualisme méthodologique va se différencier clairement des théories sociologiques auxquelles il s'oppose.

Dans la polémique qu'il poursuit contre les différentes sociologies « déterministes », R. Boudon les caractérise également par le fait qu'elles interprètent exclusivement les comportements individuels à partir des éléments extérieurs et antérieurs[1]. En de tels paradigmes, les finalités comme les préférences ou les choix des acteurs sont tenus pour secondaires et dénués de valeur explicative.

Cette définition rassemble différents types de déterminismes : l'*hyperfonctionnalisme*, l'*hyperculturalisme* et le *réalisme totalitaire*[2].

Le paradigme hyperfonctionnaliste réduit, selon cette critique, toute action à un rôle, à un contexte de contrat, en négligeant ainsi toutes les actions qui se déroulent dans le contexte de l'« état de nature[3] ». Ce paradigme suppose, d'autre part, que les rôles et les statuts sont composés d'éléments complémentaires et non contradictoires. Enfin, il suppose que la latitude d'interprétation laissée aux acteurs dans l'effectuation de leur rôle est nulle et négligea-

---

1. *Effets pervers et Ordre social, op. cit.*, p. 235.
2. *Ibid.*, p. 236-242.
3. *Ibid.*, p. 237.

ble. Cet hyperfonctionnalisme se trouverait dans certains écrits de Pierre Bourdieu[1].

Le paradigme hyperculturaliste fait aussi de l'action la résultante exclusive d'éléments antérieurs à l'action. Mais l'apparition des comportements est ici référée aux normes et aux valeurs intériorisées par les agents. On oublie, dans un tel déterminisme supposé, que les comportements se modifient le plus souvent lorsque le sujet est placé dans un nouvel environnement[2].

Le paradigme hyperculturaliste peut être illustré par les travaux de Hyman cherchant à rendre compte des mobilités sociales différentielles par les écarts entre les sous-cultures de classe[3].

Enfin, le paradigme du « réalisme totalitaire » est impliqué dans toutes les explications qui tendent à considérer les structures et les conditions sociales comme totalement déterminantes des préférences et des actions individuelles[4]. On parvient ainsi, à la limite, à l'imagerie de l'individu réduit à n'être que le simple support de structures sociales. Les faits de changement comme les divergences des comportements individuels en deviendraient incompréhensibles.

Cette polémique contre les différents paradigmes déterministes se renouvelle contre certaines théories du changement social qui, dans des cadres théoriques divers, introduisent des schémas déterministes que la complexité des faits ne vérifie pas. R. Boudon recense, à ce sujet, les théories du changement social proposées par les diverses écoles sociologiques après la Seconde Guerre mondiale, pour en conclure que toutes ont, pour l'essentiel, échoué. Ainsi, les théories qui affirmaient l'existence de tendances universelles et inéluctables, comme celles qui prétendaient découvrir des structures déterminantes, se seraient vues

---

1. « L'hyperfonctionnalisme est illustré par certains écrits de Bourdieu : grâce à la machinerie de l'*habitus,* les classes sociales agissent, s'expriment et se reproduisent à travers les individus, simples exécutants de rôles définis par la structure de classes », *ibid.*, p. 241-242.

2. *Ibid.*, p. 239.

3. *Ibid.*, p. 241.

4. *Ibid.*, p. 240.

infirmées par les faits[1]. Leur commune faiblesse était de postuler l'existence de « causes sociales » déterminantes que l'on suppose, à tort, efficientes et nécessaires.

A des titres divers, ces conceptions, toutes empreintes de postulations déterministes construisent une représentation passive de l'agent social. Elles font de l'*homo sociologicus* un sujet passif, « sorte d'automate dont le comportement serait l'effet de *causes sociales*[2] ». Certes, le concept de cause n'est pas récusé par l'individualisme méthodologique et l'un de ses objectifs est bien la détection des causalités à partir de l'analyse empirique des données, mais la méthode individualiste récuse toute interprétation qui tend à faire des « causes » ou des « forces sociales », des « tendances » ou des « structures », les déterminants des sujets. Là encore, le principe de l'individualisme méthodologique invite à inverser l'approche des faits : de les considérer non comme les effets de « causes », mais comme les résultats de la rencontre, de l'agrégation des comportements individuels[3].

On ne devra donc pas supposer *a priori* que les comportements soient homogènes ; on ne peut pas non plus supposer, en raison même de la multiplicité des situations et des rôles, qu'ils soient liés et concordants. Dans ces processus d'agrégation et de non-agrégation, on doit, au contraire, supposer que des imprévus, dès hasards se produiront ; la méthodologie sociologique devrait intégrer, dans ses modèles d'interprétation, la reconnaissance du hasard.

La complexité des situations et la multiplicité des rôles font que l'observateur ne saurait totalement prévoir les choix des agents ; ces choix apparaîtront donc marqués par l'inédit, l'imprévu, aux yeux de l'observateur. Si l'on admet que les comportements ne sont pas liés par des structures

---

1. *La Place du désordre ; critique des théories du changement social*, op. cit., p. 18-34.
2. *La Logique du social*, op. cit., p. 37.
3. « Individualisme ou holisme : un débat méthodologique fondamental », *in* H. Mendras, M. Verret, *Les Champs de la sociologie française*, op. cit., p. 32.

ou des tendances qui les déterminent, on peut comprendre que des hasards se produisent conformément au modèle théorique proposé par A. A. Cournot dans sa « théorie des chances et des probabilités » (1843). Dès lors, en effet, que l'on écarte les modèles holistes autant que les théories déterministes de quelque nature qu'elles soient, on doit admettre que des « séries indépendantes » puissent se développer, des enchaînements distincts d'actes et de décisions, dont la rencontre puisse se produire, constituant ainsi un événement fortuit, un hasard [1].

L'exemple historique que présente ici R. Boudon, celui du changement des positions de Lénine de 1895 à 1902, fournit une illustration de cette réalité des hasards et de leur interprétation en termes de rencontre de séries indépendantes.

On sait que, en 1895, Lénine affirme que le rôle de l'intelligentsia doit se borner à rejoindre les actions de la classe ouvrière et à aider les ouvriers dans la lutte qu'ils ont eux-mêmes engagée. C'est que, dans ces années 1890, l'expansion industrielle était forte en Russie, les grèves nombreuses et étendues ; les ouvriers étaient réservés à l'égard des intellectuels, comme à l'égard du mouvement populiste antérieur. Dans cette conjoncture, Lénine était amené à penser que les luttes ouvrières étaient bien le fait des ouvriers et que les intellectuels ne pouvaient jouer qu'un rôle d'auxiliaires et d'assistants [2].

Dans les années 1900, au contraire, une récession économique se produit. Les ouvriers, qui n'ont ni organisation suffisante ni un niveau de salaires permettant d'accumuler des ressources collectives, se détournent de l'action politique et se préoccupent davantage de défendre leur emploi menacé. Or,

> « dans le même temps — et sans qu'il y ait de liaison nette entre les deux phénomènes — l'élite éclairée manifestait, de son côté un comportement " de classe " [3] ».

---

1. *La Place du désordre, op. cit.*, p. 184-190.
2. *Ibid.*, p. 187.
3. *Ibid.*

Favorisés par l'expansion économique antérieure, étudiants et intellectuels commencèrent à résister au pouvoir tsariste, déclenchant un cycle de violence-répression. C'est dans cette autre conjoncture que Lénine rédige son ouvrage *Que faire ?* en 1902, où il distingue ouvriers conscients et inconscients, attribue désormais aux intellectuels et à un parti de professionnels la tâche de guider le mouvement politique et de l'organiser.

> « Il est impossible… de comprendre toute cette histoire si on n'y voit pas la présence d'une série d'effets Cournot (…). Les enchaînements partiels sont intelligibles ; leur rencontre est également compréhensible. Mais, la *synchronisation* entre les enchaînements ne peut être interprétée comme le produit d'un déterminisme rigoureux[1]. »

La prise en compte des hasards s'impose donc aux sciences sociales, comme s'impose à elles de tenir compte des circonstances particulières et contingentes qui permettent de comprendre l'émergence d'un événement.

Les sciences sociales ne sauraient donc nier l'existence de la contingence, comme celle du désordre, elles ont, au contraire, à en désigner la présence[2].

— *La sociologie : le refus du réalisme.* Face à cette diversité, irréductible à des lois universelles, la sociologie doit aborder l'analyse du singulier, et le sociologue se trouve souvent en rapport de concurrence ou de complémentarité avec l'historien. En bien des cas, le sociologue a pour tâche d'analyser un ensemble de faits singuliers. Mais, si l'historien se fixe tout d'abord pour but de restituer tous les aspects et tous les événements particuliers d'une séquence temporelle, le sociologue, selon sa propre perspective, va privilégier l'étude des structures sous-jacentes, s'interroger sur les structures générales qui sous-tendent les phénomènes singuliers qu'il étudie[3]. Il s'attachera, par

1. *Ibid.*, p. 188-189.
2. *Ibid.*, p. 232.
3. *La Logique du social, op. cit.*, p. 85.

Ethnométhodologie

L'ethnométhodologie se propose d'analyser comment les acteurs sociaux construisent, dans leurs pratiques quotidiennes, une situation sociale, à quelles méthodes et quelles interactions symboliques ils recourent pour constituer leur réalité sociale. Ce courant, qui trouve une partie de ses origines dans la linguistique et dans la phénoménologie de M. Weber et d'A. Schütz, a conduit à une réflexion critique à l'égard des sociologies dites objectivistes.

Ce terme « ethnométhodologie » a été proposé par H. Garfinkel (1952-1967) sur le modèle des « ethnosciences », pour exprimer la connaissance que les acteurs ont de leur culture et les méthodes qu'ils utilisent pour établir leurs pratiques communes. S'étant proposé d'étudier le déroulement des délibérations entre les jurés d'un tribunal, il fut conduit, non à observer les normes de la délibération, mais comment les jurés comprenaient, percevaient, se définissaient, et constituaient ainsi la situation de délibération. A partir de ces recherches initiales, H. Garfinkel et ses collaborateurs (A. Cicourel) ont développé un ensemble de travaux visant à mettre à jour les procédures par lesquelles les acteurs analysent, inventent, réalisent leurs interactions, comment ils définissent leur situation et génèrent ainsi

exemple, à dégager les structures connues des théoriciens des jeux telles que les structures des choix stratégiques.

Un point central du débat sociologique concerne la conception des lois et leur définition. R. Boudon critique vigoureusement l'ambition de toute une tradition sociologique, en particulier durkheimienne, qui fixe à la sociologie la tâche de dégager des lois universelles comme si ces lois avaient, en effet, une valeur universelle. Or, qu'il s'agisse des lois d'évolution, dans la tradition de Comte ou de Spencer, des lois fonctionnelles, telles que T. Parsons a cru pouvoir les généraliser, ou des lois structurelles, l'expérience montrera qu'elles se trouvent toujours invalidées lorsqu'elles sont appliquées hors du domaine où l'observateur a cru pouvoir les découvrir.

en permanence leurs activités communes (Coulon, 1987).

Dans cette orientation, la notion de « fait » se trouve remise en question. Le fait social n'est pas un objet donné, mais le résultat de l'activité continuelle des acteurs qui mettent en œuvre des savoir-faire, des règles de conduite, toute une méthodologie, dont l'analyse constituerait la véritable tâche du sociologue. A l'opposé des sociologies objectivistes, les ethno-méthodologues appellent à analyser comment les acteurs produisent l'objectivation et ils reprochent à la sociologie traditionnelle de tenir pour « fait donné » ce que des procé-dures sociales ont défini comme tel. La tâche de la sociologie serait, non d'entériner les constructions sociales, mais bien d'observer la création permanente des normes, les rationalités des agents et les méthodes par lesquelles ils définissent leur situation.

Un domaine privilégié de l'ethnométhodologie est ainsi celui des échanges symboliques, non pour y étudier la langue en tant que structure, mais pour y comprendre le langage comme une action, pour y comprendre, par exemple, comment les locu-teurs procèdent pour inaugurer, construire et achever une conversation (Gumperz, 1989).

Au lieu de traiter les structures comme des faits, il s'agit, tout au contraire, de comprendre comment les acteurs créent le social.

Ainsi, dans les théories générales du changement, l'er-reur vient de ce qu'elles affirment comme principe de portée universelle des propositions qui ne doivent être considérées que comme des « contrats locaux[1] ». Ainsi a-t-on pu repérer, à juste titre et localement, des processus déterminés tels que la connaissance des processus en un moment du temps permet d'en prévoir le changement ou la reproduction à un moment ultérieur. Mais cela n'autorise aucunement à généraliser cette nécessité localement repé-rée : un rapport de détermination peut apparaître dans une situation « fermée », et disparaître dans une situation « ouverte »[2].

1. *La Place du désordre, op. cit.*, p. 191.
2. *Ibid.*, p. 192.

Les lois affirmées par les différentes théories du changement social apparaissent ainsi comme des généralisations
abusives. On peut montrer que, dans certaines circonstances, la notion de classe sociale implique celle de conflit
entre les classes. Mais ce constat n'implique pas que toute
situation de classe entraîne une lutte de classes comme ont
pu l'affirmer des disciples de Marx [1]. De même, on a pu
montrer que, dans certaines conjonctures, la fidélité aux
valeurs d'une communauté paraît être le facteur déterminant des comportements. Mais ce constat n'implique pas
qu'il en soit toujours ainsi, et que tout changement social
ou toute absence de changement s'explique par la fidélité
aux valeurs. Un processus, localement repéré, ne se
renouvelle que si les conditions sont identiques, et que les
acteurs se retrouvent dans la même situation de choix.

Ainsi, faudrait-il redresser l'erreur communément faite
par les théories du changement social et ne plus les
considérer comme des lois, mais seulement comme des
théories qui ne peuvent prétendre à la scientificité que si
elles sont tenues pour partielles et locales.

Cette discussion reprend les critiques de Max Weber et,
plus directement, celles de G. Simmel contre le « réalisme » en histoire et en sciences sociales. L'une des raisons
de la généralisation abusive de constats locaux tient à
l'« illusion naturaliste » : nombre de théoriciens du changement social, au lieu de rechercher la diversité des
situations de changement et leur caractère historique,
considèrent ce changement comme naturel et obéissant
ainsi à des lois de nature [2]. Dès lors, les théories et les lois
sont interprétées de manière réaliste comme décrivant des
mécanismes et des processus réels. Et, c'est bien là le
« piège du réalisme » :

> « Le piège du réalisme... consiste à interpréter comme des
> propriétés des choses ce qui n'est que schéma d'intelligibi-
> lité, à confondre forme et réalité, ou — pour reprendre la
> célèbre formule hégélienne — à assimiler le " rationnel " et
> le " réel " [3]. »

1. *Ibid.*, p. 195.
2. *Ibid.*, p. 229.
3. *Ibid.*, p. 230-231.

R. Boudon invite donc, dans la continuité de la tradition formaliste en sciences sociales, à distinguer la notion de *loi* et celle de *modèle*. Alors que la tradition réaliste (Marx, Spencer, Durkheim) tend à déceler les lois auxquelles les systèmes sociaux seraient censés obéir et donc à faire de ces lois les explications de la totalité des processus sociaux, la tradition kantienne (Weber, Simmel) tend à ne tenir les *modèles* que pour des schémas d'intelligibilité susceptibles de rendre compte de situations diverses, mais qui ne prétendent pas à l'universalité. Le modèle n'est pas une vérité universelle, mais bien un schéma formel que le chercheur pourra utiliser s'il vérifie que le schéma est applicable à la situation ou au processus considéré. Le modèle est, en ce sens, « formel »[1].

Ce passage de la loi (réaliste) au modèle (formel) implique un complet changement épistémologique et met l'accent, non plus sur l'objet dont on prétendrait connaître des lois universelles, mais sur l'activité connaissante, dans la tradition kantienne.

R. Boudon n'en conclut pas, néanmoins, à un pur formalisme déniant à la science sociale la possibilité d'accéder à une vérité comparable à celle qu'atteignent les sciences de la nature. Dans le cas, en effet, où une étude concrète, inspirée par un modèle d'intelligibilité, et ayant reconstitué les paramètres nécessaires à l'intellection de la situation, en propose une théorie fondée, on doit penser que la recherche atteint alors à une scientificité comparable à celle qu'atteignent les théories de la physique. Et, en ce cas, les critères usuels de preuve et de réfutabilité peuvent s'appliquer aux conclusions de la recherche[2].

— L'individualisme méthodologique dans la cité. L'ensemble des principes que nous venons de rappeler conduit à mettre en doute la possibilité, pour la sociologie, de son engagement dans la cité. Le principe même de l'individualisme qui invite à ramener le phénomène social aux comportements individuels qui en sont désignés

1. *Ibid.,* p. 230.
2. *Ibid.,* p. 221.

comme la cause, met en suspicion toute ambition de fonder un engagement sur une connaissance sociale. Ce principe majore les choix, les actions des sujets, les contingences, les pluralités, met en doute les lois et les possibilités de prévision. Aussi bien l'accent se trouve placé sur les critiques à l'égard des sociologies concurrentes plus que sur l'intervention sociale ou politique. Mais cette critique n'est pas dépourvue de significations politiques puisque les théories visées ont des conséquences sociales et politiques [1].

La critique visera tout d'abord les affirmations à caractère prophétique, annonçant l'existence de tendances nécessaires ou, par exemple, le passage donné pour prévisible et inéluctable de la société industrielle à la société postindustrielle. Cette critique met en doute, par exemple, l'analyse d'Alain Touraine selon laquelle on pourrait affirmer que les conflits sociaux de cette société postindustrielle seraient voués à opposer des classes bien déterminées d'acteurs en conflit pour le contrôle du devenir historique [2]. De telles prévisions supposent que la connaissance peut s'élever à un niveau de généralité fondant le savoir du futur et suppose l'histoire déterminée et déterminable.

La critique vise aussi toute conception holiste des phénomènes sociaux qui prétend sommer la diversité des situations au sein d'une « société » et en dégager des caractères communs et déterminants. Sur ce point central, la critique vise toute une tradition durkheimienne et oppose, à cette conception totalisante, la pluralité des situations et des événements, et la pluralité correspondante des recherches. Ce débat sur la conception holiste, son rejet ou sa justification peut marquer un lieu d'opposition central au sein des conceptions sociologiques, en opposant clairement les approches globalisantes et les approches individualisantes.

De même, la critique s'exerce contre toute conception sociologique tendant à démontrer l'existence du détermi-

---

1. *Ibid.*, p. 11.
2. *Ibid.*, p. 10.

nisme dans les systèmes sociaux ou suspecte de le réintroduire sous des formes atténuées. Sera, en particulier, objet de critique le postulat selon lequel la recherche sociologique devrait supposer l'existence du déterminisme et se donner pour but d'en découvrir les différentes manifestations. Dans les travaux de Pierre Bourdieu, sera particulièrement critiqué le concept d'*habitus*, accusé de parachever une représentation fonctionnaliste et organiciste de la reproduction sociale[1].

Enfin, la critique s'exercera contre les idéologies puisqu'il est amplement souligné que les théories sociales ont servi de fondement et de justificatif à des idéologies sociales et politiques. Le problème sera moins l'étude des idéologies politiques que l'étude des processus d'idéologisation, l'analyse des processus par lesquels des idées fausses peuvent s'appuyer sur l'autorité d'une science[2]. Il s'agira de reprendre, dans une certaine mesure, la problématique de Pareto opposant les comportements logiques et les comportements irrationnels, et tendant à expliquer de façon compréhensible et rationnelle les comportements et, particulièrement, les croyances erronées.

Toutes ces critiques répondent à une préoccupation constante, celle de dissiper les illusions et les « idées reçues », pour mettre en évidence la rationalité des acteurs sociaux et démontrer que ce postulat de la rationalité doit être mis au fondement des explications. Ce postulat individualiste, s'il n'est pas directement lié à l'individualisme libéral, n'est pas sans rapport avec celui-ci, comme l'indique R. Boudon dans les premières pages de son livre sur l'idéologie :

> « La neutralité axiologique, que j'ai tenté d'appliquer ici, n'implique pas... l'absence de convictions personnelles. Je me suis depuis bien longtemps senti plus proche du libéralisme que de toute autre idéologie. Pour des raisons positives sur lesquelles je ne m'étendrai pas... Pour des raisons négatives aussi. Car j'ai eu parfois l'impression que ceux qui croient disposer du monopole des bons sentiments

1. R. Boudon, *L'Idéologie, op. cit.*, p. 226-228.
2. *Ibid.*, p. 100-102.

ont trop tendance à en conclure qu'ils détiennent *ipso facto* le monopole de la vérité[1]. »

Du point de vue politique, R. Boudon oppose l'ensemble des idéologies inspirées par un « sociocentrisme » qui tendent à asservir l'individu au service de la communauté présente ou future[2], idéologies qui justifient, en fait, le mépris des individus ou les traitent comme des marionnettes. La « supériorité de l'idéologie libérale[3] » se situerait, en particulier, sur ce plan éthique du respect des acteurs sociaux.

Pour la commodité de l'exposé, nous avons centré l'analyse sur les seuls travaux de R. Boudon. Pour mieux baliser la place de l'individualisme dans la querelle des sociologies, il conviendrait de rappeler les travaux qui sont en affinité avec ces principes : ainsi les recherches de F. Bourricaud, J. Baechler, F. Chazel, M. Cherkaoui, B. Lécuyer. On devrait citer aussi des travaux qui témoignent de cette influence, tels ceux de C. Dubar, C. Giraud, C. Paradeise, J. Elster, M. Cusson (de Montréal)... *La Revue française de sociologie* publie de nombreux articles proches de cette problématique. On peut aussi souligner que des travaux inspirés de l'interactionnisme (J. Padioleau) ou de l'ethnométhodologie peuvent partager tout ou partie des principes de l'individualisme méthodologique.

Dans d'autres directions de recherche, la défense du formalisme, dans la tradition de M. Weber et de G. Simmel, ainsi que la défense du constructivisme (P. Berger), rejoignent des travaux qui s'efforcent de reprendre ces modèles d'analyse dans les descriptions des expériences particulières et de la vie quotidienne.

1. *Ibid.,* p. 21.
2. *Ibid.,* p. 286.
3. *Ibid.,* p. 287.

Conclusion

Au cours de cette présentation des quatre courants sociologiques, nous avons insisté davantage sur leur distinction réciproque que sur les rapprochements que l'on pourrait établir entre eux. Et il est vrai qu'en soulignant davantage les méthodes utilisées ou les choix des terrains, nous serions parvenus à un tableau plus nuancé. Mais ces nuances n'affecteraient pas les oppositions essentielles qui nous semblent beaucoup plus importantes que les accords sur des points partiels. De plus, il faut bien avoir à l'esprit que la dynamique de la recherche est assurée par la discussion, par la vivacité des désaccords, et que c'est donc par la présentation des oppositions que l'on peut mieux ressaisir la vitalité de la production sociologique. Aussi bien, les protagonistes eux-mêmes n'ont pas manqué, et à juste titre, d'exprimer leurs oppositions de façon explicite et éventuellement polémique.

Dès lors est-on tenté de poser la question apparemment naïve de savoir pourquoi, alors que tant de points communs sembleraient rapprocher ces travaux (un même rejet des philosophies sociales, une même volonté de scientificité...), d'aussi profondes oppositions se marquent entre ces théorisations, faisant des sciences sociales un champ intellectuel si polémique.

Il n'y a, bien évidemment, aucune réponse simple à une telle question alors que ce sont les réponses simples qui sont le plus facilement mises en avant. Ainsi, peut-on souligner, sans risque d'erreur, que Pierre Bourdieu intervient dans des revues et journaux politiquement de gauche, et que Raymond Boudon intervient dans des journaux classés politiquement à droite, mais ce sont là des évidences qu'il conviendrait d'interpréter.

Les divergences théoriques, en sciences sociales, ont de nombreuses implications (historiques, sociales, nationales, politiques...) que nous ne prétendrons pas épuiser. A titre d'hypothèses partielles, nous proposerons de souligner, ici, deux dimensions : l'une concernant les affinités philosophiques et culturelles, l'autre concernant les dimensions différentes, et les contradictions, de la société française elle-même. Il nous semble, en effet, que ces quatre théorisations prolongent et renouvellent quatre visions du monde dont les origines et l'histoire se repèrent dès le XIXe siècle. Mais elles sont aussi en rapport privilégié avec des forces sociales divergentes au sein de la société française même si aucune de ces quatre théorisations ne peut être tenue pour inféodée à une force sociale délimitée en une institution. De ces rapports complexes avec les traditions philosophiques et les dimensions contradictoires de la société française, se dégagent, nous semble-t-il, des aspects significatifs de la « vérité » de ces travaux.

Comme nous l'avons rappelé, Pierre Bourdieu situe sa propre genèse intellectuelle dans le mouvement structuraliste et dans la conscience critique des limites du structuralisme mécaniste. Ce mouvement lui-même s'inscrit dans une tradition et une ambition bien antérieures ; il prolonge l'ambition des premiers sociologues du XIXe siècle et que reprend systématiquement Durkheim dans les dernières années de ce siècle : constituer une science des phénomènes sociaux avec la certitude que la réalité sociale est bien une réalité et qu'elle est pensable pourvu que soient mises en place les règles épistémologiques et méthodologiques d'une science rigoureuse. Cette science, tout en affirmant la spécificité du social par rapport à toute autre réalité de nature physique ou organique, postule l'existence de régularités repérables et donc de déterminismes dont il s'agira de découvrir les spécificités. Mais, si l'œuvre de Pierre Bourdieu se situe dans cette lignée scientifique reprise par le structuralisme, elle en corrige le positivisme en reprenant la tradition critique antérieure même au marxisme. Pierre Bourdieu ne prétend pas, comme le croyait Marx, que la connaissance des lois du système capitaliste favoriserait directement la libération des classes opprimées, mais il maintient que la connaissance des déterminismes sociaux reste le meilleur moyen d'en prendre la mesure pour les surmonter. En cette vision du monde, la connaissance des déterminismes sociaux n'est pas contradictoire avec la justification des révoltes contre ces déterminismes : c'est, au contraire, leur pleine reconnaissance qui permettrait de les combattre par des actions lucides [1].

Une telle sociologie est donc portée à penser particulièrement les répétitions, les reproductions sociales qui se prolongent dans la société française en dépit des changements et des discours qui ne cessent de proclamer l'étendue des bouleversements économiques et sociaux. L'attention se portera sur le renouvellement des inégalités sociales et, en particulier, sur la dépossession culturelle dont sont victimes les classes dominées. La vocation critique d'une telle sociologie portera à dénoncer les systèmes sociaux tels que le système éducatif en ce qu'il renouvelle l'inégalité sociale tout en proclamant une idéologie égalitariste. La violence cachée, la violence symbolique s'exerçant contre les classes populaires et dans la reproduction des dominations fera l'objet de la même analyse critique.

Dans cet espace des positions sociales inégalitaires, Pierre Bourdieu ne fait pas profession d'indifférence, mais refuse aussi l'attitude militante. La classe dominante est désignée comme le pôle des dépossessions économiques et culturelles, étudiée à travers les mécanismes de son renouvellement (par les grandes écoles, en particulier). Mais, l'analyse la plus étendue portera sur les vastes classes moyennes et sur les mécanismes de renouvellement par les luttes de distinction. Seront alors particulièrement analysées les pratiques culturelles comme procédures et comme masques des stratégies de reproduction des inégalités. Cependant, ces analyses critiques (qui associent indistinctement analyse et critique) n'ont pas pour conséquence une

---

1. *Choses dites, op. cit.*, p. 26.

défense, et encore moins une apologie des classes dominées, rejetant ainsi ce qui pourrait être une fidélité au
marxisme. Les analyses des dépossessions culturelles
conduisent à une peinture, en quelque sorte, négative des
classes populaires dont le dénuement culturel mène à des
formes de consentement à l'ordre établi. Contrairement à
l'espoir ou à l'eschatologie marxiste, l'intensité des efforts
des classes moyennes pour assurer leur relative domination assure la reproduction de la soumission des plus
démunis. Une telle sociologie maintient ainsi une sensibilité révoltée contre les mécanismes de la domination
sociale ; elle se donne pour tâche de les dévoiler, mais sans
clore l'investigation par une apologie politique des classes
dépossédées.

La vocation politique de la sociologie est donc fortement
reconnue et précisée. Le sociologue se veut strictement
spécialiste de son domaine et soucieux, en premier lieu, de
scientificité ; mais en proposant une connaissance globalisante des rapports sociaux et donc des rapports de force qui
traversent les inégalités sociales, il ne peut que proposer
une vision critique de l'ordre social. Cette vision critique
portera, en premier lieu, contre la classe dominante, en
tant que détentrice des moyens décisifs de la domination ;
elle portera aussi contre les classes moyennes en tant
qu'elles participent, consciemment et surtout inconsciemment, à l'exercice de la domination. Une telle sociologie,
analyse systématique des inégalités économiques, sociales
et culturelles, ne peut donc se départir d'une attitude de
dénonciation et d'une sensibilité révoltée. Elle ne peut,
non plus, s'en remettre au personnel de la vie politique
officielle pour formuler cette critique avec cohérence
puisque le champ politique est, dans une certaine mesure, à
distance des intérêts réels et des revendications des classes
dominées [1]. La sociologie ainsi conçue va donc au-delà des
discours de classes, nécessairement enfermées dans la
particularité de leurs points de vue, au-delà des discours
politiques nécessairement déformés par les biais de la

1. « La représentation politique », in *Actes de la recherche en
sciences sociales*, n° 36-37, février-mars 1981.

représentation politique, elle a pour vocation de se tenir à distance du politique quotidien et de maintenir, à l'égard de l'ordre inégalitaire, une critique sans concession. Le sociologue n'a à se substituer ni aux hommes politiques, ni aux mouvements sociaux ou politiques, il fournit des armes intellectuelles et des arguments dont il ne saurait contrôler l'usage. Cette attitude est illustrée par des prises de position successives à l'occasion des événements de la vie politique française : désapprobation de la poursuite de la guerre d'Algérie [1], légitimation compréhensive des mouvements étudiants, critique réitérée du « capitalisme sauvage [2] »...

La distance intellectuelle entre la sociologie de Georges Balandier et celle de Pierre Bourdieu se marque sans ambiguïté dans l'attitude par rapport au structuralisme. Alors que Pierre Bourdieu y trouvait, dans les années 1960, le modèle des sciences sociales et cherchait les instruments pour le dépasser, Georges Balandier et Alain Touraine en récusaient les fondements épistémologiques et n'y voyaient qu'une problématique provisoire. Étudiant, dès 1950-1955, les mutations et les bouleversements des sociétés décolonisées, G. Balandier se donnait pour tâche de décrire et d'expliquer les changements sociaux, dépaysannisation, industrialisation, urbanisation, tous phénomènes à penser en termes de changements, de mutations, de bouleversements et précisément pas en termes de structures et de reproduction. La question n'est plus de savoir comment expliquer le fonctionnement des structures, mais de décrire et d'expliquer les processus de changements et, éventuellement, les procès de structuration et destructuration. Une tout autre vision du monde est ainsi retenue qui a son origine dans les premiers travaux des prophètes de la sociologie (Saint-Simon, Comte, Marx, Spencer) pour autant que ceux-ci ont posé le problème des changements

---

1. *Le Déracinement, la crise de l'agriculture traditionnelle en Algérie*, Paris, Éd. de Minuit, 1964.
2. P. Bourdieu, « A quand un lycée Bernard-Tapie ? », *Libération*, 4 décembre 1986.

sociaux et proposé des modèles d'explication de ces changements. La redécouverte de Proudhon est significative à
cet égard : le « père de l'anarchisme » n'est pas retenu ici
pour ses appels au mutuellisme ou à l'anarchisme, mais
pour ses intuitions concernant les changements, les innovations sociales, les associations spontanées en deçà des
scléroses bureaucratiques ou des décisions étatiques. Le
champ d'étude ouvert, en effet, par cette sociologie des
mutations concerne moins les changements politiques ou
institutionnels que les transformations des sociétés dans
leurs dimensions les moins visibles. Et tandis que le
structuralisme invitait à penser l'espace social pour y
repérer des homologies et des reproductions, cette vision
du monde interroge le temps, les temporalités et les
rythmes sociaux. Penser les temps sociaux, comprendre les
conflits, les compromis ou les pouvoirs, dans les temporalités, deviendra l'une des préoccupations permanentes de
cette sociologie dynamique.

On ne saurait comprendre l'audience de cette sociologie
des changements si l'on ne soulignait pas l'ampleur des
réalités sociales qu'elle invitait à considérer. Après 1945 et,
au-delà de la période de reconstitution nationale, après
1950, la société française connaît des transformations et des
remaniements qui suscitent des questions nouvelles. C'est,
exemplairement, l'histoire et les drames de la décolonisation qui ne peuvent se penser ni dans le cadre limité des
ethnographies ni dans le seul cadre des sciences politiques,
et qui n'obéissent pas non plus aux étapes évolutionnistes
de la croissance capitaliste ou des modes de production
marxistes. Penser la pluralité des changements sociaux sans
trop se soucier des dogmes sclérosants devient une
urgence, même si les pouvoirs politiques répugnent à en
soutenir l'étude impartiale. Les changements ne sont pas
moins étendus dans la société française elle-même au cours
de ces années qui suivent la libération du territoire :
accroissement numérique de la population, diminution de
la paysannerie, industrialisation accélérée, élévation du
niveau des communications... puis, après les années 1970,
crise économique et nouvelles formes d'organisation industrielle ; tous ces faits évidents, mais confus, exigeaient,

pour être mieux compris, une approche résolument ouverte à la reconnaissance des changements.

Il serait certainement arbitraire de relier précisément une telle sociologie à des groupes sociaux déterminés ou à une classe sociale aux contours définis. On peut néanmoins répondre partiellement à une telle question. Cette sociologie, dans les expressions que nous avons présentées, ne fait pas profession de défendre seulement les classes dominées, plus soucieuse qu'elle est d'inventorier les lieux et les agents des changements plutôt que de protester contre ces changements. Et, de même est-elle peu docile à l'égard des pouvoirs économiques et politiques, sceptique qu'elle est à l'égard du désintéressement de ces pouvoirs. Mais, aussi, est-elle restée rebelle aux emprises des partis et particulièrement dans les années 50-65 à l'emprise du Parti communiste[1]. En effet, dans cette sociologie dynamique, la question n'est pas de définir les catégories sociales dans leurs distinctions, ni d'opposer naïvement les forces du changement et les forces conservatrices, mais de rechercher quels sont, à un moment de la conjoncture, les véritables acteurs des changements et les véritables mouvements sociaux. Aussi bien, si l'on peut rechercher des affinités intellectuelles entre cette sociologie dynamique et des groupes sociaux, faudra-t-il les rechercher auprès des acteurs sociaux ouverts aux changements, cadres industriels, étudiants et, éventuellement, auprès des groupes intellectuels et culturels hostiles aux bureaucraties politiques et à leurs appareils[2]. Ce champ social n'a pas de limites figées, les forces modernistes étant elles-mêmes en changements et remaniements permanents.

Aussi réservée qu'elle soit à l'égard des luttes politiques quotidiennes et à l'égard des obédiences partisanes, cette sociologie a bien des affinités politiques qui sont dans la logique de sa vision du monde. L'intérêt extrême porté aux faits de changement[3], la reconnaissance et, dans les années

---

1. A. Touraine, *Mort d'une gauche, op. cit.*
2. P. Ansart, *Les Idéologies politiques*, Paris, PUF, 1974, ch. III, 3.
3. Selon le sous-titre de l'ouvrage de 1988 : *Le Désordre, éloge du mouvement.*

Sociologie de la sociologie

Comme toute sociologie des connaissances, la sociologie de la sociologie se propose d'étudier les multiples liens, conscients et non conscients, qui unissent les sociologues à leur milieu social, et leur savoir aux conditions sociales qui le rendent possible. La sociologie n'est-elle pas largement déterminée par les conditions de sa production? Les sociologues ne sont-ils pas dépendants des intérêts (ou même des idéologies), des forces sociales et des mouvements historiques auxquels ils participent?

Cette question générale se redouble en plusieurs questions particulières. On peut, sans difficulté, mettre en évidence les pressions sociales, directes ou indirectes, qui orientent le choix des objets d'étude. Dans une période où la gestion des entreprises pose de multiples problèmes sociaux et économiques, les appels d'offre, les fonds publics et privés, facilitent la sociologie des organisations, créent une demande sociale pour les études menées dans ce domaine. Les choix des objets d'étude ne peuvent être indifférents à l'existence, ou à la défaillance, des demandes sociales.

De même peut-on s'interroger sur les rapports entre les connaissances produites, les conclusions, et la situation historique et sociale du chercheur. L'histoire des grandes Écoles du passé (marxisme, évolutionnisme...) montre sans ambiguïté

1950-1965, la défense explicite de la décolonisation, situe sans ambiguïté cette sociologie à l'écart ou à l'opposé des forces politiques conservatrices. Une certaine passion de l'histoire présente traverse ces études et porte à se détourner de toutes les forces économiques ou politiques susceptibles de freiner ou d'arrêter les changements sociaux. Mais, simultanément, l'attention portée aux acteurs sociaux, à leur culture en changement et à leurs initiatives, conduit à suspecter fortement les dogmatismes et les formules politiques de changements autoritaires. Avec continuité, cette sociologie des changements sociaux n'a cessé de suggérer les dangers des emprises politiques au sein des nations décolonisées autant que les dangers des emprises exté-

combien leurs conclusions ont été, dans une certaine mesure, marquées par les mouvements sociaux et les conjonctures dont elles n'ont pas toujours perçu les limites. On ne peut douter que les positions politiques de Marx ou de Durkheim aient été des « biais » qui ont tout à la fois aiguisé leur compréhension de certains phénomènes et fixé des limites à leur lucidité.

L'une des tâches de la sociologie de la sociologie est donc d'étudier attentivement la condition sociale des sociologues eux-mêmes. Aux grands intellectuels politiquement engagés du XIXe siècle ont succédé des chercheurs spécialisés, liés quelquefois à des entreprises privées et, le plus souvent, à des institutions d'État. Il importe de cerner toutes les conséquences de ce statut qui, en France, lie les sociologues aux organismes publics (CNRS, universités), favorise une certaine distance par rapport à la vie économique et politique, et risque de renforcer la clôture intellectuelle dans la spécialisation.

Cette sociologie de la sociologie ne conduit aucunement à nier le caractère scientifique des savoirs produits. Elle a aussi pour tâche de montrer les « techniques de rupture » dont dispose le sociologue pour rompre avec les idéologies de son milieu (les méthodes d'observation, les méthodologies qualitatives et quantitatives de traitement…) et leur efficacité. Mais, au terme de ce travail, la sociologie de la sociologie exerce une œuvre de vigilance qui participe à la dynamique de l'indispensable critique scientifique (Ansart, 1979).

---

rieures. Position résolument nuancée, propice à d'éventuels malentendus auprès des détenteurs du pouvoir politique. C'est que l'option fondamentale, tournée vers la société dans ses transformations et ses innovations, dans ses « effervescences » selon l'expression de Georges Gurvitch, et dans ses inventions imaginaires, met en suspicion les changements imposés, éventuellement destructeurs des dynamismes sociaux. Dans cette perspective, le politique fait l'objet d'une critique sociale conduisant à mettre en évidence ses procédés et ses masques, sa théâtralité[1]. Une

---

1. G. Balandier, *Le Pouvoir sur scènes, op. cit.*

telle perspective conduit à s'opposer vigoureusement aux politiques conservatrices, mais avertit, non moins fermement, des illusions engendrées par les voies exclusivement politiques des changements sociaux.

Une sociologie des organisations et, tout d'abord, une sociologie du « phénomène bureaucratique » peut sembler aussi éloignée que possible d'une vision du monde à ambition généralisante. Il ne s'agit, apparemment, que d'une sociologie spécialisée, fortement liée à un travail empirique et se tenant à l'écart des choix théoriques imposant une affiliation quasi philosophique. Or, comme on le voit clairement dans les travaux de Michel Crozier et dans leur évolution, cette sociologie répond, en fait, à une conception plus ambitieuse et à une véritable vision du monde social. En postulant et en montrant que les problèmes décisifs de la société moderne se situent dans les organisations, dans ces « construits sociaux » que sont les administrations, les entreprises, ces études mettent bien en place une conception globale de la société et en écarte d'autres. Une telle conception récuse implicitement ou explicitement qu'une société soit un ensemble de classes sociales et que cette dimension soit l'essentiel de la dynamique sociale. Elle récuse aussi, ou limite fortement, la portée des visions interactionniste et individualiste en leur objectant l'antériorité du système construit sur les interactions ou les motivations des agents. Elle récuse aussi une approche économiste des relations sociales qui tendrait à gommer l'importance des organisations sociales dans les logiques de production et de consommation. En fait, et malgré l'apparente innocuité du propos, une telle sociologie appelle à reconsidérer l'ensemble de la vision du social, à repérer les difficultés et les freinages réels non dans les luttes de classes ou dans les inerties politiques, mais bien dans les dysfonctionnements bureaucratiques, dans les blocages institutionnels et l'inadéquation des organisations à réaliser les objectifs proclamés.

A partir de telles interrogations, cette sociologie des organisations a vocation de faire apparaître certaines dimensions sociales qui ne se limitent pas aux faits organisationnels. Elle met en relief les dysfonctions bureaucratiques, les cercles vicieux mis en place par ce système d'organisation, les tensions particulières aux relations de pouvoir qui lui sont inhérents.

Ces études prennent, dans la société française, un relief particulier du fait de l'extension du système d'organisation bureaucratique au-delà des relations industrielles. La comparaison entre les systèmes bureaucratiques des différentes nations (France, URSS, États-Unis) [1] fait apparaître les particularités du système français et introduit, par ce biais, à une représentation d'ensemble des relations de pouvoir dans la société française. Ces études n'ont pas manqué de prendre un caractère d'évidence du fait de l'émergence de crises et de conflits (grèves de fonctionnaires par exemple) venant confirmer les diagnostics théoriques. Les recherches empiriques sur les organisations bureaucratiques avaient, en particulier, analysé les souffrances, les mécontentements latents, engendrés par ce type de système, expliquant ainsi, par avance, la réitération des expressions d'insatisfaction. Elles avaient simultanément souligné les difficultés que ne manquent pas de rencontrer les différentes catégories sociales pour résoudre ces problèmes. L'étude du système bureaucratique français apporte des éléments pour en comprendre la résistance, pour en analyser les mécontentements et les résignations provisoires, mais aussi pour comprendre comment les dirigeants et responsables sont généralement amenés à choisir les mauvaises solutions.

Une telle sociologie a sa propre place dans la vie collective. Cette remarque est valable pour toute sociologie qui, le voulant ou non, a nécessairement des liens d'affinité avec certaines catégories sociales. Mais, une sociologie des organisations, particulièrement critique à l'égard du système d'organisation bureaucratique, ne manque pas d'avoir des rapports affinitaires plus précis avec certaines catégories sociales. On peut prévoir que les syndicalistes représentant les fonctionnaires non dirigeants se méfieront

1. Michel Crozier, *Le Phénomène bureaucratique*, *op. cit.*, ch. 8.

d'une analyse critique montrant que ces syndicats participent à l'entretien du système. On peut prévoir, au contraire, que les responsables et les dirigeants, soucieux de trouver des réponses aux problèmes qu'ils rencontrent dans la réalisation de leurs objectifs, accueilleront plus volontiers des analyses dont ils pourront espérer quelques éléments de réponse pratiques. Cette sociologie se trouve donc en face d'une certaine demande sociale, plus précise et plus explicite que pour les autres théorisations que nous étudions ici. Cependant, le récit des travaux fait apparaître les hésitations et, parfois, les contradictions de cette demande sociale. Des dirigeants peuvent espérer d'un diagnostic sur leur organisation que leur soient proposés des éléments de réponse aux difficultés rencontrées, mais peuvent répugner à retenir des solutions qui mettent en cause une part de leur pouvoir. Des cadres d'entreprise peuvent solliciter une intervention du sociologue, mais peuvent répugner à bouleverser leurs relations avec leurs subordonnés. Sur le plan politique, des dirigeants peuvent solliciter les diagnostics et les recherches sociologiques dans les phases électorales ou dans les périodes de contestation, mais, s'en désintéresser dès lors que les pesanteurs bureaucratiques l'ont emporté sur leur velléité. Cette sociologie fait face à une demande sociale renaissante, mais, elle-même, traversée de ses propres hésitations.

Ce n'est donc qu'apparemment qu'une telle sociologie peut se définir comme a-politique. Elle ne fait pas profession de se confondre avec un appareil politique, mais elle se trouve en affinité avec des forces politiques et, d'autre part, esquisse des appels précis en direction de la société civile. Parmi les programmes politiques, elle est en affinité avec les partisans des autonomies, des décentralisations, et en conflit avec les partisans du renforcement des pouvoirs étatiques. S'agissant, en particulier, des administrations publiques dont le poids est important dans la société française, cette sociologie est intensément critique à l'égard de leur inertie, du coût élevé de leur fonctionnement, et de leur centralisation autoritaire. Aussi bien, sur le plan des choix politiques, cette sociologie suscite la méfiance des partis qui redoutent l'extension des autonomies défavorables à leur emprise. Plus largement, ces dénonciations de la bureaucratie contiennent un ensemble d'appels et de légitimations concernant, peut-on dire, l'ensemble de la société civile. L'étude attentive des stratégies d'acteurs dans les systèmes d'action, sans se transformer en apologie des stratégies, en montre néanmoins la fécondité et, en quelque sorte, la légitimité. Implicitement sont ainsi présentés des modèles d'accomplissement de l'homme (et de la femme) moderne, des modèles de normalité à travers lesquels se trouvent légitimées les stratégies d'action au sein des organisations. S'il ne s'agit pas là de messages politiques au sens étroit du terme, il s'agit bien là d'une conception générale de la cité et les justes formes d'accomplissement dans la vie collective.

Quelle que soit la distance entre les idéologies libérales et l'individualisme méthodologique, ces orientations ne sont pas sans quelque relation. Comme le souligne R. Boudon, elles ont pour principe commun de placer les individus avant les institutions, de faire des préférences individuelles le critère d'évaluation des institutions sociales et politiques[1]. En cela, l'individualisme poursuit la tradition marquée par A. de Tocqueville et M. Weber, comme sa reformulation au sein de l'utilitarisme économique (Karl Menger). La réitération de ce principe sous sa forme méthodologique, le rappel de cette règle, introduisent à une critique de toutes les traditions et recherches suspectes d'ambitions « totalisantes ou holistes » (Marx, Durkheim, le structuralisme...)[2]. Le fait de prendre pour principe explicatif les motivations des individus et d'appréhender les phénomènes étudiés comme le résultat de l'agrégation des phénomènes individuels implique une critique systématique des perspectives qui prétendent découvrir des phéno-

---

1. R. Boudon, *L'Idéologie, op. cit.,* p. 285-288.
2. R. Boudon, « Individualisme ou holisme : un débat méthodologique fondamental », *in* H. Mendras et M. Verret, *Les Champs de la sociologie française, op. cit.*

mènes généraux supposés déterminants pour les individus. La discussion visera, en particulier, les hypothèses concernant les nécessités, les lois, en un mot le déterminisme supposé des phénomènes sociaux. Sans se confondre avec une idéologie politique ou partisane, ces principes méthodologiques rejoignent donc indirectement une philosophie individualiste et, dans une certaine mesure, une éthique sous la forme d'une méfiance de principe à l'égard de tout ce qui pourrait légitimer le scepticisme à l'égard des libertés de l'individu et la mise en doute de ses constantes marges de choix. Les expressions d'indignation à l'égard des sociologies suspectes de ces démissions sont significatives de cette dimension éthique.

Là encore, en deçà des disputes d'écoles, on peut souligner un ensemble de faits et d'expériences avec lesquels cette méthodologie a des rapports privilégiés et qu'elle paraît mieux préparée à aborder. Le fait massif des changements économiques liés aux inventions et aux innovations scientifiques ou technologiques fait objection pratique aux théories de la reproduction sociale et incite à s'interroger sur les comportements des acteurs dans leurs différences. Les échecs répétés des prévisions sociales ou économiques, la rapidité des arrêts ou des inversions de tendances, développent le scepticisme à l'égard des certitudes comme à l'égard des lois prétendument définitives. Les échecs historiques des plans et des planifications autoritaires rendent plus sensible à l'étude des « effets pervers » qu'à celui des développements prévus. Dans le domaine de la production, les échecs des organisations bureaucratiques, les critiques multiples formulées contre les gestions autoritaires, les appels à la motivation des acteurs économiques et à leur inventivité, ont conduit à reconsidérer les comportements des individus, leurs motivations positives ou négatives dans les activités de gestion et de production. Et, de même, dans le domaine de la consommation, l'abondance même des marchés conduit à définir l'acheteur potentiel, non plus à partir de ses besoins nécessaires, mais à partir de ses motivations privées et de ses choix. Ainsi, les développements économiques et financiers dans leur forme moderne et capitaliste créent un ensemble multiforme de tendances, de situations et d'expériences, qui mettent en doute la constance de lois sociales et de déterminismes, et incitent à reprendre les analyses à partir des motivations et expériences individuelles. Ils peuvent inciter aussi à majorer la diversité des situations individuelles, la singularité des cas au détriment de la généralité. Une approche individualisante, sceptique à l'égard des ambitions durkheimiennes ou marxistes, peut paraître plus adéquate pour s'adapter à la diversité et aux singularités.

On peut faire l'hypothèse que cette approche individualiste a, elle aussi, des affinités privilégiées avec certaines catégories sociales, sans que l'on puisse marquer des limites précises à ces catégories. On peut penser qu'une approche résolument individualiste qui majore la liberté et les choix des acteurs a moins d'affinité avec les agents défavorisés dont l'expérience est davantage celle des obstacles que celle des choix personnels. De même, le scepticisme à l'égard de l'action collective et de son émergence, comme à l'égard des institutions syndicales et de leur adéquation aux intérêts des mandants, est peu en accord avec les attentes populaires. Sans qu'il y ait de rapport nécessaire et de dépendance entre cette approche et des groupes sociaux clairement définis, elle est plus en résonance avec des acteurs sociaux possédant une certaine liberté de choix économiques et culturels qu'avec des expériences de dépossession. Elle est aussi en rapport significatif avec les tendances diffuses de l'individualisme en tant qu'expérience ou en tant que style de vie revendiqué. De même que les individualismes existentiels affirment, sous des formes multiples, leur rupture par rapport au passé et par rapport aux continuités culturelles, l'individualisme méthodologique appelle à rompre l'image des continuités et majore les expériences de rupture. Cette approche est en affinité avec les acteurs sociaux pour qui le temps n'est pas celui de la répétition et de la dépossession, mais le temps renouvelé des possibilités et des ruptures possibles, le temps des choix et non pas le temps des traditions.

Et, là encore, une telle sociologie ne comporte pas de conclusions politiques précises, et encore moins de programme politique. Bien plutôt, elle met en garde contre les projets apparemment rationnels en avertissant de leurs futurs échecs et effets pervers. Mais, néanmoins, les principes de l'individualisme esquissent des préférences politiques. La critique vigoureuse des différentes formes de « totalitarismes » a des implications politiques non ambiguës et vise aussi leurs formes extrêmes que peuvent être les totalitarismes politiques. Selon cette critique, les théories holistes auraient en commun avec les totalitarismes effectifs le même mépris des individus et la même visée de soumission des individus à des forces contraignantes. L'approche individualiste implique ainsi une certaine méfiance à l'égard des divers socialismes pour autant que ceux-ci cherchent plus le renforcement des pouvoirs étatiques que l'élargissement des droits individuels. Et, de même, cette approche induit à une forte méfiance à l'égard des « mouvements sociaux » alors que ceux-ci sont tenus pour des éléments éminemment positifs par la sociologie dynamique. La suspicion porte à la fois sur l'action collective dont il n'est pas assuré qu'elle exprime les véritables motivations des individus, et sur le risque de démission des libertés dans les mouvements sociaux collectifs. Sans défendre un individualisme a-politique, cette approche conduit à légitimer des institutions politiques respectueuses des lois du marché et systématiquement orientées vers la défense des individus et des marges de liberté individuelle.

Les leçons que l'on peut tirer de ces dernières remarques ne sont pas simples. Ces quatre modèles théoriques, armés de leurs méthodes et de leurs exigences critiques, sont bien producteurs de savoirs fort éloignés des illusions et des idéologies qui accompagnent la vie sociale et politique. Par des voies différentes, ils permettent de répondre aux promesses de la sociologie de procurer, sur les actions et les relations sociales, des savoirs susceptibles d'être critiqués et réfutés. Mais, si leur projet de scientificité est réalisé, ils ne manquent pas de construire des visions divergentes des phénomènes étudiés et sont, d'autre part, en affinité privilégié avec des groupes sociaux ou des pratiques sociales différentes. Et, ils ne manquent pas non plus d'être en affinité avec des lignes politiques divergentes, comme avec des orientations culturelles différentes.

Plus que des visions du monde différentes, ces quatre sociologies expriment des dimensions complexes et divergentes de la société contemporaine. Et la raison d'être de leurs oppositions nous semble largement dépendre de la complexité sociale elle-même. Leur avenir, comme l'avenir des débats sociologiques, dépendra donc, en partie, de l'élucidation de leurs oppositions, mais plus encore des transformations effectives de la société de demain.

Annexe

Au-delà de notre analyse des quatre courants théoriques, on peut se demander quels domaines nouveaux, quelles voies nouvelles se sont ouverts depuis ces dix dernières années (1980-1990) ? Est-ce que ces voies nouvelles ont confirmé ou infirmé les quatre paradigmes que nous avons exposés ?

Tentons de répondre à ces questions en considérant cinq champs de recherche qui se sont particulièrement développés ces dernières années : *la communication, la vie quotidienne, les imaginaires et les représentations, l'immigration, la sociolinguistique.* On verra aussi que les paradigmes exposés ont eux-mêmes connu des modifications dues soit à la modification des cadres théoriques, soit à la pression des faits sociaux qui ont soulevé de nouvelles questions.

1. L'extension des *communications* et leur importance cruciale dans la société post-industrielle ont posé aux sociologues un véritable défi empirique et théorique. Des travaux multiples se sont développés — non sans quelque retard par rapport au développement des faits — sur les différents moyens de communication (radio, télévision, presse) et leurs multiples usages (industriels, scolaires, politiques...).

Les paradigmes qui inspirent ces recherches poursuivent, dans une certaine mesure, les modèles théoriques que nous avons exposés, non sans y apporter de nouveaux infléchissements. Ainsi, les travaux qui développent l'hypothèse du rôle des media dans le renouvellement des dominations modernes (Mattelart, 1986 ; Quéré, 1982), et qui analysent les nouvelles idéologies liées à l'extension des communications de masse poursuivent, sur un autre terrain, les réflexions de P. Bourdieu sur la domination et sur la violence symbolique. C'est dans une tout autre perspective que se situent les recherches inspirées du systémisme et qui tendent à analyser les relations multiples et sans cesse changeantes qu'instituent les systèmes de communication au niveau local ou planétaire. Une telle problématique qui inspire, en partie, les recherches de M. Crozier sur les organisations trouve un large développement dans la théorie de la communication, qu'elle soit appliquée à un secteur particulier comme la presse (Mathien, 1989), ou au niveau le plus global (Moles, 1973).

Enfin, l'individualisme méthodologique trouve un écho dans les recherches qui récusent fortement l'hypothèse d'un effet, d'une détermination des comportements par les media, et font des moyens de communication de masse un élément, parmi d'autres, du système des interactions (Cazeneuve, 1972 ; Burgelin, 1970 ; Balle, 1980).

Néanmoins, ces travaux, qui sont en plein développement, ne sauraient être réduits à des applications de paradigmes préétablis.

2. On peut dater des années 1975 l'extension de travaux visant à restituer les multiples expériences de la *vie quotidienne* (rituels quotidiens, échanges familiers, consommations, fêtes, etc.). Cette extension tient à la fois au reflux des grandes idéologies, à l'élargissement des préoccupations ethnologiques et anthropologiques, aux exemples aussi venus des historiens attentifs eux-mêmes à la vie quotidienne des hommes du passé. Les sociologues de la vie quotidienne retrouvent aussi une tradition quelque peu négligée antérieurement (Tarde, Simmel, Schütz). Ces travaux, volontairement attentifs au partiel, aux expériences vécues, se soucient moins des débats théoriques que de la restitution du concret. Néanmoins, des tendances bien différentes s'y distinguent.

A travers la description de la vie quotidienne, des recherches sur les rituels propres à une classe sociale (Lucas, 1981), sur des sensibilités populaires (Jeudy, 1979), visent à mettre en relief les dominations sociales, les formes diffuses de subordination dans une orientation critique qu'avait auparavant suggérée H. Lefebvre (1958).

C'est dans une tout autre inspiration que puisent les descriptions des expériences, des échanges quotidiens ou des accomplissements (Maffesoli, 1979, 1988 ; Ferrarotti, 1981) avec le souci de recourir librement aux modèles de la phénoménologie sociale, cherchant à réaliser, en quelque sorte, une herméneutique du vécu. Une autre volonté se fait jour ici, celle de renouer avec l'écriture et les arts, porteurs, eux aussi, d'expressions révélatrices des expériences humaines.

Enfin, les recherches sur les interactions sociales ouvrent d'autres voies qu'a illustrées E. Goffman, proches des modèles de la psychologie sociale ou de l'ethnométhodologie, et plus attentifs à restituer les comportements des acteurs particuliers que les modèles collectifs (Gruel, 1984).

3. *La sociologie des idéologies, des imaginaires sociaux et des représentations* est un domaine classique de la recherche depuis Marx ou Mannheim, mais elle a connu des renouvellements importants et une extension de son champ.

Les recherches sur les idéologies politiques ont opposé à un modèle fondé sur une lecture structuraliste de Marx (Althusser, 1970), des travaux soulignant, au contraire, dans une perspective dynamique, les fonctions des idéologies, en particulier dans l'exercice des violences totalitaires (Lefort, 1976 ; Ansart, 1977), dans la résistance aux emprises, et dans les révolutions (Castoriadis, 1975). L'ampleur et la diversité des idéologies, l'importance historique de ces « religions séculières » dans la vie politique ont fait l'objet d'études systématiques (Simon, 1978 ; Duprat, 1980-1983 ; Sironneau, 1982).

Les travaux sur les représentations sociales ont ouvert d'autres voies de recherche, non plus sur la vie politique, mais sur la vie des groupes. Les frontières entre l'approche sociologique et l'approche en termes de psychologie sociale se trouvent surmontées de façon féconde, soit dans l'étude des représentations de groupe (Deconchy, 1971 ; Kaës, 1980), soit dans l'analyse critique des représentations collectives (Baudrillard, 1972, 1979 ; Sansot, 1970 ; Jodelet, 1989), soit, enfin, dans la reconstitution minutieuse des mémoires collectives (Namer, 1983, 1987).

L'analyse des imaginaires a offert des possibilités de rapprochements avec d'autres disciplines. Avec l'anthropologie, elle a permis une réflexion synthétique sur les mythologies anciennes et contemporaines (Durand, 1969 ; Caillois, 1970 ; Tacussel, 1984)) ; avec l'histoire de l'art, elle a ouvert de nouvelles voies à la sociologie des arts et de la littérature (Leenhardt, 1982).

La sociologie conquiert un nouveau territoire avec l'étude des affectivités. Longtemps confinés dans le domaine suspect de l'irrationalité, les sentiments, les passions collectives ont offert un nouveau champ d'exploration, donnant une occasion de suspendre les paradigmes dominants et de reconstituer les rapports avec une socio-psychanalyse dans l'étude des passions sociales (Duvignaud, 1990) ou politiques (Ansart, 1983).

L'extension des recherches à de nouveaux « terrains » entraîne, comme il est prévisible, la révision de la science dite « normale » selon l'expression de T. Kuhn.

4. *La sociologie des immigrations* illustre bien la situation de dépendance de la sociologie par rapport aux transformations objectives, aux demandes et aux pressions sociales.

Avant la Seconde Guerre mondiale comme au lendemain de celle-ci, la sociologie française se préoccupait peu des phénomènes liés à l'arrivée de travailleurs étrangers alors que, dans le même temps, les recherches sur ces questions étaient nombreuses aux États-Unis comme l'illustre l'enquête de Thomas et Znaniecki sur l'immigration polonaise (1918-1920). En France, dans les années 1950, nombre de travaux et documents étaient publiés sur le droit, sur le statut des immigrés, mais peu sur leur situation sociale. Dans cette période de reconstruction et de croissance économique, la migration de main-d'œuvre étrangère semblait perçue comme un phénomène essentiellement juridique et économique.

De même, les premiers travaux importants mettaient fortement l'accent sur les conditions économiques des migrants (Michel, 1956).

Le développement de la crise économique a largement participé au déplacement du problème et mis l'accent sur la complexité des situations sociales des immigrés et la diversité des relations avec le pays d'accueil. Après 1970, nombre d'études ont été menées sur les différentes nationalités de migrants, sur l'attitude des syndicats face aux travailleurs immigrés (Tripier, 1990), sur la scolarisation des enfants

(Mugnoz, 1978), sur les transformations des structures familiales (Zehraoui, 1976)...

L'évolution du comportement des femmes immigrées a fait l'objet de recherches particulièrement nombreuses. Ces études mettent en relief le fait que ces comportements sont fortement dépendants de la culture d'origine et montrent combien les difficultés d'adaptation comme la rapidité des transformations sont variables selon les cultures d'origine (Taboada-Léonetti, 1987 ; Parris, 1983 ; Le Huu Khoa, 1985).

Du point de vue du renouvellement des voies de recherche, on assiste donc à un renforcement de l'attention sur les faits de culture et sur les relations interculturelles. L'attention se porte sur les différences de comportement selon les cultures, sur les adaptations différentes des femmes, sur les spécificités des difficultés scolaires des enfants. Elle se porte aussi sur les conflits culturels et interculturels (Oriol, 1981). Là encore, on vérifie que le développement des situations interculturelles et l'émergence de tensions sociales (en milieu scolaire, par exemple) stimulent une demande sociale et orientent les recherches.

5. *La socio-linguistique.* L'étude des rapports entre le langage et la société n'est pas un domaine nouveau : dès le XIXe siècle, Humboldt (1767-1835) s'interrogeait sur le rôle du langage comme facteur déterminant d'une culture. Mais l'abandon des théories causales au profit de l'étude des pratiques langagières considérées comme un type de comportement social et une action (Austin, 1955) a ouvert la voie à la pluralité des études et à leur renouvellement. Toute relation sociale s'institue, en effet, à travers des comportements langagiers et peut être étudiée comme un échange de signes.

Dès lors, ont pu être étudiés dans une perspective socio-linguistique :

— les conflits politiques du passé (Marcellesi, 1971),

— les conflits linguistiques liés aux dominations sociales (de Certeau, 1975),

— les stratégies de distinction des acteurs politiques (Roig, 1977),

— la pluralité des pratiques linguistiques dans une même nation (Vermes et Boutet, 1987),

— les différences des pratiques linguistiques à l'école et leurs conséquences pour les enfants d'origine culturelle différente,

— le rôle des langages comme « marqueurs » d'identité sociale,

— la création de vocabulaires pour les technologies nouvelles...

De plus, ces approches sont pluralisées selon l'objet linguistique choisi, qu'il s'agisse des différenciations phonétiques, des lexiques, des phrases ou des ensembles discursifs et de leurs significations.

Dans cette production, faite de multiples inventions méthodologiques, les paradigmes sociologiques se trouvent, soit confirmés, soit remis en question. Bien des travaux viennent confirmer le structuralisme génétique et mettent l'accent sur les règles sociales de production et de circulation des énoncés, sur leur portée différente selon la place sociale du locuteur (Bourdieu, 1982).

Au contraire, les travaux qui portent sur les interactions symboliques dans les situations de face-à-face sont plus proches de l'interactionnisme et peuvent lui emprunter ses postulats (Gumperz, 1989).

Mais, simultanément, bien des travaux, sans se soucier de se conformer à un paradigme dominant, recherchent seulement le modèle d'analyse le plus adéquat à la particularité de leur objet d'étude. Des voies nouvelles tendent ici à se dessiner et sont stimulées, en particulier, par la rencontre fructueuse de plusieurs disciplines : l'histoire, la linguistique, la psychologie, la science politique et la sociologie.

Bibliographie

AKOUN, André, 1989, *L'Illusion sociale, essai sur l'individualisme démocratique et son destin*, Paris, PUF.

ALTHABE, Georges, 1982, *Oppression et Libération dans l'imaginaire*, Paris, La Découverte.
— 1984, et B. LEGE, M. SELIM, *Urbanisme et Réhabilitation symbolique : Ivry, Bologne, Amiens*, Paris, Anthropos.

ALTHUSSER, Louis, 1965, *Pour Marx*, Paris, Maspero.
— 1968, et Étienne BALIBAR, *Lire le Capital*, Paris, Maspero.
— 1970, « Idéologie et appareils idéologiques d'État ; notes pour une recherche », *La Pensée*, juin.

ANS, André-Marcel d', 1987, *Haïti : paysage et société*, Paris, Karthala.

ANSART, Pierre, 1969, *Marx et l'Anarchisme*, Paris, PUF.
— 1970, *Naissance de l'anarchisme. Esquisse d'une explication sociologique du proudhonisme*, Paris, PUF.
— 1974, *Les Idéologies politiques*, Paris, PUF.
— 1977, *Idéologies, conflits et pouvoir*, Paris, PUF.
— 1983, *La Gestion des passions politiques*, Lausanne, Paris, L'Âge d'homme.
— 1984, *Proudhon, Textes et débats*, Paris, Librairie générale française, Le Livre de poche.

ARON, Raymond, 1935, *La Sociologie allemande contemporaine*, Paris, PUF, 1981.
— 1938, *Introduction à la philosophie de l'histoire. Essai sur les limites de l'objectivité historique*, Paris, Gallimard, 1986.
— 1938, *Essai sur une théorie de l'histoire dans l'Allemagne contemporaine ; la philosophie critique de l'histoire*, Paris, Julliard, 1987.
— 1948, *Le Grand Schisme*, Paris, Gallimard.
— 1955, *L'Opium des intellectuels*, Paris, Calmann-Lévy.
— 1957, *La Tragédie algérienne*, Paris, Plon.

— 1962, *Paix et Guerre entre les nations*, Paris, Calmann-Lévy.
— 1967, *Les Étapes de la pensée sociologique*, Paris, Gallimard.
— 1969, *D'une sainte-famille à l'autre. Essais sur les marxismes imaginaires*, Paris, Gallimard.
— 1972, *Histoire et Dialectique de la violence*, Paris, Gallimard.
— 1977, *Plaidoyer pour l'Europe décadente*, Paris, Laffont.
— 1981, *Le Spectateur engagé*, Paris, Julliard.

AUSTIN, John Langshaw, 1955, *Quand dire, c'est faire*, tr. fr., Paris, Éd. du Seuil, 1970.

AUGÉ, Marc, 1975, *Théorie des pouvoirs et Idéologie*, Paris, Hermann.

ANZIEU, Didier, 1975, *Le Groupe et l'Inconscient*, Paris, Dunod.

BALANDIER, Georges, 1955, *L'Anthropologie appliquée aux problèmes des pays sous-développés*, Paris, Les Cours de droit.
— 1955, *Sociologie actuelle de l'Afrique noire : dynamique sociale en Afrique centrale*, Paris, PUF, 4ᵉ éd., 1982.
— 1955, *Sociologie des Brazzavilles noires*, Paris, Presses de la Fondation des sciences politiques, 2ᵉ éd., 1985.
— 1957, *Afrique ambiguë*, Paris, Press Pocket, 1983.
— 1959, *Les Pays sous-développés : aspects et perspectives*, Paris, Les Cours de droit.
— 1961, *Les Pays en voie de développement : analyse sociologique et politique*, Paris, Les Cours de droit.
— 1965, *La Vie quotidienne au royaume de Kongo du XVIᵉ au XVIIIᵉ siècle*, Paris, Hachette.
— 1967, *Anthropologie politique*, Paris, PUF, 4ᵉ éd., 1984.
— 1968 (sous la dir. de G. BALANDIER et J. MAQUET), *Dictionnaire des civilisations africaines*, Paris, F. Hazan.
— 1971, *Sens et Puissance, les dynamiques sociales*, Paris, PUF, 2ᵉ éd., 1981.
— 1972, *Georges Gurvitch, sa vie, son œuvre*, Paris, PUF, coll. « Philosophes ».
— 1974, *Anthropo-logiques*, Paris ; éd. rev. Biblio-Essais, 1985.
— 1977, *Histoires d'autres*, Paris, Stock.
— 1980, *Le Pouvoir sur scènes*, Paris, Balland.
— 1985, *Le Détour : pouvoir et modernité*, Paris, Fayard.
— 1988, *Le Désordre : éloge du mouvement*, Paris, Fayard.

BALLE, Francis, 1973, *Institutions et Publics des moyens d'information*, Paris, Montchrestien.
— 1980, *Medias et Société*, Paris, Montchrestien, 2ᵉ éd.

BASTIDE, Roger, 1950, *Sociologie et Psychanalyse*, Paris, PUF.

BAUDELOT, Christian et Roger ESTABLET, 1971, *L'École capitaliste en France*, Paris, Maspero.

BAUDRILLARD, Jean, 1972, *Pour une critique de l'économie politique du signe*, Paris, Gallimard.
— 1979, *De la séduction*, Paris, Galilée.

BAREL, Yves, 1973, *La Reproduction sociale. Systèmes vivants, invariance et changement*, Paris, Anthropos.

BARUS-MICHEL, Jacqueline, 1987, *Le Sujet social : étude de psychologie sociale clinique*, Paris, Dunod.

BEAUVOIR, Simone de, 1961, *Le Deuxième Sexe*, Paris, Gallimard, 2 vol.

BENOIT, Jean-Claude, 1984, *Changements systémiques et Thérapie familiale*, Paris, Éd. ESF, 3ᵉ éd.

BERNOUX, Philippe, 1985, *La Sociologie des organisations*, Paris, Éd. du Seuil, coll. « Points ».

BERTALANFFY, Ludwig von, 1968, *Théorie générale des systèmes*, tr. fr., Paris, Dunod, 1973.

BERTAUX, Daniel, 1976, *Histoires de vies ou récits de pratiques ? Méthodologie de l'approche biographique en sociologie*, Paris, Maison des sciences de l'homme.
— 1977, *Destins personnels et Structure de classe*, Paris, PUF.

BION, Wilfred R., 1965, *Recherches sur les petits groupes*, Paris, PUF.

BOUDON, Raymond, 1965, et Paul LAZARSFELD, *Le Vocabulaire des sciences sociales, concepts et indices*, Paris, La Haye, Mouton.
— 1966, *L'Analyse empirique de la causalité*, choix de textes publiés sous la dir. de R. BOUDON et P. LAZARSFELD, Paris, La Haye, Mouton.
— 1967, *L'Analyse mathématique des faits sociaux*, Paris, Plon.
— 1968, *A quoi sert la notion de structure ? Essai sur la signification de la notion de structure dans les sciences humaines*, Paris, Gallimard.
— 1969, *Les Méthodes en sociologie*, Paris, PUF, coll. « Que sais-je ? », 6ᵉ éd. mise à jour, 1984.
— 1971, *La Crise de la sociologie*, Paris, Droz.
— 1973, *L'Inégalité des chances ; la mobilité sociale dans les sociétés industrielles*, Paris, Colin.
— 1975, *Quantitative Sociology*, New York, Academic Press.

— 1977, *Effets pervers et Ordre social*, Paris, PUF, nouv. éd., 1989.

— 1979, *La Logique du social : introduction à l'analyse sociologique*, Paris, Hachette ; 2e éd., coll. « Pluriel », 1983.

— 1982, et François BOURRICAUD, *Dictionnaire critique de la sociologie*, Paris, PUF, 2e éd. rev., 1986.

— 1984, *La Place du désordre ; critique des théories du changement social*, Paris, PUF.

— 1986, *L'Idéologie ou l'Origine des idées reçues*, Paris, Fayard.

BOURDIEU, Pierre, 1961, *Sociologie de l'Algérie*, Paris, PUF, 2e éd.

— 1962, *The Algerians*, Boston, Beacon Press.

— 1964, et A. SAYAD, *Le Déracinement, la crise de l'agriculture traditionnelle en Algérie*, Paris, Éd. de Minuit.

— 1964, et J.-C. PASSERON, *Les Étudiants et leurs études*, Paris, Mouton.

— 1964, et J.-C. PASSERON, *Les Héritiers, les étudiants et leurs études*, Paris, Éd. de Minuit.

— 1964, et A. DARBEL, J.-P. RIVET, C. SEIBEL, *Travail et Travailleurs en Algérie*, Paris, Mouton.

— 1965, et L. BOLTANSKI, R. CASTEL, J.-C. CHAMBOREDON, *Un art moyen, essai sur les usages sociaux de la photographie*, Paris, Éd. de Minuit.

— 1965, et J.-C. PASSERON, M. de SAINT-MARTIN, *Rapport pédagogique et Communication*, Paris, Mouton.

— 1966, et A. DARBEL, *L'Amour de l'art ; les musées et leur public*, Paris, Éd. de Minuit.

— 1968, et J.-C. PASSERON, J.-C. CHAMBOREDON, *Le Métier de sociologue, préalables épistémologiques*, Paris, Mouton-Bordas, 4e éd. 1983.

— 1970, *Zur Soziologie des Symbolischen Formen*, Francfort, Suhrkamp.

— 1970, et J.-C. PASSERON, *La Reproduction*, Paris, Éd. de Minuit.

— 1972, *Esquisse d'une théorie de la pratique*, précédée de *Trois Études d'ethnologie kabyle*, Genève, Éd. Droz.

— 1976, *Die politische Ontologie Martin Heideggers*, Francfort, Syndicat.

— 1977, *Algérie 1960, structures économiques et structures temporelles*, Paris, Éd. de Minuit.

— 1979, *La Distinction, critique sociale du jugement*, Paris, Éd. de Minuit.

— 1980, *Le Sens pratique*, Paris, Éd. de Minuit.

— 1980, *Questions de sociologie,* Paris, Éd. de Minuit, éd. augm., 1984.
— 1982, *Leçon sur la leçon,* Paris, Éd. de Minuit.
— 1982, *Ce que parler veut dire, l'économie des échanges linguistiques,* Paris, Fayard.
— 1984, *Homo academicus,* Paris, Éd. de Minuit.
— 1987, *Choses dites,* Paris, Éd. de Minuit.
— 1988, *L'Ontologie politique de Martin Heidegger,* Paris, Éd. de Minuit.
— 1989, *La Noblesse d'État : grandes écoles et esprit de corps,* Paris, Éd. de Minuit.

BROHM, Jean-Marie, 1976, *Sociologie politique du sport,* Paris, J.-P. Delarge.

BURGELIN, Olivier, 1970, *La Communication de masse,* Paris, SGPP.

CAILLOIS, Roger, 1970, *Approches de l'imaginaire,* Paris, Gallimard.

CALVEZ, Jean-Yves, 1978, *La Pensée de Karl Marx,* Paris, Éd. du Seuil.

CAMUS, Albert, 1951, *L'Homme révolté,* Paris, Gallimard.

CASTORIADIS, Cornélius, 1975, *L'Institution imaginaire de la société,* Paris, Éd. du Seuil.

CAZENEUVE, Jean, 1972, *La Société de l'ubiquité,* Paris, Denoël-Gonthier.

CERTEAU, M. de, et D. JULIA, J. REVEL, 1975, *Une politique de la langue. La Révolution française et les patois : l'enquête de Grégoire,* Paris, Gallimard.

CHOMBART DE LAUWE, Paul-Henry, 1969, *Pour une sociologie des aspirations,* Paris, Denoël.

CHOUVIER, Bernard, 1982, *Militance et Inconscient,* Lyon, Presses universitaires de Lyon.

CICOUREL, Aaron V., 1964, *Method and Measurement in Sociology,* New York.
— 1979, *La Sociologie cognitive,* Paris, PUF.

CLASTRES, Pierre, 1980, *La Société contre l'État,* Paris, Éd. de Minuit.

COULON, Alain, 1987, *L'Ethnométhodologie,* Paris, PUF, coll. « Que sais-je ? ».

COURTINE, Jean-Jacques et Claudine HAROCHE, 1988, *L'Histoire du visage, exprimer et taire ses émotions*, Paris-Marseille, Rivages.

CROZIER, Michel, 1949, et Édouard DOLLÉANS, *Mouvements ouvrier et socialiste, chronologie et bibliographie (1750-1918)*, Paris, Éd. ouvrières.
— 1951, *Usine et Syndicats d'Amérique*, Paris, Éd. ouvrières.
— 1956, *Petits Fonctionnaires au travail*, Paris, Éd. du CNRS.
— 1963, *Le Phénomène bureaucratique*, Paris, Éd. du Seuil.
— 1965, *Le Monde des employés de bureau; résultats d'une enquête, menée dans sept compagnies d'assurances parisiennes*, Paris, Éd. du Seuil.
— 1970, *La Société bloquée*, Paris, Éd. du Seuil.
— 1974, et E. FRIEDBERG, P. et C. GREMION, J.-C. THŒNIG, J.-P. WORMS, *Où va l'administration française?*, Paris, Éd. d'Organisation.
— 1975, et S. HUNTINGTON, J. WATANUKI, *The Crisis of Democracies, Report on the Governability of Democraties*, New York, University Press.
— 1977, et Erhard FRIEDBERG, *L'Acteur et le Système, les contraintes de l'action collective*, Paris, Éd. du Seuil, rééd., 1981.
— 1979, *On ne change pas la société par décret*, Paris, B. Grasset, éd. rev. et augm., coll. « Pluriel », 1982.
— 1980, *Le Mal américain*, Paris, Fayard, éd. rev. et augm., coll. « Pluriel », 1984.
— 1987, *État modeste, État moderne : stratégie pour un autre changement*, Paris, Fayard.
— 1988, *Comment réformer l'État? Trois pays, trois stratégies Suède, Japon, États-Unis*, Paris, La Documentation française.

DE BRUYNE, P., J. HERMAN et M. DE SCHOUTHEETE, 1974, *Dynamique de la recherche en sciences sociales*, Paris, PUF.

DECONCHY, Jean-Pierre, 1971, *L'Orthodoxie religieuse, Essai de logique psycho-sociale*, Paris, Éd. ouvrières.

DOISE Willem (éd.), 1979, *Expériences entre groupes*, Paris, Mouton.
— 1984, and PALMONARI Augusto (éd.), *Social Interaction in Individual Development*, Cambridge Univ. Press, Paris, Maison des sciences de l'homme.

DUBY, Georges, 1978, *Les Trois Ordres ou l'imaginaire du féodalisme*, Paris, Gallimard.

DUMAZEDIER, Jeoffre, 1962, *Vers une civilisation du loisir?*, Paris, Éd. du Seuil.
— 1974, *Sociologie empirique du loisir. Critique et contre-critique de la civilisation du loisir*, Paris, Éd. du Seuil.

DUMÉZIL, Georges, 1977, *Les Dieux souverains des Indo-Euro-péens*, Paris, Gallimard.

DUMONT, Fernand et Nicole GAGNON, 1973, « Présentation » du numéro spécial sur « le vécu », *Recherches sociographiques*, XIV-2.

DUPRAT, Gérard, 1980 (sous la dir. de), *Analyse de l'idéologie*, Centre d'étude de la pensée politique, Paris, Galilée, t. I.
— 1983, *Analyse de l'idéologie*, Paris, Galilée, t. II.

DUPUIS, François et Jean-Claude THŒNIG, 1983, *Sociologie de l'Administration française*, Paris, Colin.

DURAND, Claude, 1978, *Le Travail enchaîné, Organisation du travail et domination sociale*, Paris, Éd. du Seuil.

DURAND, Gilbert, 1969, *Les Structures anthropologiques de l'imaginaire*, Paris, Bordas.

DUVIGNAUD, Jean, 1967, *Sociologie de l'art*, Paris, PUF, 3ᵉ éd., 1984.
— 1974, *Fêtes et Civilisations*, Paris, Weber.
— 1977, *Lieux et Non-Lieux*, Paris, Galilée.
— 1986, *La Solidarité : liens de sang et liens de raison*, Paris, Fayard.
— 1990, *La Genèse des passions dans la vie sociale*, Paris, PUF.

EASTON, David, 1965, *Analyse du système politique*, tr. fr., Paris, Colin, 1974.

ELIAS, Norbert, 1974, *La Société de cour*, Paris, Calmann-Lévy.

ENRIQUEZ, Eugène, 1983, *De la horde à l'État, essai de psychana-lyse du lien social*, Paris, Gallimard.

ESTIVALS, Robert, 1983, *Le Livre dans le monde, 1971-1981*, Paris, Retz.

FERRAROTTI, Franco, 1981, *Histoire et Histoires de vie*, tr. fr., Paris, Librairie des Méridiens, 1983.

FOUCAULT, Michel, 1966, *Les Mots et les Choses. Une archéolo-gie des sciences humaines*, Paris, Gallimard.

FOUGEYROLLAS, Pierre, 1959, *Le Marxisme en question*, Paris, Éd. du Seuil.

— 1963, *La Conscience politique dans la France contemporaine*, Paris, Denoël.
— 1970, *La Révolution freudienne*, Paris, Denoël.
— 1976, *Contre Lévi-Strauss, Lacan et Althusser ; trois essais sur l'obscurantisme contemporain*, Paris, Éd. de la Jonquière.
— 1987, *La Nation. Essor et déclin des sociétés modernes*, Paris, Fayard.

FREUD, Sigmund, 1912, *Totem et Tabou*, tr. fr., Paris, Payot, 1947.

FRITSCH, Philippe, 1983, *Le Sens de l'ordinaire* (sous la dir. de), Colloque Quotidienneté et historicité, Lyon, mai 1982, Paris, Éd. du CNRS.

FROMM, Erich, 1975, *La Passion de détruire : anatomie de la destructivité humaine*, Paris, R. Laffont.

GAGNON, Nicole et Bruno JEAN, 1975, « Les histoires de vie et la transformation du Québec contemporain », *Sound Heritage*, IV-I.

GARFINKEL, Harold, 1952, *The Perception of the Other, A Study in Social Order*, Cambridge, Harvard.
— 1967, *Studies in Ethnomethodology*, Englewood Cliffs, Prentice Hall.

GAULEJAC, Vincent de, 1987, *La Névrose de classe : trajectoire sociale et conflits d'identité*, Paris, Hommes et Groupes.

GIDDENS, Anthony, 1987, *La Constitution de la société*, Paris, PUF.

GODELIER, Maurice, 1977, *Horizon. Trajets marxistes et anthropologie*, Paris, Maspero.

GOFFMAN, Erving, 1961, *Asiles. Étude sur la condition sociale des malades mentaux*, tr. fr., Paris, Éd. de Minuit, 1968.
— 1967, *Les Rites d'interaction*, tr. fr., Paris, Éd. de Minuit, 1974.

GOLDMANN, Lucien, 1955, *Le Dieu caché ; étude sur la vision tragique dans « Les Pensées » de Pascal et dans le théâtre de Racine*, Paris, Gallimard.

GRESLE, François, 1981, *L'Univers de la boutique : famille et métier chez les petits patrons du Nord, 1920-1975*, Lille, Presses universitaires de Lille.

GRUEL, Louis, Annie COCHET, Michel GUGUEN, 1984, *Conjurer l'exclusion ; Sur quelques formes urbaines de résistance à la disqualification sociale*, Rennes, LARES, université de Rennes 2.

GUILLEMARD, Anne-Marie, 1986, *Le Déclin du social : formation et crise des politiques de la vieillesse*, Paris, PUF.

GUMPERZ, John, 1989, *Engager la conversation, introduction à la sociolinguistique interactionnelle*, Paris, Éd. de Minuit.

GURVITCH, Georges, 1931, *L'Idée de droit social*, Paris, Sirey.
— 1931, *Le Temps présent et l'Idée du droit social*, Paris, Sirey.
— 1937, *Morale théorique et Science des mœurs*, Paris, PUF, 3ᵉ éd., 1961.
— 1940, *Éléments de sociologie juridique*, Paris, Aubier.
— 1950, *La Vocation actuelle de la sociologie*, Paris, PUF, 4ᵉ éd., 1969.
— 1955, *Déterminismes sociaux et Liberté humaine*, Paris, PUF.
— 1962, *Dialectique et Sociologie*, Paris, Flammarion.
— 1965, *Proudhon, sa vie, son œuvre*, Paris, PUF.

HABERMAS, Jürgen, 1962, *L'Espace public, archéologie de la publicité comme constitutive de la société bourgeoise*, tr. fr., Paris, Payot, 1978.
— 1968, *La Technique et la Science comme « idéologie »*, tr. fr., Paris, Gallimard, 1973.
— 1981, *Théorie de l'agir communicationnel*, tr. fr., Paris, Fayard, 1987, 2 vol.

HERMAN, Jacques, 1983, *Les Langages de la sociologie*, Paris, PUF, coll. « Que sais-je ? ».

HERPIN, Nicolas, 1973, *Les Sociologues américains et le Siècle*, Paris, PUF.

JAVEAU, Claude, 1988, *Leçons de sociologie*, Paris, Méridiens-Klincksieck.

JAULIN, Robert, 1972, *La Paix blanche, introduction à l'ethnocide*, Paris, Éd. du Seuil.

JEUDY, Henri-Pierre, 1973, *La Peur et les Media : essai sur la virulence*, Paris, PUF.

JODELET, Denise, 1989, *Les Représentations sociales*, (sous la dir. de), Paris, PUF.

KAES, René, 1976, *L'Appareil psychique groupal : construction de groupe*, Paris, Dunod.
— 1980, *L'Idéologie, études psychanalytiques : mentalité de l'idéal et esprit de corps*, Paris, Dunod.

KRIEGEL, Annie, 1970, *Les Communistes français, essai d'ethnographie politique*, Paris, Éd. du Seuil, 2ᵉ éd.

KUHN, Thomas S., 1962, *La Structure des révolutions scientifiques*, tr. fr., Flammarion, 1982.

LAING, R. D. et D. COOPER, 1972, *Raison et Violence : dix ans de la philosophie de Sartre (1950-1960)*, Paris, Payot.

LEACH, Edmund, 1966, *Critique de l'anthropologie*, tr. fr., Paris, PUF, 1968.

LE BON, Gustave, 1895, *La Psychologie des foules*, Paris, Retz-CEPL, 1976.

LECA, Jean et Yves SCHEMEIL, 1983, « Clientélisme et patrimonialisme dans le monde arabe », *International Political Science Review*, 4(4), 455-494.

LEENHARDT, Jacques, 1982, *La Force des mots : le rôle des intellectuels*, Paris, Mégrelis.

LEFEBVRE, Henri, 1958, *Critique de la vie quotidienne*, Paris, l'Arche, 2e éd.

LEFORT, Claude, 1976, *Un homme en trop : réflexions sur « L'Archipel du Goulag »*, Paris, Éd. du Seuil.
— 1979, *Éléments d'une critique de la bureaucratie*, Paris, Gallimard.

LEGENDRE, Pierre, 1974, *L'Amour du Censeur, essai sur l'ordre dogmatique*, Paris, Éd. du Seuil.

LE HUU KHOA, 1985, *Les Vietnamiens en France, insertion et identité*, Paris, L'Harmattan.

LEIRIS, Michel, 1949, *L'Afrique fantôme*, Paris, Gallimard.
— 1969, *Cinq Études d'ethnologie nouvelle*, Paris, Gallimard.

LE MOIGNE, Jean-Louis, 1977, *La Théorie du système général, théorie de la modélisation*, Paris, PUF.

LE ROY LADURIE, Emmanuel, 1979, *Le Carnaval de Romans, de la Chandeleur au mercredi des cendres, 1579-1580*, Paris, Gallimard.

LÉVI-STRAUSS, Claude, 1949, *Les Structures élémentaires de la parenté*, Paris, PUF.
— 1958, *Anthropologie structurale*, Paris, Plon.

LEWIS, Oscar, 1961, *The Children of Sanchez : Autobiography of a Mexican Village*, tr. fr., *Les Enfants de Sanchez*, Paris, Gallimard, 1964.

LIPOVETSKY, Gilles, 1983, *L'Ère du vide ; essais sur l'individualisme contemporain*, Paris, Gallimard.

LUCAS, Philippe, 1981, *La Religion de la vie quotidienne*, Paris, PUF.

MADJARIAN, Grégoire, 1989, *Le Complexe Marx*, Paris, L'Harmattan.

MAFFESOLI, Michel, 1979, *La Conquête du présent : pour une sociologie de la vie quotidienne*, Paris, PUF.
— 1985, *La Connaissance ordinaire, précis de sociologie compréhensive*, Paris, Méridiens.
— 1988, *Le Temps des tribus : le déclin de l'individualisme dans les sociétés de masse*, Paris, Méridiens-Klincksieck.

MANDROU, Robert, 1985, *De la culture populaire aux 17ᵉ et 18ᵉ siècles : la Bibliothèque bleue de Troyes*, Paris, Imago-Payot.

MANNHEIM, Karl, 1929, *Idéologie et Utopie*, Paris, M. Rivière, 1956.

MARCELLESI, J.-B., 1971, *Le Congrès de Tours (décembre 1920)*, Paris, Le Pavillon.

MARCH, J. G. et H. A. SIMON, 1969, *Les Organisations*, Paris, Dunod, 2ᵉ éd., 1981.

MARCUSE, Herbert, 1963, *Éros et Civilisation, contribution à Freud*, Paris, Éd. de Minuit.

MATHIEN, Michel, 1989, *Le Système médiatique, le journal dans son environnement*, Paris, Hachette.

MATTELART, Armand et Michèle, 1986, *Penser les medias*, Paris, La Découverte.

MAUSS, Marcel, 1983, *Sociologie et Anthropologie*, Paris, PUF, 8ᵉ éd.

MAYO, Elton, 1933, *The Human Problems of an Industrial Civilization*, New York, MacMillan.

MERTON, Robert K., 1957, *Éléments de théorie et de méthode sociologique*, Paris, Plon, 1965.

MÉTRAUX, Alfred, 1967, *Religions et Magies indiennes d'Amérique du Sud*, Paris, Gallimard.

MICHEL, Andrée, 1956, *Les Travailleurs algériens en France*, Paris, CNRS.

MILLS, C. Wright, 1967, *L'Imagination sociologique*, Paris, Maspero.

MINTZBERG, Henry, 1982, *Structure et Dynamique des organisations*, Paris-Montréal, Les Éditions d'organisation.

MODZELEWSKI, K. et J. KURON, 1969, *Lettre ouverte au Parti communiste polonais*, Paris, Maspero, 3ᵉ éd.

MOLES, Abraham A., 1967, *Socio-Dynamique de la culture*, Paris, Mouton.
— 1973, *La Communication et les Mass media* (sous la dir. d'A. MOLES et C. ZELTMANN), Paris, Marabout.
— 1980, *L'Image, communication fonctionnelle* (avec la coll. de El. ROHMER), Paris, Casterman.

MORIN, Edgar, 1969, *La Rumeur d'Orléans* (avec la coll. de B. PAILLARD, E. BURGUIÈRE, C. CAPULIER, C. FISCHLER), Paris, Éd. du Seuil.
— 1977-1980, *La Méthode* : I, *La Nature de la nature* (1977) ; II, *La Vie de la vie* (1980), Paris, Éd. du Seuil.
— 1984, *Sociologie*, Paris, Fayard.

MOSCOVICI, Serge, 1979, *Psychologie des minorités actives*, Paris, PUF.

MUGNOZ, M.-C., 1978, *La Scolarisation des enfants de travailleurs migrants en France*, CIEMM.

NAMER, Gérard, 1983, *La Commémoration en France*, Paris, Papyrus.
— 1985, *Court Traité de sociologie de la connaissance*, Paris, Librairie des Méridiens.
— 1987, *Mémoire et Société*, Paris, Méridiens, Klincksieck.

NAVILLE, Pierre, 1956, *Essais sur la qualification du travail*, Paris, Éd. M. Rivière.

ORIOL, Michel, 1981, *Bilan des études sur les aspects culturels et humains des migrations internationales en Europe occidentale (1918-1979)*, (rédigé par), Strasbourg, ESF.

PADIOLEAU, Jean G., 1986, *L'Ordre social, principes d'analyse sociologique*, Paris, L'Harmattan.

PAGÈS, Max, 1968, *La Vie affective des groupes, esquisse d'une théorie de la relation humaine*, Paris, Dunod.

PARRIS, Ronald G., 1983 (éd.), *Vivre dans deux cultures*, Paris, UNESCO.

PARSONS, Talcott, 1952, *The Social System*, London, Tavistock.

PIAGET, Jean, 1970, *Épistémologie des sciences de l'homme*, Paris, Gallimard.

POULANTZAS, Nicos, 1974, *Les Classes sociales dans le capitalisme aujourd'hui*, Paris, Éd. du Seuil.

QUERE, Louis, 1982, *Les Miroirs équivoques*, Paris, Aubier-Montaigne.

REICH, Wilhelm, 1933, *Psychologie de masse du fascisme*, Paris, Payot, 1974.

RIVIÈRE, Claude, 1978, *L'Analyse dynamique en sociologie*, Paris, PUF.
— 1988, *Les Liturgies politiques*, Paris, PUF.

ROIG, Charles, 1977, *Symboles et Société : une introduction à la politique des symboles d'après Kenneth Burke*, Bern, P. Lang.

ROSNAY, Joël de, 1975, *Le Macroscope, vers une vision globale*, Paris, Éd. du Seuil, coll. « Points ».

ROUQUETTE, Michel-Louis, 1975, *Les Rumeurs*, Paris, PUF.

SANSOT, Pierre, 1970, *Poétique de la ville*, Paris, Klincksieck.

SARTRE, Jean-Paul, 1943, *L'Être et le Néant. Essai d'ontologie phénoménologique*, Paris, Gallimard.
— 1960, *Critique de la raison dialectique*, précédé de *Questions de méthode*, Paris, Gallimard.

SCHUTZ, Alfred, 1971, *Le Chercheur et le Quotidien ; phénoménologie des sciences sociales*, Paris, Klincksieck, 1987.

SIMON, Michel, 1978, *Comprendre les idéologies*, Paris, Éd. du Cerf.

SIRONNEAU, Jean-Pierre, 1982, *Sécularisation et Religions politiques*, Paris, Mouton.

TABOADA-LÉONETTI, Isabelle, 1987, *Les Immigrés des beaux quartiers. La communauté espagnole dans le 16e arrondissement*, Paris, L'Harmattan.

TACUSSEL, Patrick, 1984, *L'Attraction sociale : le dynamisme de l'imaginaire dans la société monocéphale*, Paris, Librairie des Méridiens.

TARDE, Gabriel de, 1890, *Les Lois de l'imitation, étude sociologique*, Paris, Genève, Slatkine, 1979.

THOMAS, Louis-Vincent, 1975, *Anthropologie de la mort*, Paris, Payot.
— 1978, *Mort et Pouvoir*, Paris, Payot.

TOURAINE, Alain, 1955, *L'Évolution du travail ouvrier aux usines Renault*, Paris, Éd. du CNRS.

— 1961, et O. RAGAZZI, *Ouvriers d'origine agricole*, Paris, Éd. du Seuil.
— 1965, *Sociologie de l'action*, Paris, Éd. du Seuil.
— 1966, *La Conscience ouvrière*, Paris, Éd. du Seuil.
— 1968, *Le Mouvement de mai ou le Communisme utopique*, Paris, Éd. du Seuil.
— 1969, *La Société post-industrielle*, Paris, Denoël.
— 1972, *Université et Société aux États-Unis*, Paris, Éd. du Seuil.
— 1973, *Production de la société*, Paris, Éd. du Seuil.
— 1973, *Vie et Mort du Chili populaire*, Paris, Éd. du Seuil.
— 1974, *Pour la sociologie*, Paris, Éd. du Seuil.
— 1974, *Lettres à une étudiante*, Paris, Éd. du Seuil.
— 1976, *Les Sociétés dépendantes, essais sur l'Amérique latine*, Paris, Duculot.
— 1977, *La Société invisible : regards 1974-1976*, Paris, Éd. du Seuil.
— 1977, et D. GRISONI, *Un désir d'histoire*, Paris, Stock.
— 1978, *La Voix et le Regard*, Paris, Éd. du Seuil.
— 1978, et F. DUBET, Z. HEGEDUS, M. WIEVIORKA, *Lutte étudiante*, Paris, Éd. du Seuil.
— 1979, *Mort d'une gauche*, Paris, Galilée.
— 1980, *L'Après-socialisme*, Paris, B. Grasset.
— 1980, et F. DUBET, Z. HEGEDUS, M. WIEVIORKA, *La Prophétie anti-nucléaire*, Paris, Éd. du Seuil.
— 1981, et F. DUBET, Z. HEGEDUS, M. WIEVIORKA, *Le Pays contre l'État : luttes occitanes*, Paris, Éd. du Seuil.
— 1982, et F. DUBET, M. WIEVIORKA, J. STRZELECKI, *Solidarité*, Paris, Fayard.
— 1984, et F. DUBET, M. WIEVIORKA, *Le Mouvement ouvrier*, Paris, Fayard.
— 1984, *Le Retour de l'acteur : essai de sociologie*, Paris, Fayard.
— 1988, *La Parole et le Sang : politique et société en Amérique latine*, Paris, Odile Jacob.

TRIPIER, Maryse, 1990, *L'Immigration dans la classe ouvrière en France*, Paris, l'Harmattan.

TRIPIER, Pierre, 1984, *Approches sociologiques du marché du travail*, thèse d'État, université, Paris VII-Jussieu.

VERMES, G. et J. BOUTET, 1987 (éd.), *France, pays multilingue*, Paris, L'Harmattan, 2 vol.

VERRET, Michel, 1979, *L'Ouvrier français*, Paris, Colin.
— 1979, et J. CREUSEN, *L'Espace ouvrier*, Paris, Colin.

VOVELLE, Michel, 1982, *Idéologies et Mentalités*, Paris, Maspero.

WEBSTER, Paul and Nicholas POWELL, 1984, *Saint-Germain-des-Prés*, London, Constable.

WIDMER, Jean, 1986, *Langage et Action sociale. Aspects philosophiques et sémiotiques du langage dans la perspective de l'ethno-méthodologie*, Fribourg, Éd. universitaires.

ZEHRAOUI, A., 1976, *Les Travailleurs algériens en France ; Étude sociologique de quelques aspects de la vie familiale*, Paris, Maspero.

ZELDIN, Théodore, 1978-1981, *Histoire des passions françaises*, Paris, Éd. du Seuil, 4 vol.

Index des noms

Table

IMPRIMERIE BUSSIÈRE À SAINT-AMAND (CHER)
DÉPÔT LÉGAL : SEPTEMBRE 1990. Nº 11587 (1465)

Collection Points